양명학의 새로운 발견

SKKUP
연구총서
5

양명학의 새로운 발견

왕용계 철학 연구

선병삼 지음

성균관대학교
출 판 부

제3장 치양지 공부론

제4장 삼교회통의 양지철학

　용계(龍溪) 왕기(王畿, 1498-1583)는 양명학을 온전하게 이해하기 위해 반드시 넘어야 할 산이다. 용계 양지학을 제대로 이해해야 양명학의 본질에 다가갈 수 있다. 쉽지 않은 여정이지만 이 산을 넘고 나면 기름진 넓은 들판을 만나게 된다.

　용계는 자가 여중(汝中)이고, 이름은 왕기(王畿)로 절강성(浙江省) 산음현(山陰縣, 현재는 紹興市) 출생이다. 왕양명과는 같은 성씨로 먼 친척뻘이 되며, 왕부(王府) 근처에 살았다. 당시 양명은 신호(宸濠)의 난을 평정하고 신건백(新建伯)이 되어 소흥부(紹興府)로 돌아와 만년의 시기를 강학에 전념하고 있었다.

　양명학은 빠르게 세력이 확장되고 있었지만 여전히 유자들로부터 오해와 비판을 사고 있었다. 용계 또한 양명학에 대한 첫인상은 좋지 않았다. 당시 이미 향시를 통과한 거인(擧人)이었던 그는 양명 문하에 출입하며 강학하는 제자들을 도학자를 흉내 내는 부유(腐儒)라고 폄하하며 질시했다.

　용계가 양명을 처음으로 만나 제자의 연을 맺는 과정은 상당히 드라마틱하다. 평소 도학자풍의 유생들을 질시하던 용계를 양명에게 인도하고자 고심하던 약호(藥湖) 위량기(魏良器)는 어느 날 용계가 지나갈 무렵 일부러 동문들과 투호놀이를 한다. 마침 용계가 그 모습을 보고는 "부유(腐儒)도 이 놀이를 하는군."이라고 하자 위량기가 기다렸다는 듯이 "우리는 꽉 막힌 공부를 하지 않는다네, 자네가 몰라서 그렇지."

라고 응수한다. 이 말에 동한 용계는 이후 위량기와 교류하면서, 그를 통해 양명학의 매력을 알게 되고 마침내 양명을 스승으로 모시게 된다.[1]

용계가 양명 문하에서 본격적으로 공부한 시기는 가정 2년(1523)에 치러진 회시에 실패하고 돌아온 이후다. 정덕 14년(1519) 향시에 합격하고 그다음 해 참가한 회시에 실패한 것까지 포함하면 이번이 두 번째 실패였다. 상심이 컸을 터인데, 이런 굴곡을 겪으면서 그전에는 과거시험을 준비하느라 당연시했던 정주학을 회의하고, 양명학을 새롭게 바라보는 계기가 되었다. 용계가 "평생토록 그 가르침을 받들겠다고 하자, 양명이 정실(靜室)에 거하면서 먼저 하심(下心) 하도록 한다."[2]

양명 문하에서 학문의 방향을 되잡은 용계는 물때를 만난 고기처럼 거침이 없는데, 그 총명하고 명석함은 단연 두각을 드러낸다. 3년이 지난 가정 5년(1526), 스승의 요청에 따라 참가한 회시에서 급제한 후에, 용계는 서산(緒山) 전덕홍(錢德洪, 1496-1574)과 더불어 정시(廷試)에는 참가하지 않고 소흥으로 돌아온다.

자랑스러운 제자들을 일부러 멀리까지 마중한 양명은 "내가 강학하는 이유는 천하의 영재들을 기르기 위해서이다. 만약 가게 주인이 사방의 물건들을 모아서 장사하는데, 보배를 이미 갖추었고 여러 좋은 물건들도 점차 손에 넣는다면 문 닫을 걱정은 남 이야기지."[3]라고 기

---

1 『명유학안』권19, 「處事魏藥湖先生良器」 한편 공안파의 영수인 袁宗道의 문집(『白蘇齋類集』권22, 「雜說類」)에는 용계를 유인하기 위하여 양명이 친히 제자들을 술집 도박장으로 보낸 일화를 소개하고 있다.

2 『왕기집』권22, 「王龍溪先生傳」 *왕용계 문집은 표점본 『왕기집』(남경: 봉황출판사, 2007)을 기본으로 하고, 『용계왕선생전집』(江戶和刻本, 近世漢籍叢刊, 제11-12)를 참조하였다.

3 『왕기집』권20, 「緒山錢君行狀」

쁜 마음을 감추지 않는다. 이후 용계는 전덕홍과 함께 일명 교수사(敎授師)가 되어 양명 문하에 처음 입문한 문도들을 지도한다.

양명은 이 무렵 『대학』 8조목 중의 심(心)·의(意)·지(知)·물(物)을 자신의 치양지설로 풀어서 강학한다. 바로 양명 만년의 핵심 사상으로 후에 뜨거운 논쟁을 불러일으킨 사구교(四句敎)다. 용계와 전덕홍은 스승의 사구교 가르침에 대한 상호 간의 이해 차이를 발견하고, 가정 6년(1527) 9월 양명이 출정을 앞둔 바로 전날, 전별연이 끝난 후에 왕부 내의 천천교에서 가르침을 청한다. 훗날 용계는 자신의 관점을 '사무설(四無說)'로, 전덕홍의 관점을 '사유설(四有說)'로 정리한다.

출정 후에 양명은 먼저 광서(廣西)의 사은(思恩)와 전주(田州)를 평정하고 이어서 팔채(八寨)와 단등협(斷藤峽)의 난을 평정한다. 그러나 양명은 지병인 폐병이 악화되어 가정 7년(1528) 11월 29일 귀로를 재촉하던 중에 객지에서 죽음을 맞이한다.

당시 용계는 전덕홍과 함께 정시에 참가하기 위해 북경으로 향하는 길이었는데, 스승이 병으로 돌아온다는 소식을 접하고 서둘러 길을 돌려 마중 가던 길에 부음을 듣는다. 용계는 스승을 위해 심상(心喪)을 지내고, 양명 사후 위기에 처한 왕부(王府)를 보호하기 위해 헌신한다.

가정 11년(1532) 나이 35세에 마침내 정시에 참가한다. 정시 후에 임시직인 이부관정(吏部觀政)을 시작으로 남직방주사(南職方主事)를 거쳐 45세에 남무선랑중(南武選郞中)을 끝으로 불명예스럽게 관직을 떠날 때까지, 관직 생활 중에도 왕성한 강학 활동을 펼친다. 여기에는 용계가 전덕홍과 더불어 만년에 양명을 모신 고족으로, 스승의 만년 종설을 배웠다는 동문들의 평가도 일조를 한다. 이는 용계가 정시 참가차 북경에 왔을 때 강회가 상당히 활성화되어 있었는데, 그때 동문들이 용계가 양명의 만년 종설을 배웠다고 하여 의심나는 대목은 꼭 물

어보고 판정을 부탁했다는 기록에서도 알 수 있다.[4]

용계가 45세에 관직을 떠나게 된 데에는 사연이 있다. 가정 20년 (1541) 북경과 남경의 관원을 대상으로 감찰을 실시했는데, 감찰 결과 용계는 출척(黜陟) 관원에 해당되어 옷을 벗게 된다. 당시 남경의 감찰을 담당하는 남고공낭중(南考公郎中)은 방산(方山) 설응기(薛應旂, 1500-1575)였다. 그는 국정을 좌우하던 하언(夏言)이 보낸 인편으로 "왕모는 위학이라는 어명이 있었으니 첫 번째로 출척해야 한다."라는 언질을 받게 된다.[5]

앞서 가정 18년(1539)에 가정제(嘉靖帝)가 태자를 공왕으로 책봉하고 그를 보필할 서길사를 뽑고자 했을 때, 하언의 사위인 오춘(吳春)이 용계에게 배운 바가 있어 용계를 추천하고, 하언도 동의를 한다. 하언은 원만한 일처리를 위해 용계가 사전에 상부에 가서 인사하도록 종용한다. 그런데 용계는 이를 청탁이라 여기고 거절하면서 하언에게 미움을 산다.[6]

한편 설응기는 용계의 강학 내용에 불만을 가지고 있기는 했지만 역시 양명학단의 일원으로서 쉽사리 결정을 내리지 못하고 있었는데, 결국 출척 명단에 용계를 올린다. 이를 두고 황종희(黃宗羲, 1610-1695)는 학술을 바로잡기 위한 고육지책이었다고 평한다.[7] 이를 통해 당시 양명학단 내에서 이미 학술상의 분화가 심화되고 있음을 알 수 있다. 후에 설응기의 가르침을 받은 인사들이 주축이 되어 동림학파가 탄생하

---

4 『왕기집』 권20, 「在庵王公墓表」.

5 『왕기집』 권22, 「王龍溪先生傳」.

6 『왕기집』 권22, 「王龍溪先生傳」.

7 『명유학안』 권25, 「提學薛方山先生應旂」. *중화서국표점본 『명유학안』(북경: 중화서국, 1985)을 기본으로 하였다.

게 된다는 점은 기억할 필요가 있다.

관직에서 물러난 용계는 더욱 적극적이고 열성적으로 강학 활동에 매진한다. 강회가 열리는 곳이면 주저 없이 달려가 양명학의 종지를 설파하고, 강회가 없는 지역에서는 강회 개설을 적극 권면한다. 황종희가 용계를 두고 "40여 년간 재야에 있으면서 하루도 강학을 하지 않은 날이 없었다. 북경과 남경으로부터 오(吳), 초(楚), 민(閩), 월(越), 강(江), 절(浙) 등지에 강회가 있었고, 모두 선생을 종맹(宗盟)으로 삼았다."[8]라는 평가는 이를 잘 보여준다.

양명 만년의 종지를 이은 제자로 평가받았고, 양명의 직전제자들이 거의 세상을 떠난 후에도 여전히 왕성한 강학 활동을 했던 용계는 당시 양명학단에서 종장으로서 지대한 영향력을 미쳤다. 동시에 그의 양지학에 대한 비판도 만만치 않았다. 양명학단 내에서 상당한 추종자들을 가지고 있었지만 그에 맞먹는 반대파들이 존재했다.

용계의 양지학은 상당히 논쟁적이다. 그가 양명의 만년 종지를 제대로 확장했는지 아니면 양명의 기본 공리를 무시했는지를 판단하는 데에서, 한 발 더 나아가 그가 유학의 테두리에 있는지 아니면 이미 그 경계선을 넘어갔는지를 교판하는 지점에서 말이다. 그리고 이 논쟁은 추종자들과 반대파들이 그가 표방한 양지 이해를 둘러싸고 벌인 뜨거운 논쟁을 통해서 역사에 전해지고 있다.

현대에 와서 일종의 용계학 복권 시도들이 있기 전까지, 용계학 평가에서 절대적인 토대를 제공한 황종희의 『명유학안』의 입장은, 용계는 양명 만년의 종지를 받았고 양명학의 핵심 개념들을 종종 발전시켰지만, 전체적으로 보자면 양명학의 종지에서 벗어났다고 본다. 더 심

---

8 『명유학안』 권12, 「郎中王龍溪先生畿」.

하게 말하면 이미 유학의 경계선을 넘었다고 본다.

이 입장을 정리하면 다음과 같다. 첫째, '용계학은 적전(嫡傳)이 아니다.' 둘째, '용계학은 유가가 아니고 노불이다.' 용계 양지학이 양명학의 적전도 아니고 노불로 넘어갔다고 한다면 그만이지만, 혹시 양명만년 종지를 밝힌 용계학에 대한 오해라고 한다면? 그렇다면 이 오해와 곡해를 바로잡는 작업은 양명학의 본질을 탐색하는 전체 과정에서 중요한 매개 고리가 될 것이다.

첫째, 양명사상과의 관계성 문제[적전(嫡傳)이냐, 별전(別傳)이냐] :

용계는 양명 말년의 학생으로서 스승을 보좌하여 동문을 지도하는 교수사였고, 출정 전야에 천천교에서는 스승에게 사무설로 인가를 받았다. 출정 길에 들른 남포에서는 양명 스스로가 전덕홍과 더불어 용계가 자신의 최후 종지를 간직했다고 밝혔다. 또한 양명 사후에는 동문들이 사문의 전수자로서 인정했다. 그런가 하면 용계 본인도 양명의 적전으로 자처하면서, 양명학 부흥을 위해 필생의 노력을 경주했었다.

그런데 용계를 두고 황종희의 스승 유종주(劉宗周, 1578-1645)는 이렇게 평한다. "왕양명의 문하에 왕심재와 왕용계가 있는데 모두 깨달음을 높였다. 세상에서 이왕(二王)이라고 한다. 심재는 말이 비록 초광(超曠)하기는 하지만 스승의 종지에서 벗어나지 않았는데, 용계는 양지를 불성(佛性)으로 여기고 헛된 깨달음을 기대었으니, 결국 광경(光景)을 완롱(玩弄)한 것에 지나지 않는다."[9]

용계는 적전이 아니라는 유종주의 평가를 어떻게 이해할 것인가? 만약 유종주의 결론과 결을 달리하여, 용계의 양지학을 옹호하는 입장

---

9 『명유학안』, 「師說(王龍溪畿)」 : 王門有心齋, 龍溪, 學皆尊悟, 世稱二王. 心齋言雖超曠, 不離師門宗旨. 至龍溪, 直把良知作佛性看, 懸空期個悟, 終成玩弄光景.

에서 유종주의 평가를 재평가하면 어떻게 풀어갈 수 있을까?

원래 송명이학이란 명칭은 송대의 주희와 명대의 왕양명을 대표로 하는 성즉리와 심즉리의 학설이 모두 천리(天理)를 바탕으로 한 데에서 연유한다. 주자가 성(性)을 통해 '보편도덕(普遍道德)'을 정립했다면, 양명은 양지(良知)를 통해 '도덕주체(道德主體)'를 세웠다.

주자는 천명의 성(性)이 무조작하고 무계탁한 이(理)가 부여된 것이라고 하면서 경험세계에 좌우되지 않는 영원불변한 보편규범이자 보편도덕의 토대인 성(性)을 확립하고자 했다. 또한 수양자에게는 부단한 교정기질(矯正氣質)의 노력을 거쳐서 본연지성(本然之性)을 발출하는 공부를 강조하였다.

그런데 한 시대를 건너뛰어 명대에 이르면 그 보편규범이 어느덧 고착화되고 형식화되어가는 시대 상황에서, 유가적 경세의식이 확고한 양명은 활발심체(活潑心體)인 양지를 통해 백절불굴(百折不屈)하고 독왕독래(獨往獨來)하는 도덕주체를 건립하고 도덕실천을 강조하였다.

그렇다면 용계는? 그는 스승이 주장한 도덕실천의 논의를 심화하여 양지에 절대 순종함으로써 어떠한 개인의 의욕도 개입하지 않고 오로지 양지만이 작동하는 '순수도덕주체(純粹道德主體)'를 확립한다. 여기서 양지에 복종하는 것이란 세정기욕(世情嗜欲) 등의 정욕(情欲)만이 아니라 관습, 도덕 등의 세속도덕(世俗道德) 관념까지 포함하여 일체를 버리는 것이고, 심지어 비합리적으로 보이는 양지의 명령에도 복종하는 것이다.

이 지점이 용계 양지학의 핵심이자, 용계학이 배척받으면서도 대접받는 이유다. 달리 말하면 용계가 양명의 양지철학을 올바로 계승했기 때문에 도리어 양명학 계보에서 적전(嫡傳)이 아니라 별전(別傳)으로 대접받았다고 볼 수 있다.

둘째, 유가사상과의 관계성 문제[出儒入老佛이냐, 以儒合老佛이냐] :

양명 심즉리설의 선하가 되는 상산(象山) 육구연(陸九淵, 1139-1192)은 주자로부터 근선(近禪)이라는 비판을 받았고, 양명 또한 주자학자로부터 근선이라는 비판을 받았다. 따라서 양명을 계승한 용계가 근선이라는 비판을 받는 것이야 당연할 수도 있다.

황종희는 용계의 본체론(양지)과 공부론(치양지)을 두고 이렇게 평가한다. "'양지는 이미 지각의 유행이다.' '방소(方所)가 없다.' '전요(典要)를 해서는 안 된다.' '공부를 하게 되면 허무(虛無)의 본체를 막는 것이다.' 등의 말은 불교에 가깝다. '유행이 주재다.' '절벽에서 손을 놓는다.' '잡을 손잡이가 없다.' '마음과 조식(調息)을 권법(權法)으로 삼는다.' 등의 말은 도교에 가깝다."[10]

불교에 가깝다고 판단한 부분에서, '양지를 지각의 유행'으로 보았다는 말은 용계의 현성양지(現成良知) 본체론이다. '방소에 떨어지지 말고, 전요를 해서는 안 되고, 공부는 허무의 체를 방해한다.'는 말은 허적양지(虛寂良知)에 근본을 둔 '선천정심(先天正心)' 공부론이다. 도교에 가깝다고 판단한 부분에서, '유행이 주재'라는 말은 용계의 현성양지 본체론이다. '절벽에서 손을 놓고, 잡을 손잡이가 없다'는 말은 용계의 '선천정심' 공부론이다. 그리고 '심과 식이 의지'했다는 말은 용계의 '성명합일(性命合一)' 공부론이다.

황종희는 용계 양지학의 핵심 내용을 모두 불교와 도교적 요소가 농후하다고 비판한다. 만약 황종희의 평가가 옳다고 한다면, 용계의 양

---

10 『명유학안』 권12, 「郞中王龍溪先生畿(按語)」 : 夫良知旣爲知覺之流行, 不落方所, 不可典要, 一著工夫, 則未免有碍虛無之體, 是不得不近於禪. 流行卽是主宰, 懸崖撒手, 茫無把柄, 以心息相依爲權法, 是不得不近於老.

지학은 유학의 경계점을 이미 이탈했다고 할 수 있다. 황종희 이후로 용계학을 평가하는 사람들이 의식적이든 혹은 무의식적이든 황종희의 평가를 따르면서 용계학에 대한 주류의 평가가 되어버렸다.

그렇다면 용계학의 본래 면목은? 용계의 양지학은 『주역』과 상관성을 가지고 있다. 즉 '허적양지(虛寂良知)', '현성양지(現成良知)', '조화양지(造化良知)', '선천정심(先天正心)' 공부론은 『주역』을 통해 설명할 수 있다. 용계학은 '출유입노불(出儒入老佛)'이 아니라 『주역』에 근본을 두고 노불을 흡수한 '주유합노불(主儒合老佛, 유가를 주로 하여 노불을 합치다)'로 평가해야 한다. 용계의 궁극적 목표는 스승의 양지학을 바탕으로 삼교합일(三敎合一)의 철학을 건립하는 것이었다.

현대에 들어 대한민국 학계에서 왕용계를 포함하여 양명후학을 전체적으로 조망하는 데 결정적인 영향력을 미치는 고전적인 저작은 역시 오카다 다케히코(岡田武彦, 1909-2004)와 모종삼(牟宗三, 1909-1995)의 연구이다.[11] 익히 알고 있는 것처럼 오카다 다케히코는 왕용계로 대표되는 현성파에 대해서 부정적인 입장을 견지했고, 모종삼은 현성파를 대표하는 왕용계 현성양지론의 가치를 충분히 긍정하였다.

오카다는 현성파가 왕양명이 설한 양지를 현성양지(現成良知)로 이해하여 내 마음의 자연유행(自然流行)을 본체(本體)와 성명(性命)으로 삼고서 순박한 자연성정(自然性情)에 내맡기거나 지해정식(知解情識)에 맡긴다고 말한다. 그리하여 현성파가 공부를 경시하고 심지어 공부를 본체의 방해물로 간주하며, '일료백당(一了百當)'의 돈오를 강조하고 점수를 배척하면서 결과적으로는 도덕강령(道德綱領)을 파괴하고 예교명

---

11 특히 이 두 연구자들의 관점은 다양한 형태의 개론서 성격의 저작에서 채택되어 재생산되고 있다.

분(禮敎名分)을 무시하는 풍조를 조장했다고 평가한다.[12] 그는 왕용계의 양지 본체론과 치양지 공부론은 건실한 교학론으로 성립하기 어렵다는 입장이다.

반면 모종삼은 왕용계가 왕양명의 적전임을 밝히고 그가 건립한 '상수(上遂)'의 학문을 올바로 평가하였다. 그리하여 왕용계 양지학의 정당한 위상을 복권시킨 모종삼의 연구는 그 후 용계학 평가에 지대한 영향을 미쳤다. 그러나 그 긍정적인 평가의 이면을 자세히 들여다보면 모종삼이 왕용계의 '사무론(四無論)'은 적절하지 않고 원만하지 않다는 평가를 내리면서 공부론으로는 인정하지 않고 있음을 보게 된다. 즉 '화경(化境)'으로 해석한 왕용계의 '사무론'은 공부가 완성된 후에 도달한 경지일 뿐 실제의 공부 방편이 될 수는 없다는 입장이다.[13] 모종삼의 입장은 왕용계의 양지 본체론은 충분히 긍정되지만 치양지 공부론은 건실한 교학론으로 성립하기 어렵다는 것이다.

---

12 岡田武彦 著, 吳光, 錢明, 屠承先 譯, 『王陽明與明末儒學』(상해 : 상해고적출판사, 2000), 104쪽 : 現成派的主張是把陽明所說的良知看作現成良知.他們强調當下現成, 視工夫爲本體之障礙而加以抛棄, 並直接把吾心的自然流行當作本體與性命.因此, 在這派儒者中流行着陽明所謂'人心中有個聖人'觀點.他們認爲, 由於良知是現成的, 所以, 若不悟得'有卽無', 便不能悟得良知眞體.因此, 他們提倡所謂'直下承當', '直下之信', '一了百當'的頓悟, 而排斥漸修.相對以工夫本體而言, 這是直接從本體上做工夫, 而成爲'本體卽工夫'派.所以, 他們輕視工夫, 動輒隨任純樸的自然性情, 或者隨任知解情識, 從而陷入任情懸空之蔽, 以至於産生蔑視人倫道德和世之綱紀的風潮.明末社會的道義頹廢, 在相當程度上應該歸咎於現成派末流.在明末, 現成思想不僅流行於儒學, 而且流行於禪學, 兩者合而爲一而走向猖狂一路.

13 牟宗三, 『從陸象山到劉蕺山』(상해 : 상해고적출판사, 2001), 199-200쪽 : 四無論乃是實踐對治所至爲化境, 似不可作一客觀之法. ……王龍溪之穎悟並非無本, 他大體是守着陽明底規範而發揮, 他可以說是陽明底嫡系 ; 只要去其蕩越與不諦處, 他所說的大體皆是陽明所本有 ; 他比當時其他王門任何人較能精熟於陽明之思路, 凡陽明所說的主張他皆遵守而不渝, 而亦不另立新說, 他專主於陽明而不攙雜以其他(此其他可只限於宋儒說) ; 他只在四無上把境界推至其究竟處, 表現了他的穎悟, 同時亦表現了他的疏闊, 然若去其不諦與疏忽, 這亦是良知敎底調適而上遂, 並非是錯.

결국 왕용계를 포함한 양명후학 연구에 있어서 여전히 결정적인 영향을 미치는 이 두 저작은 공히 왕용계 공부론의 가능성에 대해서 회의적이거나 비판적 입장을 견지하고 있다. 과연 이 두 저작의 주장은 용계의 양지학을 온전하게 평가한 것일까? 이에 대해 용계의 양지학은 확실히 논쟁적이라는 그 묵은 표현을 다시 꺼내 들지 않을 수 없다.

이 글은 용계 양지학의 본질을 알아가는 여정을 네 단계로 나누어 1장 '사구교법', 2장 '양지 본체론', 3장 '치양지 공부론', 4장 '삼교회통의 양지철학'으로 설정하였다. 1장의 사구교에 대한 '사무론'적 이해는 용계 양지학의 시작임과 동시에 완성이기 때문에 논의의 서두로 삼았다. 2장과 3장은 용계 양지학을 양지 본체와 치양지 공부라는 구도로 파고들었다. 4장은 용계 양지학의 궁극적 목표인 삼교회통을『주역』과 비교하면서 다루었다.

부록으로는 중문으로 된 2편의 연구논문을 붙였다. 첫 번째, 「慧能 "求法偈"与王畿"天泉问答"的对比研究」는 혜능과 왕용계를 비교 분석한 글이다. 혜능과의 비교적 검토를 통하여 용계 양지학의 돈교적 성격을 규명하고자 했다. 두 번째, 「歐陽德良知本体論和致良知工夫論研究」는 구양덕의 양지학을 본체와 공부로 나누어 조망한 글이다. 용계의 양지학을 긍정하면서도 비판의 입장에 선 구양덕의 양지학에 대한 이해는 용계 양지학의 의의와 문제점을 이해하는 데 도움을 줄 것이다.

제 1 장

사구교법

제1절
—
천천문답

사구교(四句敎)는 양명후학 분화의 첫 도화선이자 명대 후기 사상사에서 논란의 중심에 선 양명(陽明) 왕수인(王守仁, 1472-1528)의 최후 공안이다. 또한 이 사구교에 대한 용계(龍溪) 왕기(王畿, 1498-1583)의 해석은 용계학 성립의 표지석이다.

사구교는 '무선무악시심지체(無善無惡是心之體), 유선유악시의지동 (有善有惡是意之動), 지선지악시양지(知善知惡是良知), 위선거악시격물 (爲善去惡是格物)'의 네 구로 이루어지는데 심(체), 의(동), (양)지, (격)물이라는 이 네 가지는 『대학(大學)』의 바로 그 조목들이다. 본래 양명학의 탄생을 알리는 사건인 용장오도(龍場悟道)가 주자(朱子, 1130-1200)의 『대학』 격물치지 해석에 대한 반성적 성찰과 관련되었다는 점을 고려한다면,[1] 양명학에서 『대학』의 위상을 여기서도 알 수 있다.

---

1 심즉리설은 주자가 『大學』의 "補亡章"에서 제시한 '사물에 나아가 이치를 궁구한다[卽物窮理]' 는 공부론을 비판한다. 이는 용장오도를 기록한 「연보」 조에서, "선생이 격물치지를 깨달았다[先生始悟格物致知]"라고 하고 "비로소 성인의 도가 내 본성에 자족한 것을 알았고 전일에 외물에서 이치를 구한 방식은 틀렸다[始知聖人之道, 吾性自足, 向之求理於事物者誤也]"라는

이 명제는 양명이 죽기 한 해 전인 가정(嘉靖) 6년(1527년) 9월, 당시 양광제독이 되어 광서(廣西)의 사은(思恩)과 전주(田州)의 난을 평정하기 위해 출정하는 그 전날 밤에 천천교(天泉橋)에서 서산(緖山) 전덕홍(錢德洪, 1496-1574)과 용계의 질문에 답변하는 과정을 통해 세상에 알려지게 된다. 그리하여 사구교를 천천문답(天泉問答)이라고도 한다. 이날의 대화는 본체(本體)와 공부(工夫), 돈점(頓漸)과 오수(悟修), 유(有)와 무(無) 등의 개념을 통해 양명심학의 본질에 더욱 깊이 접근할 수 있는 길을 열어주었다.

왕양명의 3대 사상으로 통상 심즉리(心卽理, 37세), 지행합일(知行合一, 38세), 치양지(致良知, 50세)를 꼽는데, 「연보」에 의하면 양명은 50세 이후로는 치양지를 위주로 강학했다고 한다. 그렇다면 치양지와 사구교는 서로 밀접한 관계가 있음을 예상할 수 있다.

사구교 해석에서 논쟁을 불러일으킨 대목은 두 부분이다. 첫째는 '무선무악시심지체(無善無惡是心之體)'에 관한 문제로 이는 심체 논쟁이라 할 수 있다. 둘째는 사무설(四無說)과 사유설(四有說)로 대변되는 본체공부론(本體工夫論)과 공부본체론(工夫本體論)으로 나뉘는 공부 논쟁이다.[2]

심체 논쟁과 관련해서는, 심체를 '무선무악(無善無惡)'으로 규정하자, 이는 맹자의 성선설과 배치되고 주자가 비판한 불교의 '작용시성(作用是性)'의 성론(性論)과 차별이 없다는 비판을 받는다. 그러나 양명이 50세 이후로 성학의 정법안장으로 제창한 치양지설은 양지를 심체

데서도 잘 드러난다.

2 '本體工夫'와 '工夫本體'라는 용어는 '嚴灘問答'(『전습록』 하권, 337조목)의 "有心俱是實, 無心俱是幻, 是本體上說工夫, 無心俱是實, 有心俱是幻, 是工夫上說本體"에서 따왔다.

로 삼고 있기 때문에, 그가 사구교에서 무선무악으로 심체를 규정했다고 하더라도 결코 불교식의 '작용시성'일 수는 없다.[3]

그렇다면 왜 양명은 오해받을 소지가 다분한 이와 같은 심체 규정을 내놓았을까? 흔히 말하듯 '상대적 선악의 기준을 넘어선 절대적 선인 지선(至善)을 표현하기 위해서'일까? 용계의 선천정심 공부론에 근거한다면, 이는 어떠한 기준[典要]이나 격식[格套] 등을 배제하고 오로지 양지에 절대 순종[信得良知]할 것을 주장하기 위함이다.[4]

공부 논쟁과 관련해서는, 용계의 본체공부론과 전덕홍의 공부본체론을 축으로 논쟁이 전개된다. 용계는 양지가 자발성과 능동성을 본성으로 갖고 있기 때문에, 즉체즉용의 양지를 그대로 발현해야 공부라는 입장이다. 이것이 사무설(四無說)이며, 본체를 통한 공부라는 본체공부론이다. 따라서 전덕홍 식의 공부론은 인위적인 의욕이 개입될 소지가 다분하며, 진정한 본체를 구현하지 못한다고 비판한다.

반면에 전덕홍은 양지가 아무리 지선할지라도 의념의 단계에서 발생하는 악에 가려지기 쉽기 때문에 위선거악을 통해 양지를 회복하는 공부가 필요하다고 한다. 이것이 사유설(四有說)이며, 공부를 통해 본체를 회복하는 공부본체론이다. 따라서 용계 식의 공부론은 의념을 본체로 오인하기 쉬우며, 본체의 깨달음을 추구하다 보면 자칫 예교(禮教)를 부정하기에 이른다고 비판한다.

---

3 이상과 관련된 역사적 논의들은 다음을 참조. 方祖猷, 「天泉證道的四句教與四無說」, 『陽明學研究』(상해: 상해고적출판사, 2000).

4 사구교 중에서 무선무악의 심체와 지선지악의 양지는 결국 동격이다. 양지가 바로 마음의 본체이기 때문이다. 그렇다면 지선지악하면서도 무선무악한 심체(양지)란, 개인의 어떠한 주관적 판단(典要, 格套)도 용납하지 않는, 오직 양지만이 주재하는 심체라는 의미로 이해가 가능하다. 가령 교회에서 올바른 기도의 주체는 성령님인데, 이때 성령님이 내 마음의 기도를 주재하는 영으로서 내 마음에 내주하면서 내 마음과는 또 다른 존재로 이해되는 메커니즘과 유사하다.

사구교에 대한 전덕홍과 용계의 이해 차이는, 마치 용계가 본체를 중시하고 전덕홍은 공부를 중시한 듯이 여겨진다. 그러나 이와 같은 평가는 종종 오해를 불러오기 때문에 세심한 주의를 요한다.

가장 흔히 범하는 실수는 다음과 같다. 치양지를 세분하면 양지 본체와 치양지 공부로 나눌 수 있다. 본체가 원래의 체단(體段, 상태 또는 모습)이라면 공부는 원래의 상태를 회복하는 수양이라고 할 수 있다. 동일하게 양지 본체는 원래의 상태이고 치양지 공부는 원래의 상태를 회복하는 수양이다. 그리하여 양지만을 말하고 치양지를 중시하지 않으면, 이는 공부를 하지 않고 본체를 헛되이 희망하는 데에 지나지 않는다고 비판한다.

이런 이해가 치양지에 대한 가장 흔하면서도 치명적인 실수다. 만약 양지가 치양지 공부를 주재한다는 점을 무시하고 단지 이렇게만 말한다면, 이는 치양지의 본지에서 위배된다. 양명의 치양지설에 의거하면, 양지는 선천적 가치판단능력이고 치양지는 양지대로 실천하는 공부다. 전덕홍이나 용계는 이 점에서는 이견이 없었다. 이는 후에 그들이 쌍강(雙江) 섭표(聶豹, 1487-1563)의 귀적설(歸寂說)을 두고 동일한 반대의 목소리를 낸 데서도 드러난다.

사구교가 양명 사후 양명학단과 명대 사상사에 불러일으킨 반향은 실로 막강하다. 따라서 사구교에 대한 정통한 이해가 무엇보다도 중요하다. 이를 위하여 본 장에서는 기존 연구에서 잘 다루지 않았던 주제를 논하면서 사구교에 대한 객관적 이해를 도모하고자 한다.

첫째는 즙산(蕺山) 유종주(劉宗周, 1578-1645)가 제기한 '사구교 위작설'이다. 사구교 중에서도 제1구의 심체에 대한 무선무악 규정이 불러일으킨 논쟁의 파급과, 무선무악을 옹호한 계열들이 용계학의 영향을 받았던 양명학자들이라는 점을 고려하면, 유종주가 '사구교 위작설'을 진지하게 검토한 이유를 가늠해볼 수 있다.

둘째는 사구교가 기록된 대표적인 두 가지 문헌을 대조하겠다. 전덕홍이 편찬한 「연보(年譜)」와 『전습록(傳習錄)』의 기록은 미묘하지만 매우 중대한 차이를 보인다. 따라서 사구교에 대한 논의를 전개할 때에는 어느 문헌을 기준으로 하는가에 따라 다른 결론이 도출될 수 있다는 점을 환기시키고자 한다.

셋째는 천천문답을 가장 사실에 가깝게 기록했다고 판단되는 『전습록』에서, 양명이 근기에 따른 두 가지 교법을 인정했으면서도 정작 용계의 공부론을 긍정하지 않는 충돌이 발생한다. 이 문제는 엄탄문답(嚴灘問答)을 천천문답과 관련지어 검토할 때 그 해결의 실마리를 찾을 수 있다.

1. 사구교의 진위

양명은 죽기 한 해 전인 1527년에 양광제독으로 명을 받고, 사은과 전주의 소수민족 폭동을 평정하기 위해 출정하게 된다. 출정 전날 밤에 열린 전별연이 얼추 끝나갈 무렵, 양명의 만년 고족 전덕홍과 용계는 그간 두 사람 간에 논쟁이 되었던 사구교에 대해서 스승의 가르침을 청한다. 이에 양명이 집 안에 위치한 천천교(天泉橋)로 자리를 옮겨 사구교의 교법을 천명하면서, 양명 최후의 공안이자 명대 후기 사상사의 뜨거운 감자였던 사구교가 역사에 등장한다. 이날 사구교가 세상에 나온 이 사건을 천천교에서 일어난 문답이라 하여 '천천문답' 또는 이날 문답을 기록한 용계의 「천천증도기(天泉證道記)」의 명칭을 빌려 '천천증도(天泉證道)'라고도 한다.

사구교가 세상에 알려진 이래로 양명학을 옹호하는 사람이든 반박하는 사람이든 사구교는 끊임없는 논쟁거리가 되어왔다. 이런 시비의 과정에서 사구교의 진위 문제를 제기함으로써 근본적으로 사구교의 논쟁 소지를 제거하고자 하는 시도가 등장한다. 이 입장을 대표하는 사람을 들자면 유종주를 꼽을 수 있다.

유종주는 다음과 같이 사구교의 출처를 추측한다.

> 내가 생각건대 사구교법(四句敎法)을 『양명집』에서 살펴보자면 거의 보이지 않는다. 이 설은 용계로부터 나왔으니, 틀림없이 양명의 확정 안 된 견해로서 그가 평소 강학할 적에 이런 말을 하기는 했지만 배우는 자들이 잘못 생각할까봐 글로 남기지 않았으리라.[5]

유종주는 양명이 평상시 강학할 적에 사구교법을 언급한 적이 있다고 할지라도 『양명집』에 보이지 않는 점을 고려한다면 이는 양명의 '미정지견(未定之見, 확정 안 된 견해)'이며, 더욱이 양명이 사구교를 굳이 글로 남기지 않은 이유를 헤아려본다면 사구교가 양명 교학의 종지가 될 수 없다고 한다.

그렇다면 유종주는 왜 사구교를 거부하는가? 이주(梨洲) 황종희(黃宗羲, 1610-1695)는 이렇게 설명한다.

> 즙산(유종주) 선생은 양명이 천천교에서 한 말이 평시와 다르다고 의심하였다. 양명은 평소 "지선은 마음의 본체다."라고 하고, "지선은 천리의 극

---

5 『명유학안』「師說(王龍溪)」: 愚按, 四句敎法, 考之陽明集中, 幷不經見, 其說乃出於龍溪, 則陽明未定之見, 平日間嘗有是言, 而未敢筆之於書, 以滋學者之惑.

진함이요 조그마한 사욕도 없다."라고 하고, 또 "양지는 천리다."라고 하였다. 『전습록』에서 천리 두 글자를 말한 곳이 한둘이 아니다. "무선무악(無善無惡)은 리(理)의 정(靜)이다."라고 한 적이 있지만 "무선무악(無善無惡)이 심(心)의 본체(本體)다."라고는 하지 않았다.[6]

유종주가 사구교의 진위를 제기한 데에는 '무선무악시심지체(無善無惡是心之體, 선도 없고 악도 없는 것이 마음의 본체다)'라는 심체의 규정에 대한 비판이 밑바탕에 깔려 있음을 알 수 있다.

이제부터 사구교가 기록된 자료들을 살펴보면서, 유종주가 제기한 사구교의 진위 문제를 검토하겠다. 현재 천천문답을 기록한 자료로는 전덕홍이 편찬한 『전습록(하)』, 「연보(가정 6년(1527) 9월)」와, 용계가 지은 「서산전군행장(緖山錢君行狀)」, 용계의 제자들이 편찬한 『왕기집(王畿集)』에 실린 「천천증도기」를 들 수 있다.

우선 『전습록(하)』의 기록에 대해 살펴보자. 통행본 『전습록(하)』에 첨부된 가정 35년 병신(丙申, 1556년)에 숭정서원(崇正書院)에서 지은 발문(跋文)에서 전덕홍은 "가정 7년 무자(戊子, 1528년) 겨울에 나(전덕홍)와 여중(汝中, 용계)이 스승의 운구가 있는 광신(廣信)으로 가면서, 동문들에게 보낸 부고장에다 3년을 기약하고 선생의 유언을 수집할 것을 말했다. 그 이후로 동문들이 수집한 자료를 보내주었고 그 중에서 합당한 것을 골라 내가 개인적으로 기록한 내용과 합쳐서 약간의 조목을

---

6 『명유학안』권16, 「文莊鄒東廓先生守益」: 蕺山先師嘗疑陽明天泉之言與平時不同, 平時每言至善是心之本體. 又曰, "至善只是盡乎天理之極, 而無一毫人欲之邪." 又曰, "良知卽天理." 錄中言天理二字, 不一而足. 有時說無善無惡理之靜, 亦未嘗徑說無善無惡是心之體.

얻었다. "[7]라고 하는데, 그 '개인적으로 기록'한 조목 안에 이 천천문답이 들어 있었을 것이다.

다음으로 「연보」의 기록은, 전덕홍이 지은 「양명선생연보서(陽明先生年譜序)」에 의하면 전덕홍의 주도하에 가정 42년 계해(癸亥, 1563년) 5월에 완성되었다.[8]

마지막으로 「천천증도기」는 작성 연대가 명시되어 있지 않고, 용계가 직접 작성하였는지에 대해서도 의견이 분분하다. 몇 가지 자료를 통해서 이 문제를 살펴보겠다.

우선 전덕홍이 1574년에 별세한 후에 용계가 지은 「서산전군행장」[9]에서 천천문답을 언급한 대목이 나온다. 이 글 내용을 살펴보면 「천천증도기」에 있는 학술적 논쟁 부분이 없는 점을 제외하면, 사유와 사무 등으로 전덕홍과 자신의 공부론을 규정하는 점 등이 통행본 「천천증도기」와 유사하다.

그리고 만력 4년(1576) 용계가 생존하고 있을 당시에 『용계왕선생회어(龍溪王先生會語)』[10]가 간행되었는데, 「동유문답(東遊問答)」 조에 용계와 천태(天台) 경정향(耿定向, 1524-1596) 두 사람이 나눈 대화가 기록

---

7 『전습록』(錢德洪跋): 嘉靖戊子冬, 德洪與王汝中, 奔師喪, 至廣信, 訃告同門, 約三年收錄遺言. 後同門各以所記見遺. 洪擇其切於問正者, 合所私錄, 得若干條. ……嘉靖丙辰夏四月, 門人錢德洪拜書于蘄之崇正書院.

8 『왕양명전집』 권37, 「陽明先生年譜序」: 嘉靖癸亥夏五月, 陽明先生年譜成, 門人錢德洪稽首敍言曰……. *왕양명 문집은 표점본 『왕양명전집』(상해: 상해고적출판사, 1992)을 기본으로 하였다.

9 『왕기집』 권20, 「緒山錢君行狀」.

10 『龍溪王先生會語』는 왕기 생전에 간행된 만큼 용계의 승인을 받았을 것이다. 이 판본은 중국 내에서는 유일하게 북경대학 도서관 善本室에 소장되어 있는데, 2007년에 봉황출판사에서 나온 『왕기집』에 이 회어를 수록하고 있다. 흥미롭게도 卷末의 識語에 霞谷 鄭齊斗 집안에서 소장한 도서라는 기록이 있다.

되어 있다. 이 대화 중에 천천문답과 매우 비슷한 내용이 나온다. 다만 천천문답과 비교해보았을 때, 경정향이 용계의 논조로 질문을 하고, 용계가 도리어 양명의 논조로 답변하는 점이 특이하다.[11] 이상의 자료에 근거하면, 현행 「천천증도기」는 「서산전군행장」과 「동유문답」을 바탕으로 용계의 제자들에 의해 편집되었다는 추론이 가능하다.

이상의 세 기록을 비교하면, 『전습록(하)』와 「연보」는 용계의 입장을 비판적으로 평가하고 있지만, 「천천증도기」에서는 용계의 입장을 옹호하고 있다. 이 점을 제외하면 이 기록들은 글자의 증감 등에서 차이를 보이지만 기본적으로는 대동소이하다. 따라서 이 세 기록을 토대로 유종주가 주장한 사구교 위작설을 평가하면, 대략 아래와 같은 결론에 도달한다.

첫째, 사구교는 양명의 만년 정론(定論)이다.

유종주는 사구교가 용계의 손에서 나왔으며, 양명의 '미정지견(未定之見, 확정 안 된 견해)'이라고 주장한다.

그러나 『전습록(하)』에서 "앞으로 제자들과 학문을 논할 때는 나의 종지를 절대 잊어서는 안 된다. 선도 없고 악도 없는 것은 마음의 본체이고, 선도 있고 악도 있는 것은 의념이 동한 것이고, 선을 알고 악을 아는 것은 양지이고, 선을 행하고 악을 제거하는 것은 격물이다."라고 말하였고, 「연보」에서도 "두 사람은 이후에 학자들과 말을 할 적에 나의 사구(四句) 종지(宗旨)에 근본을 두기 바란다. 선도 없고 악도 없는 것은 마음의 본체이고, 선도 있고 악도 있는 것은 의념이 동한 것이고, 선을 알고 악을 아는 것은 양지이고, 선을 행하고 악을 제거하는 것은 격물이다."라고 말하였고, 「천천증도기」에서도 "양명 선생의 학문

---

11 『왕기집』 부록2, 「龍溪會語 권3, (東遊問答)」.

은 양지를 종지로 한다. 문인들과 학문을 논의할 때마다 '선도 악도 없는 것은 마음의 본체이고, 선도 있고 악도 있는 것은 의념이 발동한 것이며, 선을 알고 악을 아는 것은 양지이고, 선을 행하고 악을 제거하는 것은 격물이다.'라는 사구를 교법으로 삼았다."라고 한다.

이상의 기록을 참조하면, 용계뿐 아니라 전덕홍 또한 사구교를 양명의 교학 종지로 기록했음을 알 수 있다. 따라서 사구교가 양명 말년의 교학 종지로서 여러 번의 심사숙고를 거쳐서 나온 교법이라는 점은 분명하다.

다만 유종주가 제기한 "사구교법을 『양명집』에서 살펴보자면 거의 보이지 않는다[并不經見]"라는 주장은 설득력이 있다.

예를 들어 「천천증도기」에서는 "문인들과 학문을 논할 적에 매양 사구교법을 제시하였다."라고 말하지만, 『전습록(하)』에서는 "내가 이제 곧 출발하려고 하는데 마침 이때에 그대들이 이 사구교의 의미를 논파했다."라고 말한다. 이는 사구교가 그때까지 확립된 교법이 아니었음을 반증해준다. 또한 「연보」에서 "때마침 그대들이 이에 대해 질문을 하는구나! 내가 장차 떠나려고 하는데 벗들 중에 이를 논의하는 사람들이 없었다."라는 양명의 말은, 전덕홍과 용계 외에 아직껏 이 사구교를 본격적으로 논의한 사람이 없었으며 사구교가 제자들 사이에서 확립된 교법이 아니라는 점을 암시해준다. 따라서 「연보」에서 양명이 "내가 근년에 교법을 세운 것이 여러 번이었는데, 지금 비로소 이 사구교를 세운다[始立四句]"고 말한 대목에 주목할 필요가 있다.

결국 유종주가 주장하는 '병불경견(并不經見, 거의 보이지 않는다)'은 천천교에서의 문답 이전을 놓고서 말하자면 맞는 말이고, 천천교에서 양명의 '시립사구(始立四句, 비로소 사구를 세운다)'를 근거하면 틀린 주장이다.

둘째, 사구교의 제1구(第一句)는 날조가 아니다.

황종희는『명유학안(明儒學案)』에서 동곽(東廓) 추수익(鄒守益, 1491-1562)이 기록했다는 또 다른 사구교를 제시한다.

양명 선생이 양광을 평정하려 갈 적에 전덕홍과 용계가 부양(富陽)까지
전송하였다. 선생께서 말했다. "이제 나와 이별할 터인데 각자 배운 바를
말해보아라." 덕홍이 대답했다. "지선무악(至善無惡, 지극히 선해서 악이
없음)은 마음이요, 유선유악(有善有惡, 선도 있고 악도 있음)은 의념이요,
지선지악(知善知惡, 선을 알고 악을 앎)은 양지요, 위선거악(爲善去惡, 선
을 행하고 악을 제거함)은 격물입니다." 용계가 대답했다. "심(心)도 무선
무악(無善無惡, 선도 없고 악도 없음)이고, 의(意)도 무선무악이고, 지(知)
도 무선무악이고 물(物)도 무선무악입니다." 선생이 웃으며 말했다. "홍
보(洪甫, 전덕홍)는 여중(汝中, 용계)의 본체(本體)를 알아야 하고 여중은
홍보의 공부를 알아야 한다. 두 사람은 이것을 하나로 하여 나의 가르침
을 잃지 말라."[12]

추수익이 기록한 '지선무악자심(至善無惡者心, 지극히 선해서 악이 없는
것이 마음)'은 통행본 사구교의 '무선무악시심지체(無善無惡是心之體, 선
도 없고 악도 없는 것이 마음의 본체)'와 어떻게 관련지을 수 있을까?

추수익의 기록은 분명 사구교 중 제1구의 부당함을 주장하는 이들

---

12 『추수익집』권3,「靑原贈處」: 陽明夫子之平兩廣也, 錢王二者送于富陽. 夫子曰, "予別
矣, 盍各言所學." 德洪對曰, "至善無惡者心, 有善有惡者意, 知善知惡是良知, 爲善去
惡是格物." 畿對曰, "心無善無惡, 意無善無惡, 知無善無惡, 物無善無惡." 夫子笑道,
洪甫須識汝中本體, 汝中須識洪甫工夫, 二者打倂爲一, 不失吾傳矣. *추수익 문집은
표점본『추수익집』(남경: 봉황출판사, 2007)을 기본으로 하였다.

에게는 매력적인 자료다. 그러나 추수익 본인은 천천문답의 당사자가 아니고, 이 문답이 발생한 장소를 천천교가 아닌 부양(富陽, 곧 嚴灘)으로 기록한 점도 이 기록의 신뢰도를 떨어뜨린다.

사실 황종희가 평가하듯 '지선무악자심(至善無惡者心)'은 전덕홍이 이해한 제1구로, 「천천증도기」에서 말한 사유설이다.[13] 따라서 '지선무악자심(至善無惡者心)'이라는 추수익의 기록은 '무선무악시심지체(無善無惡是心之體)'라는 통행 사구교의 제1구를 부정하는 근거로는 충분하지 못하다.

셋째, 양명은 전덕홍과 용계의 견해에 대해 조화의 입장을 취했다. 『전습록(하)』에서 양명은 전덕홍의 견해는 기차(其次, 中·下根器)의 사람을 위해서, 용계의 견해는 이근(利根, 上根器)의 사람을 위해서 사용하라고 당부하며, '상취위용(相取爲用, 서로 취하여 활용)'하라고 권면한다. 그렇다면 전덕홍의 입장을 가지고 사구교를 고치려는 노력이나, 용계의 입장을 가지고 사구교를 변경하려는 시도는 양명의 본의에 어긋난다고 할 수 있다. 양명은 사구교를 절대 변경하지 말라고 당부하고 있다.

이상의 논의를 정리하면, 양명을 변호하려는 마음의 발로이기는 하지만 유종주가 제시한 '사구교 위작설'은 논리적 근거가 부실하다고 할 수 있다. 그렇지만 이 주장의 객관타당성 여부를 따지는 작업과는 별개로, 이러한 시도가 갖는 사상사적인 의의는 무시될 수 없다.

---

13 『명유학안』 권16, 「文莊鄒東廓先生守益」: 今觀先生所記, 而四有之論, 仍是以至善無惡爲心, 卽四有四句亦是緒山之言.

2. 사구교의 정본

사구교를 기록한 중요 자료는 『전습록(하)』, 「연보」, 「천천증도기」를 들 수 있는데, 이 세 기록들은 내용상 약간의 차이를 보인다. 「천천증도기」가 용계의 사무론적 사구교 이해를 반영하리라는 점은 굳이 두 말이 필요 없지만, 문제는 『전습록(하)』와 「연보」는 모두 전덕홍의 손을 거쳐서 최종적으로 기록된 자료들임에도 불구하고 미묘한 차이를 보인다는 점이다. 이 미묘한 차이는 용계의 사구교 입장에 대한 평가에서 드러난다.

논자가 아는 범위 내에서 이 문제를 정면에서 자세하게 다룬 국내외 연구 성과를 접하지 못했다. 따라서 추후 연구의 심화를 위해, 전문과 논자의 해석을 그 밑에 붙이면서 두 기록의 차이를 설명하겠다.

1)

■ (전습록) 정해(丁亥, 1527년) 9월 선생이 사은과 전주 정벌 명령을 받았다. 선생이 장차 떠나려고 할 적에 덕홍(德洪, 전덕홍)과 여중(汝中, 왕용계)이 학술 토론을 하였다.

● (연보) 이달(9월) 초 8일에 덕홍과 기(畿, 왕용계)는 장원충(張元沖)을 만나러 가는 배 안에서 학문의 종지를 토론하였다.

✿ (해석) 가정 6년 정해(丁亥, 1527년)에 전덕홍과 용계가[14] 장원충을 만나러 가는 배 안에서 사구교를 논하는 대목이 천천문답의 구체적인

---

14 『전습록』은 이름(덕홍)으로만 전덕홍을 지칭하고 자(여중)를 사용하여 왕용계를 호칭하는 점에서, 이 기록은 전덕홍의 기록임을 알려준다. 「연보」는 전덕홍과 왕용계를 모두 이름으로 호칭하고 있는데, 이는 두 사람이 이 기록에 관여했음을 보여준다. 이하에서는 가독성을 높이기 위해 전덕홍과 용계로 호칭을 통일하여 번역하겠다.

발단이 되었음을 알 수 있다.

2)

■ (전) 용계가 선생의 교법에 대해 말했다. "무선무악(無善無惡)은 심의 본체요, 유선유악(有善有惡)은 의가 동한 것이요, 지선지악(知善知惡)은 양지이고, 위선거악(爲善去惡)은 격물이다." 전덕홍이 물었다. "어떻게 생각하는가?" 용계가 말했다. "아마도 이것은 구경(究竟)의 화두(話頭)가 아닌 성싶다. 만약 심체(心體)가 무선무악이라면 의(意) 또한 무선무악이고, 지(知) 또한 무선무악이고, 물(物) 또한 무선무악의 물이 될 것이다. 만일 의에 선악이 있다고 한다면 결국 심체에도 선악이 존재하지 않겠는가?"

● (연) 용계가 말했다. "선생이 말한 '선을 알고 악을 아는 것은 양지요, 선을 행하고 악을 제거하는 것은 격물이다.'라는 사구는 아마도 구경의 화두가 아닌 성싶다." 전덕홍이 물었다. "왜 그렇게 생각하는가?" 용계가 말했다. "심체가 무선무악이라면 의념 역시 무선무악이고, 양지 역시 무선무악이고, 물(物) 역시 무선무악이다. 만약 의에 선악이 있다고 한다면 결국에는 심이 무선무악일 수 없다."

✪ (해) 이 대목은 두 가지 문제를 제기한다. 첫째, '사구교는 구경(究竟) 화두(話頭)가 아니다.' 둘째, '의념에 선악이 있으면 심체도 선악이 존재하여 무선무악일 수 없다.'라는 용계의 주장이다.

구경 화두가 아니라는 용계의 입장은, 심체가 무선무악이라면 심체가 발한 의념 또한 무선무악이어야 한다. 따라서 의념의 본체인 양지도 무선무악이어야 하고 의념이 구체화된 행위물도 무선무악이어야 한다는 논리다.

그러나 양명학 내에서 심체(心體)의 지선(至善)과 의념(意念)의 유선유악(有善有惡)은 불선(不善)의 기원, 공부의 필요성, 공부의 방향성을 설명하는 핵심 명제로 절대 변경되거나 부정될 수 없다. 그렇다면 이를 누구보다도 잘 알고 있을 용계가 '의념에 선악이 있다면 심체에도 선악이 존재한다.'라는 질문을 제기한 의도는 무엇인가?

그것은 심체(心體)를 무선무악(無善無惡)이라고 규정하는 사구교의 심체 규정에 기인한다. 심체(心體)를 지선(至善)이라고 규정했다면 의념(意念)의 유선유악(有善有惡)은 문제 삼을 필요가 없다. 그러나 심체(心體)를 무선무악(無善無惡)이라고 한 이상 의념(意念)을 유선유악(有善有惡)이라고 규정하면 안 된다는 입장이다.

3)

■ (전) 전덕홍이 말했다. "심체는 천명의 성으로 원래 무선무악이지만 사람은 습심(習心)이 있어서 의념에 선악이 있게 되고, 격(格)·치(致)·성(誠)·정(正)·수(修)는 바로 그 성체(性體)를 회복하는 공부다. 만약 원래 무선무악이라면 공부를 거론할 필요가 없다."

● (연) 전덕홍이 말했다. "심체는 원래 무선무악이다. 그러나 습심에 오염된 지 오래되었기 때문에 심체에서 선악을 잘 살펴서 선을 보존하고 악을 제거해야 한다. 이것이 본체를 회복하는 공부다. 만약 원래 본체가 선악이 없다는 데에만 집착해서 공부할 필요가 없다고 하면 이는 한갓 어설프게 본 데에 지나지 않는다." 용계가 말했다. "내일 선생께서 길을 나서시니 저녁에 같이 가서 물어보자."

❏ (해) 전덕홍은 양명의 『대학』 해석을 그대로 반복하면서, 용계의 견해는 공부를 방기한다고 공격한다. 이 문제 제기는 용계학 전체에 대한 가장 큰 도전이다. 여기에 용계가 어떻게 대응하면서 자신의 철학 체계를 구축했는가를 밝히는 작업이 용계 철학을 탐구하는 중요한 노

선이다.

4)

■ (전) 이날 저녁에 천천교에서 선생(양명)을 모시고 각자 질정하였다. 선생께서 말했다. "내가 이제 곧 출발하려고 하는데, 때마침 이때에 그대들이 이 의미를 논파했다. 두 사람의 의견을 상호 보완하면서 사용하고 한쪽만 고집해서는 안 된다.

● (연) 이날 저녁에 손님들이 흩어지고 선생(양명)이 내실로 들어가려고 하다가, 전덕홍과 용계가 마당에서 기다리고 있다는 이야기를 듣고 다시 나와서 천천교 쪽으로 자리를 옮겼다. 전덕홍이 용계와 변론한 내용을 들어 선생에게 질문하였다. 선생이 기뻐하며 말했다. "때마침 그대들이 이에 대해 질문을 하는구나! 내가 장차 떠나려고 하는데 벗들 중에 이를 논의하는 사람들이 없었다. 그대 두 사람은 상대방의 견해를 받아들이고 상대방이 틀렸다고 여기지 말라.

✪ (해) 두 사람이 양명을 찾아가 판결을 바라는데, 양명은 상호 보완을 권면한다.

5)

■ (전) 내가 여기서 접촉하는 사람은 두 부류가 있다.

● (연) 용계는 덕홍이 제시한 공부를 받아들여야 하고, 덕홍은 용계가 제시한 본체를 깨달아야 한다. 그대들이 상대방의 견해를 취하여 보충한다면 우리 학문은 부족함이 없을 것이다."

✪ (해) 『전습록』에서는 양명이 두 가지의 교법이 존재한다고 말하지만, 「연보」에서는 용계의 본체(本體)와 전덕홍의 공부(工夫)로 구분한 후에 상호 보완을 당부한다. 「연보」의 이러한 기술 방식은 용계 식의

공부론을 부정하기 위한 포석이다.

6)

■ (전) 이근(利根)한 사람은 근원에서 깨달아 들어간다[直從本原上悟入]. 마음의 본체는 원래 밝고 막힘이 없는 미발(未發)의 중(中)이다. 이근한 사람은 본체를 깨닫는 그것이 바로 공부며, 피아와 내외를 한꺼번에 관통한다.

● (연) 전덕홍이 질문을 하자 선생이 말했다. "있음[有]은 너 자신이 스스로 설정한 유(有)이다. 양지는 원래 유(有)가 없다. 본체는 단지 태허(太虛)일 뿐이다. 태허 가운데 일월성신(日月星辰)과 풍우로뢰(風雨露雷)와 음매의기(陰霾饐氣) 등이 모두 있지만 무엇이 태허의 장애가 되는가? 사람의 마음도 본래 이와 같다. 태허는 무형(無形)으로, 지나가면 바로 사라지니 무슨 힘쓸 일이 있겠는가? 덕홍은 반드시 이처럼 공부를 해야 한다. 이것이 본체와 합일하는 공부다[合得本體工夫]."

✪ (해) 중리(中離) 설간(薛侃, ?-1545)이 기록한 『전습록』의 다음 대목은, 「연보」의 '본체와 합일하는 공부[合得本體工夫]'의 의미를 이해하는 데 도움을 준다.

어느 날 제자 수형(守衡)이 양명에게 질문을 한다.

『대학』 공부는 성의(誠意)일 뿐이고, 성의 공부는 격물(格物)이며 수(修)·제(齊)·치(治)·평(平)도 성의면 다 되는데 왜 정심(正心)의 공부가 있으며, 분치호락(忿懥好樂)이 있으면 정(正, 바름)을 얻지 못한다는 말은 무슨 의미입니까?

양명이 "이는 스스로 깨달아야 한다. 이것을 알면 미발의 중을 알게 된다." 하고 대답을 해준다. 그러자 수형이 재삼 가르침을 청하고 이에 양명이 이렇게 대답한다.

학문에는 깊고 얕음이 있다. 처음에는 착실하게 마음을 써서 호선오악(好善惡惡)하지 않으면 어떻게 위선거악(爲善去惡)할 수 있겠는가? 이 착실용의(着實用意)하는 공부가 성의(誠意)다. 그렇지만 심 본체는 원래 일물도 없는 줄을 모르고 줄곧 착의(着意)하여 호선오악하다 보면 이쪽으로 생각이 치우치게 된다. 이는 확연대공(廓然大公)이 아니다. 『서경(書經)』에서 '호오를 일으키지 않는다[無有作好作惡]'는 말은 본체를 가리킨다. 따라서 『대학』에서 분치호락(忿懥好樂)하면 정(正, 바름)을 얻지 못한다고 하였다. 그러나 정심(正心) 공부는 성의(誠意) 공부 안에 있다. 자신의 심체를 깨달아 거울처럼 비우고 저울처럼 평형을 유지할 수 있다면, 이것이 미발의 중이다.[15]

이 기록을 참고하면, '합득본체공부(合得本體工夫, 본체와 합일하는 공부)'는 정심(正心) 공부임을 알 수 있다. 또한 태허의 비유는 심체의 본래 상태, 곧 존재 형식을 지칭하는 표현임도 추정이 가능하다.

한편 한 가지 주의할 사항은, 『전습록(하)』에 나오는 '근원에서 깨달아 들어간다[直從本原上悟入]'는 말이 「연보」에서는 생략된 점이다. 이

---

15 『전습록』 상권, 119조목 : 守衡問, "大學工夫只是誠意. 誠意工夫只是格物修齊治平, 只誠意盡矣, 又有正心之功. 有所念懥好樂, 則不得其正, 何也?" 先生曰, "此要自思得之, 知此則知未發之中矣." 守衡再三請曰, "爲學工夫有淺深. 初時若不着實用意去好善惡惡, 如何能爲善去惡? 這着實用意, 便是誠意. 然不知心之本體原無一物, 一向着意去好善惡惡, 便又多了這分意思, 便不是廓然大公. 『書』所謂'無有作好作惡', 方是本體. 所以說有所念懥好樂, 則不得其正. 正心只是誠意工夫里面. 體當自家心體, 常要鑑空衡平, 這便是未發之中." *『전습록』 조목 번호는 진영첩의 『王陽明傳習錄詳註集評』(臺灣 : 學生書局, 1998)에 의거하였다. 이하 동일.

는 「연보」에서는 양명이 말한 "그러나 정심(正心) 공부는 성의(誠意) 공부 안에 있다."는 입장을 견지하여, 수양[修]을 통한 깨달음[悟]을 공부의 구도로 삼기 때문이다. 반면에 용계는 「천천증도기」에서 '본원상오입(本原上悟入, 근원에서 깨달음)'을 공부의 시작으로 설정한다.

7)

■(전) 차등(次等)의 사람은 습심 때문에 본체가 가려서, 의념상에서 착실히 선을 행하고 악을 없애도록 가르친다. 이 공부가 익숙해져서 습심의 찌꺼기를 말끔히 없애면 마음의 본체가 환히 드러난다.

● (연) 용계가 묻자 선생(양명)이 말했다. "용계는 이 견해를 묵묵히 지켜라. 이것을 가지고 남을 가르쳐서는 안 된다.

✪ (해) 『전습록(하)』의 기록은 앞서 인용한, 양명이 수형(守衡)에게 가르친 성의 공부론과 같다. 한편 「연보」에서는 용계가 개인적으로 묵묵히 자수하는 것은 괜찮지만, 이 방식으로 타인을 가르쳐서는 안 된다고 말하고 있다. 왜냐하면 「연보」의 입장에서는 정심(正心) 공부는 여전히 성의(誠意) 공부 안에 있기 때문이다.

8)

■(전) 용계의 견해는 내가 이근한 사람을 가르치는 방법이고, 덕홍(전덕홍)의 견해는 내가 차등의 사람을 위하여 세운 교법이다. 너희 둘이 상대방의 의견을 서로 취하여 활용하면, 중등 이상과 이하의 사람 모두를 도(道)로 인도할 수 있다. 만약 서로 한쪽만 고집한다면 바로 앞에서 사람을 놓치게 된다. 또한 도체(道體)에 대해서도 서로 미진한 바가 있게 된다."

● (연) 상근(上根)의 사람은 세상에서 만나기 어렵다. 본체를 깨닫는

그것이 공부임을 알고 물아(物我)와 내외(內外)를 한꺼번에 꿰뚫는 경지는 안자(顏子)와 명도(明道)도 감히 감당하지 못했는데, 어떻게 경솔히 사람들에게 기대할 수 있겠는가?

　🔃 (해) 『전습록(하)』에서는 이근(利根)인 사람을 위해서는 용계의 입장을, 일반인들을 위해서는 전덕홍의 견해를 채택함이 적당하다고 했다. 그러나 「연보」에서는 상근인(上根人)은 만나기 어렵다고 하여, 용계의 입장이 교학법이 될 수 없다고 한다.

　9)

　■ (전) 이윽고 말했다. "앞으로 제자들과 학문을 논할 때는 내 말의 요지를 절대 잊어서는 안 된다. 선도 없고 악도 없는 것은 마음의 본체이고, 선도 있고 악도 있는 것은 의념이 동한 것이고, 선을 알고 악을 아는 것은 양지이고, 선을 행하고 악을 제거하는 것은 격물이다. 오직 나의 이 말에 의거하여 사람에 따라 적절히 지도하면 문제가 없다. 이 교법은 상하를 관통하는 공부다.

　● (연) 두 사람은 이후에 학자들과 말을 할 적에 나의 사구 종지를 의존하기 바란다. 선도 없고 악도 없는 것은 마음의 본체이고, 선도 있고 악도 있는 것은 의념이 동한 것이고, 선을 알고 악을 아는 것은 양지이고, 선을 행하고 악을 제거하는 것은 격물이다. 이것으로 자신을 닦으면 성인의 경지에 오를 수 있고, 이것으로 남을 이끌면 문제가 없다."

　🔃 (해) 유종주의 사구교 위작설을 검토하는 부분에서 이미 언급했듯이, 두 기록은 공히 사구교가 양명의 교학 종지임을 명시한다.

　10)

　■ (연) 용계가 물었다. "본체를 깨달은 후에는 이 사구교법을 어떻게

합니까?" 선생이 말했다. "사구교법은 상하를 관통하는 공부론이다. 초학자로부터 성인까지 오직 이 공부법대로 한다. 초학자는 이 공부법을 통해서 차근차근 도에 들어가고, 성인의 경지에 도달하더라도 그 경지는 무궁하기 때문에 여전히 공부를 해야 한다. 요임금과 순임금의 유정유일(惟精惟一) 공부가 바로 이것이다."

✿ (해) 용계의 이 질문은 심체를 깨달은 후에도 성의 공부가 필요한가를 묻고 있다. 이에 대해 양명은 요임금과 순임금의 정일(精一) 공부를 들어, 성의 공부를 해야 한다고 답한다. 이 내용은 『전습록(하)』에는 들어 있지 않다. 한편 「천천증도기」에서는 '초범입성(超凡入聖, 범성을 넘어 성역으로 들어간다)', '상승겸수중하(上乘兼修中下, 상승은 중승과 하승을 겸해서 공부한다)'라는 말을 삽입하여 용계의 질문을 옹호하는 식으로 전개한다.

11)

● (연) 선생이 또 당부하여 말했다. "너희는 사구교의 종지를 바꾸지 말라. 이 사구교는 모든 근기의 사람들에게 해당한다. 내가 근년에 교법을 여러 번 세웠는데, 지금 비로소 이 사구교법을 세우게 되었다.

✿ (해) 유종주 사구교 위작설을 논증할 때 언급했듯이, 사구교 교법은 천천문답을 통해서 확립되었다.

12)

■ (전) 이근한 사람은 세상에서 만나기 어렵고, 본체와 공부를 한 번에 완벽하게 깨우치는 것은 안연이나 명도 같은 사람도 감히 자부하지 못했다. 어찌 경솔히 사람들에게 기대할 수 있겠는가?

✿ (해) 이근한 사람을 세상에서 만나기 어렵다는 말은 용계의 공부론

이 현실적으로 성립하기 어렵다는 의미다. 이는 「연보」에서 상근인은 만나기 어렵기 때문에 용계의 교학법이 현실성이 없다는 주장과 같다.

13)

■ (전) 사람은 습심이 있으니 양지에 바탕을 두고 선을 행하고 악을 제거하는 공부를 안 하고 어설프게 본체만 생각하게 한다면, 일체의 일이 모두 착실하지 않아 허무적멸(虛無寂滅)한 본체를 양성할 뿐이다. 이는 사소한 잘못이 아니기 때문에 서둘러 깨우쳐주지 않을 수 없다."

● (연) 사람이 지식을 가진 이래로 이미 습속에 오염되었다. 따라서 양지에 바탕을 두고 위선거악하는 공부를 착실히 하지 않고, 한갓 어설프게 본체만을 추구하게 한다면 모든 일이 착실할 수 없다. 이는 소소한 병통이 아니어서 서둘러 설파하지 않을 수 없다."

☢ (해) 양지에 바탕 하여 위선거악하는 성의 공부를 거치지 않은 상태에서 미발심체를 논한다면, 필시 허무적멸한 심체나 망상본체(罔象本體)만을 얻게 된다. 이는 전덕홍의 '전수후오(前修後悟)'의 공부론을 옹호하고, 용계의 '전오후수(前悟後修)'의 공부론은 성립할 수 없다는 입장이다. 용계는 나중에 「천천증도기」에서 '전오후수'의 공부론이 타당함을 주장한다.

14)

■ (전) 이날 전덕홍과 용계는 모두 깨우친 바가 있었다.[16]

---

16 「전습록」하권, 315조목 : 丁亥年九月, 先生起復征思田, 將命行時, 德洪與汝中論學, 汝中擧先生敎言, '無善無惡是心之體, 有善有惡是意之動, 知善知惡是良知, 爲善去惡是格物.' 德洪曰, "此意如何?"汝中曰, "此恐未是究竟話頭, 若說心體是無善無惡, 意亦是無善無惡的意, 知亦是無善無惡的知, 物亦是無善無惡的物矣. 若說意有善惡,

● (연) 이날에 전덕홍과 용계는 모두 깨우친 바가 있었다.[17]

✛ (해) 이렇게 해서 사구교가 성립된다.

畢竟心體還有善惡在." 德洪曰, "心體是天命之性, 原是無善無惡的, 但人有習心, 意念上見有善惡在, 格致誠正修, 此正是復那性體功夫. 若原無善惡, 功夫亦不消說矣." 是夕侍坐天泉橋, 各擧請正. 先生曰, "我今將行, 正要你們來講破此意. 二君之見, 正好相資爲用, 不可各執一邊. 我這裏接人, 原有此二種. 利根之人, 直從本原上悟入, 人心本體原是明瑩無滯的, 原是箇未發之中, 利根之人一悟本體即是功夫, 人己內外一齊俱透了. 其次不免有習心在, 本體受蔽, 故且敎在意念上實落爲善去惡, 功夫熟後, 渣滓去得盡時, 本體亦明盡了. 汝中之見是我這裏接利根人的, 德洪之見是我這裏爲其次立法的. 二君相取爲用, 則中人上下皆可引入於道; 若各執一邊, 眼前便有失人, 便於道體各有末盡. 旣而曰, "已後與朋友講學, 切不可失了我的宗旨. 無善無惡是心之體, 有善有惡是意之動, 知善知惡是良知, 爲善去惡是格物. 只依我這話頭隨人指點, 自沒病痛. 此原是徹上徹下功夫. 利根之人, 世亦難遇. 本體功夫一悟盡透, 此顔子, 明道所不敢承當, 豈可輕易望人. 人有習心, 不敎他在良知上實用爲善去惡功夫, 只去懸空想箇本體, 一切事爲俱不著實, 不過養成一箇虛寂. 此箇病痛不是小小, 不可不早說破." 是日德洪, 汝中俱有省.

17 『왕양명전집』권35, 「연보(三)」56세 9월 조목 : 是月初八日, 德洪與畿訪張元沖舟中, 因論爲學宗旨. 畿曰, "先生說知善知惡是良知, 爲善去惡是格物, 此恐未是究竟話頭." 德洪曰, "何如?" 畿曰, "心體旣是無善無惡, 意亦是無善無惡, 知亦是無善無惡, 物亦是無善無惡. 若說意有善有惡, 畢竟心亦未是無善無惡." 德洪曰, "心體原是無善無惡, 今習染旣久, 覺心體上見有善惡在, 爲善去惡, 正是復那本體功夫. 若見得本體如此, 只說無功夫可用, 恐只是見耳." 畿曰, "明日先生啓行, 晚可同進請問." 是日夜分, 客始散, 先生將入內, 聞德洪與畿侯立庭下, 先生復出, 使移席天泉橋上. 德洪擧與畿論辯請問, 先生喜曰, "正要二君有此一問. 我今將行, 朋友中竟無有論証及此者. 二君之見, 正好相取, 不可相病. 汝中須用德洪功夫, 德洪須透汝中本體. 二君相取爲益, 吾學更無遺念矣." 德洪請問. 先生曰, "有只是你自有. 良知本體原來無有, 本體只是太虛. 太虛之中, 日月星辰, 風雨露雷, 陰霾饐氣, 何物不有, 而又何一物得爲太虛之障. 人心本體亦復如是, 太虛無形, 一過而化, 亦何費纖毫氣力. 德洪功夫需要如此, 便是合得本體功夫." 畿請問, 先生曰, "汝中見得此意, 只好默默自守, 不可執以接人. 上根之人世亦難遇, 一悟本體即見功夫, 物我內外一齊盡透, 此顔子明道不敢承當, 豈可輕易望人. 二君已後與學者言, 務要依我四句宗旨, 無善無惡是心之體, 有善有惡是意之動, 知善知惡是良知, 爲善去惡是格物. 以此自修, 直躋聖位; 以此接人, 更無差失." 畿曰, "本體透後, 于此四句宗旨何如?" 先生曰, "此是徹上徹下語, 自初學以至聖人, 只此功夫. 初學用此, 循循有入. 雖至聖人, 窮究無盡. 堯舜精一功夫亦只與此." 先生又重囑咐曰, "二君以後再不可更此四句宗旨, 此四句中人上下無不接著. 我年來立敎亦更幾番, 今始立此四句. 人心自有知識以來, 已爲習俗所染, 今不敎他在良知上實用爲善去惡功夫, 只是懸空想個本體, 一切事爲俱不著實, 此病痛不是小小, 不可不早說破." 是日洪, 畿俱有省.

이상의 대비적 분석에서 드러나듯이, 『전습록(하)』와 「연보」의 기록은 모두 전덕홍의 최종 정리를 거쳤음에도 불구하고, 용계의 사구교 이해에 대한 평가가 미묘하게 다르다.

『전습록(하)』에서는 용계의 교학법에 대하여 비록 공부가 착실하지 않고 허적한 심체(心體)를 조장할 혐의를 두기는 했지만 이근한 사람을 위한 교법으로 인정했다. 그러나 「연보」에서는 전덕홍과 용계 본인의 실천 공부상의 차이로 치환하고, 그러면서 전덕홍에게 용계가 말한 본체에 투오(透悟)하는 공부를 권면하지만, 용계에게는 묵묵히 자수(自守)하기만 하고 교수법으로 사용하지 말라고 당부함으로써 교법으로서의 위상을 박탈한다.

따라서 천천문답을 평가할 때에는 「천천증도기」에 용계의 입장이 잠복하고 있듯이, 「연보」에는 전덕홍의 입장이 반영되었음을 유의해야 한다.

그렇다면 「연보」와 『전습록』이 모두 전덕홍의 손을 거쳐 편찬되었는데, 어떻게 이와 같은 차이가 생겼는지 납득이 잘 안 간다. 지금부터 그 한 가지 가능성을 검토하겠다.

용계는 「각양명선생연보서(刻陽明先生年譜序)」에서 "우인(友人) 전홍보(錢洪甫, 전덕홍)와 동문 몇 명이 학맥이 끊어지고 실종될까 걱정하여 양명 선생의 행적을 조사하여 연보로 찬하고, 장래 후학들에게 보여주려고 했다. 그러나 사문(師門)의 비장(秘藏)에 대한 부분은 모두 밝혔다고 말하기 어렵고, 가차부회(假借附會)한 부분은 내 자신을 속이고 잘못된 억설(臆說)을 보탤 수가 없다."[18]라고 말한다. 왜 용계는 자신을 포함하여 동문들이 긴 시간 동안 공을 들여 완성한 「연보」의 서문으로

---

18 『왕양명전집』권37, 「刻陽明先生年譜序」.

어울리지 않는 말을 했을까?

이는 전덕홍의 「양명선생연보서(陽明先生年譜序)」에서 그 이유를 추론할 수 있다. 전덕홍은 "선생이 죽은 후로 우리 당의 교학이 통일되지 않고 각자 들은 대로 교법을 세웠다. ……심하게는 지견(知見)을 본체(本體)라 하고, 소간(疏簡)을 초탈(超脫)이라 하며, 기지(幾智)를 숨기고 권의(權宜)라 하고, 예교(禮敎)를 멸시하면서 임성(任性)이라고 한다. 교법을 전한 지 한 세대도 채 못 지나 벌써 말이 어지럽고 사람들을 혼란하게 하니 심히 오당(吾黨)의 근심이다."[19]라고 한다.

이 서문에서 전덕홍은 구체적으로 지목하지는 않지만, 비판의 내용을 고려하면 용계 식의 공부론을 겨냥하고 있다. 그리하여 「연보」의 천천문답 기록은 『전습록(하)』의 기록보다 용계 공부론에 대한 부정적 입장을 더욱 드러냈다. 따라서 전덕홍의 손을 거쳐 최종 편찬된 「연보」에 대해 용계가 서문에서 불편한 심사를 보였으리라.

그렇다면 마찬가지로 전덕홍의 손을 거쳐 최종 편찬된 『전습록(하)』의 기록은 왜 「연보」처럼 편찬상의 기교를 발휘하지 않았는지 궁금하다. 다시 이 문제를 검토해보겠다.

통행본 『전습록(하)』에서는 천천문답의 기록자를 오악(五岳) 황성증(黃省曾, 1490-1540)이라고 적고 있지만, 기록자가 과연 황성증인가라는 의문은 줄기차게 있었다. 우선 황성증이 천천문답의 직접적인 당사자가 아니라는 비판이 첫 번째다. 두 번째는 전덕홍을 덕홍으로 호칭한다는 점이다. 이름을 노출시킨다는 의미는 곧 기록자가 덕홍이라는 의미가 되기 때문이다.

그러나 이 의문은 강력하기는 하지만 여전히 심증일 뿐 물증이 약하

---

19 『왕양명전집』 권37, 「陽明先生年譜序」.

다. 그런데 일본인 유학자 사토 잇사이(佐藤 一齋, 1772-1859)의 『전습록난외서(傳習錄欄外書)』에서 실마리를 제공한다. 그는 자신이 참조한 '여동본(閭東本)'에서는 『전습록』 260조목부터 315조목(천천문답)까지를 전덕홍과 용계가 공동으로 기록했다고 적고 있다.

그런데 문제는 사토 잇사이의 기록은 있지만, 현재 산실된 것으로 추정되는 '여동본'을 통해 이를 확인할 길이 없다는 점이다. 이런 와중에서 북경대학 도서관 선본실에 소장된 명각(明刻) 갑인본(甲寅本) 『전습속록(傳習續錄)』을 살펴보면, '여동본'과 마찬가지로 『전습록』 260조목에서 315조목(천천문답)까지를 전덕홍과 용계의 공동 기록으로 적고 있다.

대략 이상의 물증과 심증을 토대로 이렇게 판단할 수 있을 것 같다. 『전습록(하)』 315조목의 천천문답을 전덕홍과 용계가 같이 정리한 후에 전덕홍이 편찬하였다. 따라서 『전습록(하)』의 천천문답이 비록 용계의 공부론을 비판하는 입장에 서면서도, 「연보」와는 논조가 같지 않다는 결론이다.

결국 천천문답을 기록한 세 자료 중, 문답의 원형을 가장 잘 간직하고 있는 자료는 『전습록(하)』이다. 그리고 전덕홍의 견해가 충실히 반영된 기록은 「연보」이고, 용계의 입장을 옹호하는 기록은 「천천증도기」라고 할 수 있다.

3. 사구교와 엄탄문답

앞에서 천천문답을 기록한 자료 중, 원형을 가장 잘 간직하고 있는 기록은 『전습록(하)』임을 살폈다. 그런데 『전습록(하)』의 기록을 분석해

보면 한 가지 문제에 봉착하게 되는데, 바로 양명의 다음 말이다.

① 내가 여기서 접촉하는 사람은 두 부류가 있다. ………용계의 견해는 내가 이근한 사람을 가르치는 방법이고, 덕홍(전덕홍)의 견해는 내가 차등의 사람을 위하여 세운 교법이다. 너희 둘이 상대방의 의견을 서로 취하여 활용하면, 중등 이상과 이하의 사람 모두를 도(道)로 인도할 수 있다. 만약 서로 한쪽만 고집한다면 바로 앞에서 사람을 놓치게 된다. 또한 도체(道體)에 대해서도 서로 미진한 바가 있게 된다.[20]

② 이근한 사람은 세상에서 만나기 어렵고, 본체와 공부를 한 번에 완벽하게 깨우치는 것은 안연이나 명도 같은 사람도 감히 자부하지 못했다. 어찌 경솔히 사람들에게 기대할 수 있겠는가? 사람은 습심이 있으니 양지에 바탕을 두고 선을 행하고 악을 제거하는 공부를 안 하고 어설프게 본체만 생각하게 한다면, 일체의 일이 모두 착실하지 않아 허무적멸(虛無寂滅)한 본체를 양성할 뿐이다. 이는 사소한 잘못이 아니기 때문에 서둘러 깨우쳐주지 않을 수 없다.[21]

양명은 먼저 ①에서 "내가 여기서 접촉하는 사람은 두 부류가 있는데, 용계의 견해는 이근한 사람을 가르치는 방법이고, 덕홍의 견해는 차등의 사람을 위하여 세운 교법"이라고 하면서, ②에서 "근기가 수승한 사람은 세상에 거의 없고, 본체와 공부를 한 번에 완벽하게 깨우치는 것은 안연이나 명도 같은 수승한 근기의 사람도 감히 자부하지 못

---

20 『전습록』 하권, 315조목.
21 『전습록』 하권, 315조목.

했으니 보통 사람들은 당연히 불가능하다."라고 결론을 짓는다.

이 두 단락을 연결 지으면 다음과 같은 결론에 이른다. "용계가 주장한 교법은 원리적으로는 타당하지만 실제적으로는 불가능하다. 왜냐하면 용계의 공부론은 근기가 수승한 이근인을 위한 방법인데, 세상에는 이런 사람들이 현실적으로 존재하지 않기 때문이다."

만약 『전습록(하)』의 이 기록을 용계가 받아들인다면, 결국 용계 식의 공부론은 이름은 있으나 실질은 존재하지 않는 이른바 유명무실한 공부론에 지나지 않게 된다. 물론 용계가 이를 받아들이지 않았음은, 그 자신의 입장이 반영된 「천천증도기」를 보면 알 수 있다.

> 내 교법은 원래 두 종류가 있다. 사무설(四無說)은 상근인(上根人)을 위해 세운 교법이며, 사유설(四有說)은 중근(中根) 이하의 사람을 위해 세운 교법이다.
>
> 상근인은 무선무악의 심체를 깨달아 무(無)에 뿌리를 두게 되니, 의(意)와 지(知)와 물(物)도 무(無)에서 생긴다. 이 하나를 깨달으면 그 나머지도 알게 된다. 본체가 곧 공부이며, 간이하고 직절하며, 지나치지도 부족하지도 않는 돈오학(頓悟學)이다.
>
> 중근 이하의 사람은 본체를 깨달은 적이 없어서 유선유악인 의념에 뿌리를 두기 때문에 심(心), 지(知), 물(物)이 모두 유(有)에서 생긴다. 반드시 위선거악하는 공부를 매사에 실천하면서 점차 심체를 깨닫게 하여, 유에서 무로 돌아가 본체를 회복하게 한다. 그 공부의 결과는 서로 마찬가지다. ……서로의 장점을 취할 수 있으면 우리의 교법이 상하에 모두 통하여 선학(善學)이 될 것이다.[22]

---

22 『왕기집』 권1, 「天泉證道紀」: 吾敎法原有此兩種, 四無之說, 爲上根人立敎, 四有之說,

「천천증도기」에 근거하면 양명은 사랑하는 두 애제자의 손을 함께 들어주고 있다. 상근(上根)과 중근(中根) 이하로 강줄기를 잘라 각각의 영토에서 서로 협력하면서 양명학이라는 왕국을 힘껏 키워가기를 당부한다. 그러나 「천천증도기」의 기록은 주지하다시피, 용계의 입장이 반영된 기록이다.

그렇다면 방금 앞에서 논한 『전습록(하)』에서 발생한 문제를 어떻게 풀어가야 할까? 논자는 '엄탄문답(嚴灘問答)'에서 해결의 실마리를 찾고자 한다. 천천교에서 문답을 주고받은 다음 날 전덕홍과 용계는 스승의 행렬을 따라 엄탄까지 배웅하는데, 여기서 두 제자가 스승으로부터 받은 최후의 가르침이 엄탄문답이다.

엄탄문답에 관한 최초의 기록은 가정 8년(1529) 봄에 전덕홍과 용계가 동문들에게 알린 선사의 부고문에 나온다.

작년 가을 선생께서 양광으로 출정할 무렵에 마침 덕홍[寬]과 용계[畿]의 소견이 달랐는데, 선생께서 멀리 가시면 이를 확정 지을 수 없어서 밤중에 천천교에서 가르침을 청했습니다. 선생께서는 저희 두 사람의 견해가 모두 옳다 하시고 상호 간에 보완하라고 권면해주셨습니다. 초겨울에 엄탄까지 전송할 적에 가르침을 청하자, 선생님께서 구극(究極)의 설(說)을 말씀하여 주셨습니다.[23]

爲中根以下人立教. 上根之人, 悟得無善無惡, 心體便從無處立根基, 意與知物皆從無生一了百當, 卽本體便是工夫, 易簡直截, 更無剩欠, 頓悟之學也. 中根以下之人, 未嘗悟得本體, 未免在有善有惡上立根基, 心與知物皆從有生, 須用爲善去惡工夫, 隨處對治, 使之漸漸入悟, 從有以歸於無, 復還本體, 及其成功一也. ……若能互相取益, 使吾教法上下皆通, 始爲善學耳.

23 『왕양명전집』 권38, 「訃告同門」: 前年秋, 夫子將有廣行, 寬畿各以所見未一, 懼遠離之無正也, 因夜侍天泉橋而請質焉. 夫子兩是之, 且進之以相益之義. 初冬, 追送於嚴灘

이 부고문은 전덕홍과 용계가 함께 쓴 글이다. 이는 전덕홍과 용계의 이름을 그대로 쓰고 있는 데서도 알 수 있다. 아울러 이 부고문에서 엄탄문답이 전덕홍과 용계가 엄탄까지 전송하면서 들은 스승의 마지막 가르침이자, 구극의 설이라고 밝히고 있다.

그렇다면 양명의 구극의 설을 담고 있는 엄탄문답의 구체적인 내용은 무엇인가? 용계와 전덕홍은 이 문답을 기록으로 남겨두었다.

용계가 지은 전덕홍의 행장에는 이렇게 기록되어 있다.

> 선생(왕양명)께서 양광으로 가실 때, 나(용계)와 서산(전덕홍)이 엄탄까지 전송하였다. 선생께서는 거듭 이전의 설을 말씀하시며, "두 사람은 상대를 잘 이용하여 나의 종지를 잃지 말라"고 하셨다. 이어서 "유심(有心)이면 실상(實相)이고 무심(無心)이면 환상(幻相)이다. 유심(有心)이면 환상(幻相)이고 무심(無心)이면 실상(實相)이다."라는 구절에 대해 질문을 하셨다. 서산(전덕홍)은 머뭇거리며 대답하지 못했다. 내가 말씀드렸다. "앞의 구절은 본체(本體)에서 공부(工夫)를 증득(證得)하는 내용이고, 뒤의 구절은 공부(工夫)를 통해 본체(本體)와 합일(合一)하는 내용입니다. 유(有)와 무(無)의 사이라 뭐라 말할 수 없습니다." 선생께서는 빙그레 웃으시면서 "괜찮구나. 그것은 궁극적인 설[究極之說]이다. 너희들이 이미 깨달았다면 서로 갈고닦으며 묵묵히 간직하여 가볍게 누설하지 말라."라고 하셨다.[24]

請益, 夫子又爲究竟之說.

24 『왕기집』 권20, 「緒山錢君行狀」: 夫子赴兩廣, 予與君送至嚴灘. 夫子復申前說, 二人正好相爲用, 不失吾宗. 因據有心是實相, 無心是幻相. 有心是幻相, 無心是實相爲問. 君擬議未及答. 予曰, "前所擧是本體證工夫, 後所擧是用工夫合本體, 有無之間, 不可以致詰." 夫子莞爾笑曰, "可哉. 此說究極之說. 汝輩旣已見得, 正好更相切劘默默保任, 弗輕漏說也."

전덕홍이 편찬한 『전습록(하)』에는 다음과 같이 적고 있다.

여중(용계)이 불가의 실상(實相)과 환상(幻相)에 관한 설을 거론하자, 선생께서 말씀하셨다. "유심(有心)이면 모든 것이 실상(實相)이고 무심(無心)이면 모든 것이 환상(幻相)이다. 무심(無心)이면 모든 것이 실상(實相)이고 유심(有心)이면 모든 것이 환상(幻相)이다." 여중이 말했다. "유심(有心)이면 모든 것이 실상(實相)이요 무심(無心)이면 모든 것이 환상(幻相)이라는 것은 본체(本體)에서 공부(工夫)를 말한 것이고, 무심(無心)이면 모든 것이 실상(實相)이고 유심(有心)이면 모든 것이 환상(幻相)이라는 것은 공부(工夫)에서 본체(本體)를 말한 것입니다." 선생이 이 말을 인정하셨다. 나는 그 당시에는 이해하지 못했는데 몇 년간 공부를 하고야 비로소 본체(本體)와 공부(工夫)가 하나임을 믿게 되었다. 그러나 이는 질문에 우연히 말씀하신 말이니, 사람을 지도할 적에는 꼭 이 말에 의지할 필요가 없다.[25]

엄탄문답은 선문답처럼 의미 파악이 쉽지 않다. 오죽했으면 문답의 당사자인 전덕홍도 당시 무슨 말인지 이해를 못하고, 수년이 지난 후에야 비로소 의미를 파악했다고 고백했으랴.[26]

---

25 『전습록』 하권, 337조목 : 汝中舉佛家實相幻相之說. 先生曰, "有心俱是實, 無心俱是幻, 無心俱是實, 有心俱是幻." 汝中曰, "有心俱是實, 無心俱是幻, 是本體上說工夫; 無心俱是實, 有心俱是幻, 是工夫上說本體." 先生然其言. 洪於是時尚未了達, 數年用功, 始信本體工夫合一. 但先生是時因問偶談, 若吾儒指點人處, 不必借此立言耳.

26 엄탄문답에 대한 설명 중, 陳來(『有無之境』, 人民出版社, 1991년, 229-231쪽)와 方祖猷(『王畿評傳』, 南京大學出版社, 2001년, 109-110쪽)의 해석을 살펴보면 동의하기 어려운 점이 있다. 진래의 해석은 앞의 두 구절이 '本體工夫'라는 점을 충분히 설명하지 못하고, 더욱 문제는 용계가 왜 이 문답을 구극지설로 긍정하는지를 설명할 수 없다는 것이다. 한편 방조유의 해석에 의거하면 제1, 2구와 제3, 4구가 서로 본체와 공부 식으로 대비되지 않아서 엄탄문

이제부터 논자의 해석을 밝혀보겠다. 우선 이 두 기록을 대조하면 두 가지 차이가 눈에 띈다. 첫째, 용계는 엄탄문답을 긍정적으로 받아들이지만 전덕홍은 부정적으로 받아들인다. 둘째, 『전습록(하)』에는 엄탄문답의 최초 발설자가 용계로 되어 있으며 '구극지설(究極之說)'이라는 말이 빠져 있다.

엄탄문답의 사구(四句) 중 앞의 "유심구시실(有心俱是實), 무심구시환(無心俱是幻)"은 "본체에서 공부를 말하는 것[本體上說工夫]"이요, "무심구시실(無心俱是實), 유심구시환(有心俱是幻)"은 "공부에서 본체를 말하는 것[工夫上說本體]"이라고 한다.[27] 이를 구체적으로 분석해보겠다.

첫째, "본체에서 공부를 말하는 것[本體上說工夫]"과 "유심구시실(有心俱是實), 무심구시환(無心俱是幻)"은 어떻게 관계를 맺는지 알아보자. 본체에서 공부를 논한다는 말은 본체의 능동성과 자율성이 자연스럽게 발양되어 주재하는 과정이 공부라는 의미다. 이 공부를 용계는 '본체증공부(本體證工夫)'라고 한다. 따라서 유심(有心)이 실(實)이라는 말은 본체(양지)가 내 마음에 있다는 의미다. 본체공부론(本體工夫論)은 바로 용계의 공부론이다.

둘째, "공부에서 본체를 말하는 것[工夫上說本體]"과 "무심구시실(無心俱是實), 유심구시환(有心俱是幻)"은 어떻게 관계를 맺는지 알아보자. 공부에서 본체를 논한다는 말은 공부를 통하여 본체를 회복한다는 의미다. 용계는 이 공부를 '용공부합본체(用工夫合本體)'라고 한다. 따

답의 구조와 맞지 않는다.

27 엄탄문답의 논리는 『대승기신론』의 一心二門과 상당히 유사하다. 마음에는 二門인 眞如門과 生滅門이 있는데, 본체로 말하면 眞如의 佛性이 實이고 그 반대는 착각[幻]이다. 공부로 말하면 生滅하는 萬法이 空虛함을 깨달으면 實이고 그 반대는 착각[幻]이다.

라서 무심(無心)이 실(實)이라는 말은 집착[典要]이 없는 마음(양지)을 발양하는 과정이 진정한 공부라는 의미다. 공부본체론(工夫本體論)은 바로 전덕홍의 공부론이다.

이상으로 엄탄문답의 의미를 살펴보았다. 이 해석에 근거하면 엄탄문답은 천천문답의 연속이라는 점을 알 수 있다.

이제는 엄탄문답에 대하여 전덕홍은 탐탁지 않게 여기고, 용계는 극존하는 태도의 양극단이 어디에서 연유하는지 살펴볼 차례다.

전덕홍이 엄탄문답을 꺼린 이유를 세 가지로 분석해볼 수 있다. 첫째는 불교식의 이론을 원용하고 있다는 점이고, 둘째는 본체공부론을 인정한다는 점이며, 셋째는 공부본체론의 내용이 천천문답에서 말한 양지의 지선지악(知善知惡)을 바탕으로 위선거악(爲善去惡)하는 공부가 아니라 불교식의 무심(無心)을 깨닫는 공부론으로 오해받을 소지가 많다는 점이다.

그렇다면 용계는 엄탄문답을 왜 극찬해 마지않는가? 이는 두 가지로 정리할 수 있다. 첫째는 본체공부론을 분명하게 인정해주고 있다는 점이고, 둘째는 "무심구시실(無心俱是實), 유심구시환(有心俱是幻)"을 바탕으로 하는 공부론이 자신이 주장하는 본체공부론에 가깝기 때문이다.

천천문답에서 용계는 사구교가 양명의 권법(權法)일 뿐이라고 하지만, 전덕홍은 사구교가 정본(定本)이라고 한다. 한편 엄탄문답을 두고서는 용계가 양명의 '구극지설(究極之說)'이라고 극찬해 마지않지만, 전덕홍은 '인문우담(因問偶談)'일 뿐이라고 한다. 이와 같은 평가의 차이는 양명이 천천문답에서는 전덕홍의 공부론을 중심에 두고, 엄탄문답에서는 용계의 공부론을 중심에 둔 데서 기인한다.

이를 앞에서 살핀 "내가 여기서 접촉하는 사람은 두 부류가 있다. ………용계의 견해는 내가 이근한 사람을 가르치는 방법이고, 덕홍(전덕홍)의 견해는 내가 차등의 사람을 위하여 세운 교법이다."²⁸라는 말과 연결하여 논하면, 천천문답은 일반 근기의 사람을 지도하는 방법, 즉 전덕홍의 견해에 비중을 두었다. 반면에 엄탄문답은 근기가 수승한 사람을 지도하는 방법, 즉 용계의 견해에 비중을 두고 있다. 그렇다면 양명의 최후 교법인 사구교를 올바로 이해하기 위해서는 천천문답과 더불어 엄탄문답을 동시에 살펴야 함을 알 수 있다.²⁹

---

28 『전습록』하권, 315조목.
29 사구교에 대한 이상의 주장이 최종적인 설득력을 획득하기 위해서는 양명이 전덕홍의 공부론과 용계의 공부론을 모두 긍정했다는 사실적 논거를 필요로 한다. 이에 대해서는 치양지와 사구교의 상관관계에 착안하여 논한 논자의 논문을 참조하길 바람. 선병삼, 「王陽明致良知的 二重結構 : 積累和徹悟」, 『국제판 유교문화연구』17집, 2012.

제2절
천천증도기

유종주는 그 후대의 영향력을 고려하면, 명·청대에 용계학을 비판한 인물 중에서 첫손가락에 든다. 그가 "(용계가) 비록 창을 들고 주인집(양명학) 방으로 들어갔다[操戈入室]고 해도 틀리지 않다."[30]라고 했을 때, 이제 용계학은 더 이상 양명학의 적전(嫡傳)이 아니고 역적(逆賊)으로 전락한다.

그렇다면 유종주가 생각하는 그 폐해의 발원지는 어디인가?

용계 선생이 "사유(四有)의 설은 지리(支離)한 병통이 있다." 하였으니, 사무(四無)를 말하지 않을 수 없었다. 이미 선악(善惡)이 없다고 했으니, 심(心)·의(意)·지(知)·물(物)에 선악이 있을 수 있겠는가? 결국 무심(無心)·무의(無意)·무지(無知)·무물(無物)이라고 해야 구극[元]이라고 할 수 있게 된다. 그렇다면 치양지 세 글자는 어디에 붙일 것인가? 선생(용계)이 독오(獨悟)한 그 무(無)는 교외(敎外)의 별전(別傳)이라고 하지

30 『명유학안』「師說(王龍溪畿)」.

만, 실제는 결코 이러한 무(無)는 없다. 유무(有無)가 확립되지 않고, 선악을 모두 지워버리며, 허령지각(虛靈知覺)하는 기(氣)를 가지고 종횡으로 자재(自在)하고 매사를 지각하는 그것으로 한곳에 고착되지 않았다고 한다면, 어찌 불교의 구덩이에 떨어지지 않겠는가?[31]

이학자들이 서로 반대파를 불씨(佛氏)라고 비판하는 방식은 매우 흔해서 특별한 의미를 부여할 필요는 없지만, 유종주가 용계의 사무설을 용계학의 폐해의 발원지로 평가하는 점은 주의해야 한다. 물론 용계가 사무설로 사구교를 해석한 의도가 무엇인지를 밝히는 작업도 병행해야 하지만 말이다.

혹시 황종희가 용계학을 근로근불(近老近佛)이라고 비판하면서도 "그러나 선생은 양명의 말년 가르침을 직접 받았기 때문에 양명의 미언을 종종 보여준다. 상산(象山) 육구연(陸九淵, 1139-1192) 이후로 자호(慈湖, 곧 楊簡, 1141-1226)가 없을 수 없고, 문성(文成, 왕양명) 이후로 용계가 없을 수 없으니, 이는 학술의 성쇠가 여기서 인하였기 때문이다. 자호는 상산의 물길을 터놓았고, 선생(용계)은 하원(河源)을 열어 문성의 학문을 발명한 바가 많다."[32]라고 하였는데, 용계의 사무론적 해석은 황종희가 지적한 '미언발명(微言發明)'과 어떤 관계가 있지는 않을

---

31 『명유학안』「師說(王龍溪畿)」: 至龍溪先生始云, 四有之說, 猥犯支離, 勢必進之四無而後快. 旣無善惡, 又何有心意知物? 終必進之無心, 無意, 無知, 無物而後元. 如此則致良知三字, 著在何處? 先生獨悟其所謂無者, 以爲敎外之別傳, 而實亦幷無是無. 有無不立, 善惡雙泯, 任一點虛靈知覺之氣, 從橫自在, 頭頭明顯, 不離著於一處, 幾何而不踏佛氏之坑塹也哉?

32 『명유학안』 권12, 「郞中王龍溪先生畿」: 然先生親承陽明末命, 其微言往往而在. 象山之後不能無慈湖, 文成之後不能無龍溪, 以爲學術之盛衰因之. 慈湖決象山之瀾, 而先生疏河導源, 於文成之學, 固多所發明也.

까? 만약 그렇다면 유종주가 비판한 사무설은 도리어 사설을 현창한 공로가 있게 된다.

1. 사무론의 제출

용계의 사구교관을 잘 보여주는 「천천증도기」를 용계가 직접 작성했는지, 아니면 제자들이 편찬했는지는 분명하지 않다. 마찬가지로 용계 생전에 작성됐는지, 사후에 완성됐는지도 확정할 수 없다. 왜 이 문제가 중요한가 하면, 용계학 내에서 「천천증도기」의 위상을 정립하는 데 영향을 미치기 때문이다. 그리고 이 문제가 중요한 근본적인 이유는 「천천증도기」가 논쟁거리이기 때문이다.

이미 앞에서 밝힌 것처럼, 「천천증도기」는 용계가 지은 「서산전군행장」과 용계 생전에 간행된 『용계왕선생회어』의 「동유문답」 등에서, 사후 간행된 「천천증도기」와 매우 유사한 내용을 볼 수 있다. 따라서 용계 생전에 「천천증도기」가 통행본과 같이 완정된 형태로 존재했는지는 확정할 수 없지만, 「천천증도기」의 기술이 용계의 생각을 그대로 반영하고 있다는 점만은 틀림없다.

이하에서는 정확한 이해를 위하여 「천천증도기」의 전문을 단락 지어 논자의 해를 부기하였다. 이렇게 한 이유는, 용계학의 시작점도 천천증도이며 종착점도 천천증도이기 때문이다.

1)

양명 선생의 학문은 양지를 종지로 한다. 제자들과 학문을 논의할 때마다 "선도 악도 없는 것은 심체이고, 선과 악이 있는 것은 의념의 발동이며, 선과 악을 아는 것은 양지이고, 선을 행하고 악을 제거하는 것은 격물이다."라는 사구를 교법으로 삼았다. 학자들이 이 교법을 따라 공부하여 제각기 성과가 있었다.

ㅁ (해) 양명 학문의 종지가 양지라는 말은 매우 의미심장한 표현이다. 용계는 양지를 통하여 사구교를 해석하기 때문에 사무설을 주장한다. 또한 유종주는 사구교를 양명의 '미정지견(未定之見)'이라고 하지만 용계는 스승이 강학 시에 늘 거론한 교법이라고 한다.

2)

서산전자(緒山錢子, 전덕홍)가 말했다. "이것은 스승의 문하에서 사람을 가르치는 정본(定本)이라 추호도 바꿀 수 없다."(용계) 선생이 말했다. "선생(양명)이 상황에 따라 세운 권법(權法)이니 정본(定本)으로 집착해서는 안 된다.[33]

ㅁ (해) 전덕홍이 정본이라고 한 이유는, 유선무악(有善無惡)인 심체에 바탕 하여 유선유악(有善有惡)한 의념상에서 '존천리거인욕(存天理去人欲)' 하는 공부로 사구교를 이해하기 때문이다. 용계가 권법이라고 한 이유는, '유선유악시의지동(有善有惡是意之動)'이라는 둘째 구에 불만을 가지고 있기 때문이다. 바로 이어서 그 근거를 밝힌다.

3)

체용(體用)과 현미(顯微)는 일기(一機)이며, 심(心)·의(意)·지(知)·

---

33 용계를 선생이라고 호칭하고 전덕홍을 緒山錢子로 존칭하는 데에서, 이 글은 본 문집 편찬에 참여한 용계 제자들의 관점에서 서술되었음을 알 수 있다. 이하에서는 가독성을 고려하여 전덕홍과 용계로 통일하여 번역하였다.

물(物)은 한가지 일[一事]이다. 심(心)은 무선무악(無善無惡)의 심이고, 의(意)는 무선무악의 의이며, 지(知)는 무선무악의 지이고, 물(物)은 무선무악의 물이다. 무심(無心)의 심(心)이면 이는 장밀(藏密)이고, 무의(無意)의 의(意)를 깨닫는다면 응원(應圓)이고, 무지(無知)의 지(知)를 깨닫는다면 본적(本寂)이고, 무물(無物)의 물(物)을 깨닫는다면 묘용(妙用)이다.

하늘이 부여한 본성은 순수하게 지선(至善)하다. 이 본성이 신령스럽게 감응하는 그 메커니즘[機]은 멈추지 않는다. 선(善)하다고 규정할 수 없는 이유는, 악(惡)이 본래 없어서 그 악에 대비되는 선을 밀할 수 없기 때문이다. 이것이 무선무악(無善無惡)이다. 유선유악(有善有惡)은 의념이 외물에 동요한 상태로, 자성(自性)의 유행(流行)이 아니고 유(有)에 낙착(落着)되었다. 자신의 본성이 유행하면 발동하더라도 동요되지 않지만 유(有)에 낙착되면 발동할 때 곧 동요된다. 의(意)는 심(心)의 발동이기 때문에, 의가 유선유악하다고 하면 지(知)와 물(物)도 유선유악하게 되며, 심(心)도 무선무악이라고 할 수 없다."

❂ (해) 이 부분은 『전습록(하)』나 「연보」에는 없는 내용으로, 심체가 무선무악이면 의념이 왜 무선무악이어야 하는지를 용계가 설명하는 대목이다. 그는 "체용(體用)과 현미(顯微)는 일기(一機)이며, 심(心)·의(意)·지(知)·물(物)은 한가지 일[一事]이다."와 "하늘이 부여한 본성은 순수하게 지선(至善)하다. 이 본성이 신령스럽게 감응하는 그 메커니즘[機]은 멈추지 않는다."를 근거로 제시한다.

이 두 주장은 동일한 논리 형식에 의존하고 있는데, 성이 순수지선하다면 그 감응인 의념 또한 순선무악하다는 논리다. 즉 심체(心體)와 의용(意用)은 일기(一機)이기 때문에, 심체(心體)가 무선무악이면 의용(意用)도 무선무악이며, 의용(意用)이 유선유악이면 심체(心體)를 무선무악이라고 할 수 없다는 주장이다.

4)

전덕홍이 말했다. "그렇게 하면 사문(師門)의 교법을 파괴하게 되어 제대로 배웠다고 할 수 없다." 용계가 말했다. "학문은 반드시 스스로 깨달아야지 남의 발뒤꿈치만 따라가서는 안 된다. 사문의 권법을 정본으로 집착한다면 글자에만 얽매이는 꼴이니 역시 제대로 배웠다고 할 수 없다[非善學]."

☒ (해) 『전습록(하)』에서는 '습심(習心)'을, 「연보」에서는 '습속(習俗)'을 들어 심체의 무선무악이 의념의 무선무악으로 이어지지 않는다고 했다. 그런데 용계는 사구교를 글자 그대로 풀이한다면 '비선학(非善學)'하다고 반박한다.

5)

당시 양명 선생이 양광으로 출정을 하려고 할 적이었는데, 전덕홍이 말했다. "우리 두 사람의 견해가 같지 않은데 어찌 다른 사람들의 의견을 통일시킬 수 있겠는가? 가서 스승께 질정하도록 하자." 양명 선생이 저녁에 천천교에 앉아 있었는데, 각자의 소견을 질정하였다.

☒ (해) 두 사람이 양명을 찾아가 결론을 부탁한다.

6)

양명 선생이 말했다. "때마침 너희가 질문을 하는구나. 내 교법은 원래 두 종류가 있다. 사무설은 상근인을 위해 세운 교법이며, 사유설은 중근 이하의 사람을 위해 세운 교법이다.

☒ (해) 양명은 두 가지 교법이 모두 존재한다고 하면서 사유설과 사

무설로 전덕홍과 용계의 입장을 정리한다.

여기서 한 가지 문제가 되는 부분은 전덕홍의 견해가 '일무삼유(一無三有)'가 아니고 어떻게 '사유(四有)'가 되는가 하는 점이다. 이 문제는 추수익의 「청원증처」에서 "지선무악자심(至善無惡者心), 유선유악자의(有善有惡者意), 지선지악자양지(知善知惡者良知), 위선거악자격물(爲善去惡者格物)"이라고 한 사구교를 두고서, 이는 전덕홍이 이해한 사구교로서 '무선무악시심지체(無善無惡是心之體)'가 아닌 '지선무악자심(至善無惡者心)'으로, 곧 지선(至善)의 유(有)를 포함한 사유론(四有論)이라고 한 황종희의 설명에서 이해의 단서를 찾을 수 있다.[34]

7)

상근인은 무선무악의 심체를 깨달아 무(無)에 뿌리를 두게 되니, 의(意)와 지(知)와 물(物)도 무(無)에서 생긴다. 이 하나를 깨달으면 그 나머지도 알게 된다. 본체가 곧 공부이며, 간이하고 직절하며, 지나치지도 부족하지도 않는 돈오학(頓悟學)이다. 중근 이하의 사람은 본체를 깨달은 적이 없어서 유선유악한 의념에 뿌리를 두기 때문에 심(心)·지(知)·물(物)이 모두 유(有)에서 생긴다. 반드시 위선거악하는 공부를 매사에 실천하면서 점차 심체를 깨닫게 하여[漸漸入悟], 유에서 무로 돌아가 본체를 회복하게 한다. 그 공부의 결과는 서로 마찬가지다.

▣ (해) 상근인은 돈오(頓悟)요, 하근인은 점오(漸悟)로, 돈(頓)과 점(漸)의 차이는 있을지언정 모두 오(悟)를 통과해야 진정한 공부가 시작된다는 점을 밝히고 있다. 「천천증도기」는 선오후수(先悟後修)의 입장을 분명히 한다. 물론 이때의 오(悟)는 양지(良知)가 마음을 주재한다는 사

---

34 『명유학안』 권16, 「文莊鄒東廓先生守益」.

실을 깨닫고 믿는 그것이다.

8)

세상에서 상근의 사람은 얻기가 어렵기 때문에 어쩔 수 없이 중근 이하의 사람을 위하여 교법을 세워서 이 경로를 통과하게 하였다. 여중(용계)의 견해는 상근인을 가르치는 교법이고, 덕홍의 견해는 중근 이하를 가르치는 교법이다.

☒ (해) 양명은 어쩔 수 없이 사구교를 내세웠다고 한다. 즉 상근인을 위해서라면 당연히 용계의 견해가 맞는데, 세상에 상근인을 만나기 힘들기 때문에 권법으로 사구교를 제시했다는 말이다. 사구교를 두고 『전습록(하)』에서는 '철상철하공부(徹上徹下工夫)'라고 하고, 「연보」에서는 '철상철하어(徹上徹下語)'라고 하여 상근과 하근을 관통하는 공부론이라고 하지만, 「천천증도기」에는 용계의 교법과 전덕홍의 교법을 서로 보완하여 내 교법을 상근과 하근에 관통하도록 하라고 당부한다.

9)

여중(용계)의 견해는 내가 오래도록 발설하고 싶었지만 사람들이 제대로 믿지 못하고 엽등의 병폐만 부추길까 두려워 지금껏 가슴에 묵혀두었다. 이것은 마음으로 전하는 비장(秘藏)이다. 안자와 명도도 감히 말하지 못했는데 이제 발설하였으니, 천기를 발설할 때가 되었다. 어찌 다시 감추랴.

☒ (해) 안자와 명도처럼 양명 자신도 감히 말하지 못하고 가슴에 담아두었던 천기를 용계가 발설하였는데, 이미 발설한 이상 숨길 수 없다고 한다. 『전습록(하)』와 「연보」에서는 "안자와 명도도 감히 감당하지 (자부하지) 못했다."는 구절이 여기서는 "안자와 명도도 감히 말하지 못

했다."는 문장으로 바뀌어, 용계의 견해를 옹호하는 식으로 바뀌었다.

10)

그러나 여중(용계)은 집착하지 말라. 만약 사무(四無)의 견해에 집착하면 일반인들의 생각을 헤아리지 못해서, 상근의 사람만을 가르칠 수 있고 중근 이하는 가르칠 수 없다. 만약 사유(四有)의 견해에 집착하면 의(意)가 유선유악임을 인정하는 셈이니, 중근 이하를 가르칠 수 있을 뿐이요 상근인은 가르칠 수 없다.

❏ (해) 이근의 사람과 중근 이하는 교육법이 서로 다르니, 사무와 사유 한쪽의 견해만 고집하지 말라고 당부한다.

11)

그러나 우리의 범심(凡心)이 없어지지 않았기 때문에 비록 깨달았더라도[得悟] 수시로 점수(漸修) 공부를 해나가야 한다. 그렇지 않으면 초범입성(超凡入聖)할 수가 없다. 이것이 상승(上乘)이 중하(中下)를 겸수(兼修)한다는 말이다.

❏ (해) 『전습록(하)』와 「연보」에서는 '습심(習心)'이나 '습속(習俗)'에 오염되어 있기 때문에 위선거악의 착실한 공부를 해야지 단지 본체만을 생각하는 것은 공상본체(空想本體)나 허적본체(虛寂本體)를 만들 뿐이라고 한다. 그런데 여기서는 심체(心體)를 오득(悟得)한 이후에 초범입성(超凡入聖)하기 위해서 위선거악의 점수(漸修)가 필요하다고 하여, 용계의 선오후수(先悟後修)의 공부론을 옹호한다.

12)

여중(용계)은 이 생각을 보임(保任)하고 함부로 남에게 드러내지 말

라. 어설프게 말하면 도리어 본질을 호도하게 된다. 덕홍은 지금보다 일격(一格)을 더 나아가야 비로소 현통(玄通)하게 된다. 덕홍은 자질이 심의(深毅)하고 여중(용계)은 명랑(明朗)한데, 그 깨달은 바도 각자의 자질과 관련이 있다. 서로의 장점으로 보완하여 내 교법이 상하에 모두 통하게 한다면 선학(善學)이 될 것이다.[35]

ㅂ (해) 전덕홍과 용계가 서로의 장점을 취익(取益)해야 내 교법을 잘 배웠다라고 말한다.

---

35 『왕기집』 권1, 「天泉證道記」: 陽明夫子之學, 以良知爲宗, 每與門人論學, 提四句爲敎法, 無善無惡心之體, 有善有惡意之動, 知善知惡是良知, 爲善去惡是格物. 學者循此用功, 各有所得. 緖山錢子謂, 此是師門敎人定本, 一毫不可更易. 先生謂, 夫子立敎隨時, 謂之權法, 未可執定. 體用顯微只是一機, 心意知物只是一事. 若悟得心是無善無惡之心, 意卽是無善無惡之意, 知卽是無善無惡之知, 物卽是無善無惡之物. 蓋無心之心則藏密, 無意之意則應圓, 無知之知則體寂, 無物之物則用神. 天命之性粹然至善, 神感神應, 其機自不容已. 無善可名, 惡固本無, 善亦不可得而有也, 是謂無善無惡. 若有善有惡, 則意動於物, 非自然之流行, 著於有矣. 自性流行者, 動而無動, 著於有者, 動而動也. 意是心之所發, 若是有善有惡之意, 則知與物一齊皆有, 心亦不可謂之無矣. 緖山子謂, 若是, 壞師門敎法, 非善學也. 先生謂, 學須自證自悟, 不從人脚跟轉. 若執著師門權法, 以爲定本, 未免滯於言詮, 亦非善學也. 時夫子將有兩廣之行. 錢子謂曰, "吾二人所見不同, 何以同人, 盍相與就正." 夫子晩坐天泉橋上, 因各以所見請質. 夫子曰, "正要二子有此一問, 吾敎法原有此兩種 : 四無之說, 爲上根人立敎; 四有之說, 爲中根以下人立敎. 上根之人, 悟得無善無惡, 心體便從無處立根基, 意與知物皆從無生, 一了百當, 卽本體便是工夫, 易簡直截, 更無剩欠, 頓悟之學也. 中根以下之人, 未嘗悟得本體, 未免在有善有惡上立根基, 心與知物皆從有生, 須用爲善去惡工夫, 隨處對治, 使之漸漸入悟, 從有以歸於無, 復還本體, 及其成功一也. 世間, 上根人不易得, 只得就中根以下人立敎, 通此一路. 汝中所見, 是接上根人敎法. 德洪所見, 是接中根以下人敎法. 汝中所見, 我久欲發, 恐人信不及, 徒增躐等之病, 故含蓄到今, 此是傳心秘藏. 顔子, 明道所不敢言者. 今旣已說破, 亦是天機, 該發泄時, 豈容復秘. 然此中不可執著. 若執四無之見, 不通得衆人之意, 只好接上根人, 中根以下人, 無處接授. 若執四有之見, 認定意是有善有惡的, 只好接中根以下人, 上根人亦無從接授. 但吾凡心未了, 雖已得悟, 仍當隨時用漸修工夫. 不如此不足以超凡入聖, 所謂上乘兼修中下也. 汝中此意正好保任, 不宜輕以示人, 槪而言之, 反成漏泄. 德洪卻須進此一格, 始爲玄通. 德洪資性沉毅, 汝中資性明朗, 故其所得亦各因其所近. 若能互相取益, 使吾敎法上下皆通, 始爲善學耳."

「천천증도기」의 기록은 『전습록(하)』와 「연보」와는 달리 용계가 제시한 사무론적 사구교 이해를 논리적으로 정당화시키고 있다. 이 논리적 변호를 밑에서 지탱하고 있는 원동력으로는 두 가지를 들 수 있다. 첫째는 현성양지(現成良知)이고[36], 둘째는 선오후수(先悟後修)의 공부론이다.

첫째, 용계 사무설의 발단은 '유선유악시의지동(有善有惡是意之動)'에 대한 불만이다. 심체(心體)가 무선무악(無善無惡)이라면 심체의 발동인 의념(意念) 또한 무선무악이어야 하고, 의념의 본체인 양지(陽地)도 무선무악이어야 하고, 의념이 지향한(소재한) 행위물(行爲物)도 무선무악이어야 한다고 주장한다.

그런데 의념의 유선유악(有善有惡)은 불선(不善)의 근거를 밝히고, 공부론의 필요성을 제기하는 명제다. 예를 들어 양명 만년 사상을 대표하는 「대학문(大學問)」에서는 "마음의 본체는 성(誠)이다. 성(誠)은 언제나 선(善)하기 때문에 마음의 본체는 본디 바르다[正]. 마음 어디에서 바르게 하는 공부를 할 수 있겠는가? 마음의 본체는 본디 바른데 생각[意念]이 발동한 후에야 부정(不正)한 마음이 있게 된다. 따라서 마음을 바르게 하고자 하는 자는 반드시 생각이 발동한 그곳에서 바르게 해야 한다."[37]라고 하여 공부의 대상인 부정한 마음이 의념의 단계에서 발생한다고 분명히 명시하고 있다. 그렇다면 의념의 무선무악은 사설에 위배된 용계의 독창적인 궤변일 뿐인가?

양명은 심체는 지선(至善)이고 심체의 발동이 의념이라고 한다. 의

---

36 본 논문 2장 2절의 '현성양지'에서 자세히 다룬다.

37 『왕양명전집』 권26, 「大學問」: 心之本體卽性也, 性無不善, 卽心之本體本無不正也, 何從而用其正之之功乎? 蓋心之本體本無不正, 自其意念發動, 而後有不正, 故欲正其心者, 必就其意念之所發而正之.

념 중 유선(有善)한 생각은 지선(至善)한 심체가 그대로 발동하였지만, 유악(有惡)한 생각은 이심(二心), 습심(習心), 리심(離心)에서 발동한다고 한다. 그렇기 때문에 지선(至善)인 심체와 유선유악(有善有惡)인 의념은 충돌을 일으키지 않는다.

그런데 용계는 지선한 심체는 양지로, 의념 단계에서도 활발 양지가 의념 전체를 지배하기 때문에 궁극적인 양지학에서 보자면 '유선유악시의지동(有善有惡是意之動)'이라는 규정은 타당하지 않다고 본다. 그렇기 때문에 용계는 사구교가 구경화두(究竟話頭)가 아니라고 전덕홍에게 말하였다. 바로 이 양지가 현성양지이다.

둘째, 용계는 '선오후수(先悟後修)'의 공부론이 상근인과 중근 이하를 모두 아우르는 철상철하(徹上徹下)의 공부론이라고 한다. 「천천증도기」에서 돈오(頓悟)와 점오(漸悟)는 득오(得悟)의 난이(難易)와 조만(早晩)의 차이가 있지만 깨달음은 모두 같다고 하고 나서, 이 득오를 바탕으로 초범입성(超凡入聖)하기 위한 지속적인 점수(漸修) 공부를 제시한다.

그렇다면 선오(先悟)는 무슨 말인가? 심체(心體)인 양지(良知)를 먼저 오득(悟得)한다는 말이다. 통상 득오(得悟)라고 하면 공부를 통해 도달한 어떤 깨달음을 연상할 수 있다. 그렇지만 「천천증도기」에서 상근인의 돈오와 중근 이하의 점오로 구분하는 데에 드러나듯, 공부의 결과가 아니라 공부의 시작으로서의 득오다. 그렇다면 이는 양지 심체를 득오하는 것이자 양지에 대한 절대 믿음을 지칭한다.

「천천증도기」 맨 서두를 "양명 선생의 학문은 양지를 종지로 한다."라고 시작한 데에는 용계의 깊은 뜻이 들어 있다. 이는 양지를 통해서 사구교를 이해해야 한다는 묵시이다. 용계가 발명(發明)한 스승의 미언(微言)은 결국 양지이다. 물론 양명이 상언(常言)한 내용이 양지였음에도 말이다.

2. 사무론의 내용

용계는 사구교를 사무론의 입장에서 설명한다. 즉 '무선무악지심 (無善無惡之心), 무선무악지의(無善無惡之意), 무선무악지지(無善無惡之知), 무선무악지물(無善無惡之物)'이라고도 하고, '무심지심(無心之心), 무의지의(無意之意), 무지지지(無知之知), 무물지물(無物之物)'이라고도 한다. 그리고 자신의 이 견해를 주역의 용어를 사용하여 개념화한다. 곧 무심지심(無心之心)한 심(心)은 장밀(藏密)이며, 무의지의(無意之意)한 의(意)는 응원(應圓)이며, 무지지지(無知之知)한 지(知)는 체적(體寂)이며, 무물지물(無物之物)한 물(物)은 용신(用神)이라고 한다. 이 사무론은 비단 사구교에 대한 용계 식의 해석에 그치지 않고, 용계학의 기본 골격을 이룬다. 따라서 용계학을 정통하게 이해하는 데 필수적이다.

1) 무심지심(無心之心)과 장밀(藏密)

용계는 사구교의 심체 규정인 '무선무악시심지체(無善無惡是心之體)'를 누고 '무심지심(無心之心)'으로 해석한다. 애초에 용계와 전덕홍 사이의 사구교 논쟁은 '유선유악시의지동(有善有惡是意之動)'에 대해 용계가 구경화두가 아니라고 하면서 발단되었다. 따라서 '무선무악시심지체(無善無惡是心之體)'에 대해서는 두 사람이 이견이 없는 것처럼 보인다.

그러나 앞에서 밝힌 것처럼 전덕홍이 이해한 '무선무악시심지체(無善無惡是心之體)'는 추수익이 「청원증처」에서 기록하고 있는 '지선무악자심(至善無惡者心)'의 심체다. 그는 '무선무악심지체(無善無惡心之體)'를 심체의 '존재 내용'으로서의 지선(至善)으로 받아들였다. 왜냐하면 지선(至善)은 선악의 상대적 인식을 초월한 지극한 선이기 때문이다. 전덕홍이 이해한 '무선무악(無善無惡)'은 바로 '지선(至善)'이다.

그렇기 때문에 전덕홍은 "심체(心體)가 무선무악이라면, 의(意) 또한 무선무악이고, 지(知) 또한 무선무악이고, 물(物) 또한 무선무악의 물이 될 것이다."라는 용계의 주장은, 지선(至善)으로서의 '무선무악'에서 한 걸음 더 나아가 '망선(忘善)'으로 넘어간다는 혐의를 두었다. 결국 「연보」의 기록에서는 용계의 공부론을 부정하는 방향으로 전개하였다.

이에 용계는 「천천증도기」에서 자신의 심체관이 '망선(忘善)'이라는 혐의를 불식시키기 위해 "선(善)하다고 규정할 수 없는 이유는, 악(惡)이 본래 없어서 그 악에 대비되는 선을 말할 수 없기 때문이다. 이것이 무선무악(無善無惡)이다."라는 말을 함으로써 자신 또한 심체의 '존재 내용'으로서의 지선을 부정하지 않았음을 밝힌다. 사실 지선(至善)에서 망선(忘善)으로 나아가게 된다면 이는 이미 유가라는 이름표를 붙일 수 없기 때문에, 용계가 이 점을 분명히 하지 않으면 안 되었다.

그렇다면 용계가 지선에서 한 걸음 더 나아간 지점은 어디인가? 그것은 심체의 '존재 형식'으로서의 무선무악이다. 양지로 말하자면, 무시무비(無是無非)인 양지이다.

장밀(藏密)이라는 말은 『주역』「계사전(상)」의 '퇴장어밀(退藏於密)'에서 따왔다.[38] 「계사전」은 "밀(密)에 퇴장(退藏)한다"라는 의미지만 용계는 "장(藏)함이 밀(密)하다"는 의미로 사용했다. 여기서 밀은 '밀부천도(密符天度)'[39]의 밀(密)과 유사한 의미로, 면밀하고 엄밀하다는 뜻이다. 『주역』의 표현을 빌리면, 적연부동(寂然不動)한 심(心)이다.

---

38 『周易』「繫辭傳」: 聖人以此洗心, 退藏於密.
39 『왕기집』권1, 「撫州擬峴臺會語」.

용계는 「장밀헌설(藏密軒說)」에서 이렇게 적고 있다.

양지는 지시지비(知是知非)이면서 실제는 무시무비(無是無非)이다. 지
시지비(知是知非)는 마음의 신명이고, 무시무비(無是無非)는 퇴장(退藏)
한 밀(密)이다. 사람들은 신묘(神妙)한 신(神)은 알면서도 신묘하지 않음
[不神]이 신(神)임을 알지 못한다. 무지(無知)의 지(知)는 진지(眞知)이
고, 망각(罔覺)의 수(修)가 진수(眞修)이다.[40]

무선무악(無善無惡)인 심체가 바로 무시무비(無是無非)인 양지다. 그
렇다면 왜 용계는 심체의 '존재 형식'으로서의 무선무악을 '무심지심(無
心之心)'으로 설명하며 강조하고 있는가? 그것은 지선(至善)을 하나의
고정된 실체로 여기는 경향에 대한 비판이다. 어떤 고정된 지선을 상
정하면 이는 외부의 기준[典要], 격식[格套], 전통 등에 양지의 주재를
빼앗기기 때문이다.

2) 무의지의(無意之意)와 응원(應圓)

양명학에서 의(意)는 지선심체(至善心體)에서 직심이동(直心以動)한
선(善) 의념(意念)과 습심(習心, 動於氣)에서 발한 악(惡) 의념(意念)이 공
존하는 유선유악(有善有惡)한 의념(意念)이 있다. 이 유선유악한 의념
을 대상으로 위선거악의 공부를 진행한다. 이것이 성의 공부론이다.
따라서 용계의 '무의지의(無意之意)', '무선무악지의(無善無惡之意)'라는

---

40 『왕기집』 권17, 「藏密軒說」: 良知知是知非, 而實無是無非. 知是知非者, 心之神明; 無
是無非者, 退藏之密也. 人知神之神, 不知不神之神. 無知之知, 是爲眞知; 罔覺之修,
是爲眞修.

주장은 공부 방기라는 비판에 직면하게 된다.

그러나 용계가 '무의지의(無意之意)'를 말한 데에는 공부론이 아니라, 구경화두로서의 사구교를 염두에 두었다. 즉 유선유악한 일반경험 의식에서, 호선오악하는 지행합일에 근거하여, 위선거악하는 성의 공부를 통해, 분치호락(忿懥好樂)하지 않는 확연대공(廓然大公)한 심체(心體)를 구현하는 공부의 하수처(下手處)로서의 의(意)가 아니라, 확연대공한 심체가 응물자재(應物自在)하는 의념(意念)을 중심에 둔다. 더 정확히 말하면, 무시무비(無是無非)한 양지 본체(良知本體)가 곧바로 지시지비(知是知非)하는 양지작용(良知作用)을 염두에 둔다.

한편 용계의 '무의지의(無意之意)'는 도가의 멸의론(滅意論)인 고목사회(枯木死灰)와 유사하다는 혐의가 있다. 이에 대해 용계는 「의식해(意識解)」에서 다음과 같이 설명한다.

심(心)은 본래 적연(寂然)하고, 의(意)는 마음이 감응한 상태다. 양지는 본래 혼연(渾然)하고, 식(識)은 양지의 분별 작용이다. 만욕(萬欲)은 의(意)에서 일어나며, 만연(萬緣)은 식(識)에서 생긴다. 의(意)가 이기면 심(心)이 지게 되고, 식(識)이 나타나게 되면 지(知)가 숨는다. 따라서 성학은 절의(絶意)와 거식(去識)을 최우선으로 해야 한다.

절의(絶意)는 무의(無意)가 아니고, 거식(去識)은 무식(無識)이 아니다. 의(意)가 심(心)에 통섭되어 심(心)이 주재하면 의(意)는 성의(誠意)가 되어 어지러운 의상(意象)이 아니다. 식(識)이 지(知)에 근본을 두고 지(知)가 주재하면 식(識)은 묵식(默識)이 되어 어슴푸레한 식신(識神)이 아니다. 마치 명경(明鏡)이 만물을 비춤에 그 본체(本體)는 본래 텅 비었는데 연치(妍蚩)를 자연히 분별하는 도리이니, 이른바 천칙(天則)이다. 만약 자취나 흔적이 거울에 남으면 도리어 가리어지는데, 이것이 의식(意識)

이다.[41]

만욕(萬欲)은 의(意)에서 일어나고 만연(萬緣)은 식(識)에서 생긴다. 따라서 만욕(萬欲)과 만연(萬緣)을 제거하기 위해 절의(絶意)와 거식(去識) 공부를 해야 한다. 그런데 절의(絶意)와 거식(去識)은 고목사회(枯木死灰)와 같은 무의(無意)와 무식(無識)을 추구하는 것이 아니고, '의(意)가 심(心)에 통섭[意統於心]'되고 '식(識)이 지(知)에 근본[識根於知]'을 두어서, 의(意)는 의상(意象)이 아닌 성의(誠意)가 되고, 식(識)은 식신(識神)이 아닌 묵식(默識)이 되어야 한다.

따라서 응원(應圓)한 '무의지의(無意之意)'란 바로 「자호정사회어(慈湖精舍會語)」에서 말한 '본심자연지용(本心自然之用, 본심의 자연스러운 발용)'이다.

자호(慈湖)가 말한 불기의(不起意)의 뜻을 이해하면 양지를 이해하게 된다. 의(意)는 본심의 자연적인 발용이다[本心自然之用]. 가령 거울이 변화운위(變化云爲)하는 만물을 모두 비추면서도 그 자체는 동하지 않는 도리이다. 만약 본심을 떠나서 의념을 일으키면 망령된다. 수천만의 과실이 모두 이 의(意)에서 생긴다.[42]

---

41 『왕기집』 권8, 「意識解」: 夫心本寂然, 意則其應感之跡; 知本渾然, 識則其分別之影. 萬欲起於意, 萬緣生於識, 意勝則心劣, 識顯則知隱. 故聖學之要, 莫先於絶意去識. 絶意非無意也, 去識非識也, 意統於心. 心爲之主, 則意爲誠意, 非意象之紛紜矣, 識根於知, 知爲之主, 則識爲默識, 非識神之恍惚矣. 譬之明鏡照物, 體本虛, 而姸媸自辨, 所謂天則也. 若有影跡留於其中, 虛明之體, 反爲所蔽, 所謂意識也.

42 『왕기집』 권5, 「慈湖精舍會語」: 知慈湖不起意之義, 則知良知矣. 意者本心自然之用, 如鑒之應物, 變化云爲, 萬物畢照, 未嘗有所動也. 惟離心而起意, 則爲妄, 千過萬惡, 皆從意生.

본심에 근본을 두고 발동한 의(意)가 '무의지의(無意之意)'이고, 응원(應圓)한 의(意)이고, '본심자연지용(本心自然之用)'한 의(意)이다.

3) 무지지지(無知之知)와 체적(體寂)

양명학에서 지(知)는 두 가지로 나뉜다. 하나는 지식(知識)인 견문지지(見聞之知)이고, 다른 하나는 양지(良知)인 덕성지지(德性之知)이다. 덕성지지(德性之知)인 양지는 '무시무비이지시지비(無是無非而知是知非)'로 구성되는데, 심체의 '존재 형식'인 무선무악(無善無惡)은 양지의 무시무비(無是無非)이며, 심체의 '존재 내용'인 지선(至善)은 양지의 지시지비(知是知非)와 대응한다. 용계가 '무선무악시심지체(無善無惡是心之體)'를 심체의 '존재 형식'인 무선무악(無善無惡)으로 풀었듯이, 양지의 '무시무비(無是無非)'를 '무지지지(無知之知)'로 설명한다.

체적(體寂)이라는 말은 양지가 심(心)의 본체(本體)로 무시무비(無是無非)인 적연부동(寂然不動)이기 때문이다. 예를 들어 거울을 스치는 만상들은 시비를 판단하는 양지작용(良知作用)이라면, 맑은 거울 그 자체는 시비가 없는 양지 본체(良知本體)인 체적이라고 할 수 있다.

용계는 양지의 지시지비(知是知非)의 측면에만 매달리다 보면, 시비와 선악을 따지는 분별하고 구분하는 데에만 치중할 수 있음을 경계했다. 그는 「용남산거회어(龍南山居會語)」에서 이렇게 말한다.

(등우정자)가 "양지는 혼연허명(渾然虛明)한 무지(無知)이면서 무부지(無不知)입니다. 시비 분별은 양지의 자연적인 작용으로 권법(權法)일 뿐입니다. 시비를 양지로 삼는다면, 이는 근본을 잃게 됩니다."라고 말했다. (용계) 선생이 "그렇다. 시비는 분별상(分別相)이다. 양지는 본래 부지(不知)하니 분별 의식을 버려야 진정한 시비를 내릴 수 있다. 마치 밝은 거

울이 사물을 비춤에, 거울의 본체가 텅 비었기 때문에 사물의 연치(妍媸)를 비출 수 있는 것과 같은 도리이다. 비출 뿐 받아들이지 않고, 스치면 남기지 않는다. 비추는 작용[照]을 본체의 밝음[明]이라고 하면 안 된다. 맹자가 '시비의 마음은 지의 단서다.'라고 했는데, 단서라는 말은 발용(發用)하는 계기다. 성선은 혼연한 진체(眞體)가 본래 분별이 없음을 말하였으니, 이 혼연한 성을 보아야 견성(見性)이다. 이것이 사문(師門)의 종지다."라고 했다.[43]

양지는 본래 부지(不知)하기 때문에, 분별 의식을 버려야만 진정한 시비를 내릴 수 있다. 분별상에 갇히지 않아야 진정으로 시비를 분별할 수 있다. 구분하고, 따지고, 가리는 데에는 이미 마음 안에 무언가가 기준으로, 격식으로, 전통으로 자리 잡고 있다.

용계는 「간지정일지지(艮止精一之旨)」에서 이렇게 말한다.

양지는 무지(無知)하면서 무부지(無不知)하다. 사람들은 양지가 지(知)임은 알면서도 무지(無知)가 바로 지(知)가 되는 소이(所以)임은 모른다. 신도(神道)를 설교하면 사람들은 신묘(神妙)함이 신(神)임은 알지만 불신(不神)이 신(神)이 되는 소이(所以)임은 간과한다. 허(虛)로서 변화에 통하면 전요(典要)하지 않고, 적(寂)으로 감통(感通)하면 사위(思爲)하지 않게 된다. 이것이 안자의 이른바 누공(屢空)이요, 공자의 공공(空空)이다.

---

43 『왕기집』권7, 「龍南山居會語」: 問曰, "良知, 渾然虛明, 無知而無不知. 知是知非者, 良知自然之用, 亦是權法. 執以是非爲知, 失其本矣." 先生曰, "然哉. 是非亦是分別相. 良知本無知, 不起分別之意, 方是眞是眞非. 譬之明鏡之鑒物, 鏡體本虛, 物之妍媸, 鑒而不納, 過而不留, 乃其所照之影, 以照物爲明, 奚啻千里. 孟氏云, '是非之心, 知之端也.' 端卽發用之機. 其云, '性善', 乃其渾然眞體, 本無分別. 見此方謂之見性, 此師門宗旨也."

세상 학자들은 전요(典要)에 붙들리고 사위(思爲)에 어두워져서, 허적(虛寂)의 본체를 다투어 손가락질하며 틀렸다고 한다.[44]

공자의 공공(空空), 안자의 누공(屢空), 그리고 양지의 무지(無知)는 성학의 종지이다. 구분하고, 따지고, 가리는 그 마음은 이미 외부의 기준[典要], 격식[格套], 전통 등이 양지의 자리를 차지하고 있기 때문에 일어난다. 이런 외부의 기준, 격식, 전통, 관습 등의 묵은 기준을 버리고, 오로지 내 마음의 양지의 시비를 따라야 한다. 이것이 용계가 무지지지(無知之知)를 말한 이유다.

4) 무물지물(無物之物)과 용신(用神)

양명이 주자의 격물치지(格物致知, 곧 卽物窮理) 중심의 『대학』관을 반대하고 성의(誠意) 중심의 『대학』관을 세우면서, '격물'을 '즉물(卽物)'이 아닌 '정물(正物)'로 해석할 때 물(物) 개념도 변화한다. 주자가 '객관대상물(존재물)'에 중점을 두고 있다면, 양명은 '의지 지향물(행위물)'인 사(事)에 무게 중심을 두고 있다.

여기서 다시 한 걸음 더 나아가면 다음의 결론이 가능해진다. 의지 지향 대상으로서의 물은 두 종류의 행위물이 존재한다. 하나는 유선유악(有善有惡)한 '일반경험의식'이 의지 지향하는 일반 세계 내의 행위물(行爲物) 전체인 '의지소재위물(意之所在爲物)'[45]이고, 다른 하나는 양

---

44 『왕기집』 권8, 「艮止精一之旨」: 良知無知而無不知, 人知良知之爲知, 而不知無知之所以爲知也. 神道設敎, 人知神之爲神, 而不知不神之所以爲神也. 虛以通變, 不爲典要, 寂以通感, 不涉思爲, 是卽顔氏所謂屢空, 孔子空空之旨也. 世之學者, 泥於典要思爲, 昧夫虛寂之體, 反閼然指而非之.

45 『전습록』 상권, 6조목 : 身之主宰便是心, 心之所發便是意, 意之本體便是知, 意之所在便是物.

지에서 발동한 '순수경험의식'이 의지 지향하는 순수 세계 내의 행위물(行爲物) 자체인 '명각지감응위물(明覺之感應爲物)'[46]이다.

'의지소재위물(意之所在爲物)'과 '명각지감응위물(明覺之感應爲物)'이라는 말은 양명이 구분한 표현이지만, 용계가 사구교를 사무론적으로 해석하는 과정에서 이 두 물의 규정이 양지학에서 주목받게 된다. 즉 유선유악(有善有惡)한 의념(意念)이 소재(所在)한 행위물(行爲物)은 위선거악(爲善去惡)의 공부가 실현되어야 할 대상으로서의 물(物)이고, 무선무악(無善無惡)한 의념(意念)인 명각(明覺)이 감응(感應)한 행위물(行爲物)은 작용(作用)이 자유자재(自由自在)로 신묘(神妙)한 물(物)이다.

이것이 용계가 말하는 '무선무악지물(無善無惡之物)'이며 '무물지물(無物之物)'이다. 아울러 용신(用神)은 양지명각본체(良知明覺本體)의 작용이 신묘하다는 말이다.

---

46 『전습록』 중권, 174조목 : 以其發動之明覺而言, 則謂之知; 以其明覺之感應而言, 則謂之物.

제 2 장

양지 본체론

왕용계 양지 본체론을 올바로 이해하기 위해서는 그의 3대 양지론을 유기적으로 파악해야 한다. 바로 용계가 제창한 허적양지(虛寂良知), 현성양지(現成良知), 조화양지(造化良知)에 대한 종합적이고도 체계적인 이해이다.

첫째, 허적양지는 양지가 지시지비(知是知非)하고 지선지악(知善知惡)하지만 그 본체는 무시무비(無是無非)이고 무선무악(無善無惡)이라는 점을 밝힌다. 이는 거울이 세상의 흑백연치(黑白姸媸)를 그대로 비추면서도 거울 자체는 텅 비어 허적(虛寂)한 것에 비유할 수 있다.

용계의 허적양지설은 두 개의 연원을 고려할 수 있다. 하나는 양명(陽明) 왕수인(王守仁, 1472-1528)이요, 하나는 쌍강(雙江) 섭표(聶豹, 1487-1563)이다. 왕양명의 미발양지설이 용계 허적양지설의 기초를 구성하고 있다면, 섭표의 허적양지설은 매서운 공격의 대상이다.

용계 허적양지설의 연원으로서 양명의 미발양지설은 분명 생소하게 들린다. 양명이 주자의 미발함양을 비판한 대목[47]이나 양지는 시비지

---

47 『왕양명전집』권4,「答汪石潭內翰」: 朱子於未發之說, 其始亦嘗疑之, 今其集中所與南

심(是非之心)으로서 천리가 밝게 드러난 곳[天理之昭明靈覺處]이라는 규정을 상기한다면 미발과 양지를 병치하는 것이 용이해 보이지 않는다. 그러나 양명은 어느 때를 막론하고 양지[獨知]가 활동하고 있다는 입장에 기반 하여 유사시(有事時, 已發)에도 순종양지(順從良知), 무사시(無事時, 未發)에도 순종양지(順從良知)를 주장하면서 미발과 이발을 관통하는 공부론을 제시한다.[48] 양명의 이와 같은 미발양지설을 계승한 것이 용계의 허적양지설이다.

둘째, 현성양지는 양지가 본래구족(本來具足)하면서도 현재(現在)에도 구족(具足)하다는 점을 밝힌다. 현재구족(現在具足)이라는 말은, 양명이 즐겨 사용한 심체(心體)가 살아서 활발발(活潑潑)하다는 그 의미이다. 주자(朱子, 1130-1200)의 성체(性體)와 양명의 양지(심체)가 갈리는 지점이 바로 여기다.

현성양지에 대한 올바른 이해는 왕용계 양지 본체론을 정통하게 이해하는 첩경이 된다. 현성양지설은 왕양명이 제창한 양지학의 핵심을 가장 잘 표현한 용어임과 동시에 무수한 오해와 비판을 불러일으킨 원흉이기 때문이다.

기존 용계의 양지론 연구는 주로 현성양지를 중심에 둔다. 이는 현성양지에 대한 비판과 그에 대한 반박이 당시 양명학단의 주요 논쟁이었기 때문이기도 하지만, 이주(梨洲) 황종희(黃宗羲, 1610-1695)가 『명유학안(明儒學案)』에서 현성양지와 선천정심(先天正心)을 용계학의 본

軒論難辯析者, 蓋往復數十而後決. 其說則今之『中庸』注疏是也. 其於此亦非苟矣. 獨其所謂"自戒懼而約之, 以至於至靜之中; 自謹獨而精之, 以至於應物之處"者, 亦若過於剖析. 而後之讀者遂以分爲兩節, 而疑其別有寂然不動靜而存養之時, 不知常存戒愼恐懼之心, 則其工夫未始有一息之間, 非必自其不睹不聞而存養也.

48 양명의 미발양지론은 논자의 논문을 참조. 선병삼, 「올바른 양명학 이해를 위한 3가지 문제」, 『동양철학연구』 69집, 2012년.

체론과 공부론으로 정리한 이래로 하나의 전통이 되었다고 할 수 있다. 그러나 현성양지설 외에 나머지 두 개의 양지설을 종합적으로 살펴야 용계 양지론을 편향적으로 이해하는 실수를 피할 수 있다.

셋째, 조화양지는 양지가 가치 창조의 근원이라는 점을 밝힌다. 이는 양지가 조화의 정령[造化之精靈]이라는 표현 안에 고스란히 녹아 있다. 양지를 조화의 정령으로 규정하는 입장은 양명에게서 시작되었지만 용계는 이를 한층 강화하여 양지에 대한 절대적인 신뢰와 순종을 강조한다.

기존 용계 양지관 연구는 용계학의 특징을 밝히려는 과정에서 양명과 다른 내용에 초점을 맞추고 있다. 그러다 보니 자연스럽게 용계와 양명이 공유하고 있는 실의(實義)의 양지론은 배제되고 용계가 심화한 양지론이 전면에 부각되면서, 용계의 양지론은 과격하면서도 극단적이라는 비판을 받았다. 유종주(劉宗周, 1578-1645)가 현허(玄虛)와 정식(情識)으로 명대 양지학의 병폐를 최종적으로 정리한 것이 대표적이다.[49] 허적양지를 추구하면서 일용(日用) 공부를 무시하게 되면 현묘함을 추구하는 현허의 폐단에 떨어지게 되고, 현성양지를 제창하면서 신독(愼獨) 공부를 굴레로 여기게 되면 방탕한 소인으로 전락한 정식의 폐단에서 벗어날 수 없기 때문이다.

용계의 양지 본체론은 단연코 늦은 밤 골목을 배회하며 아이들을 놀래는 몸통 없는 유령과 같은 존재가 아니다. 우리가 용계의 3대 양지설을 유기적으로 이해한다면 이를 분명히 알 수 있다. 그렇기는 하지만 용계학은 유령처럼 처음 본 사람들을 깜짝 놀라게 한다. 여기에는

---

49 「명유학안」 권62, 「蕺山學案」: 今天下爭言良知矣, 及其弊也, 猖狂者參之以情識, 而一是皆良; 超潔者蕩之以玄虛, 而夷良於賊, 亦用知者之過也.

사연이 있다. 그 이유는 용계학이 색다르기 때문이다.

주자가 성(性)을 통해 보편도덕을 정립하였고, 양명이 양지(良知)를 통해 도덕주체를 세웠다면, 용계는 순수주체를 확립하고자 했다. 주자가 정의, 조작, 계탁 등의 작용성을 초월한 이(理)가 기질에 탑재한 것을 천명지성(天命之性)이라고 했을 때, 성은 경험세계에 좌우되지 않는 영원불변한 보편규범의 토대가 된다. 그런데 명대에 이르면 그 보편규범이 어느덧 고착화되고 형식화되어가는 상황에서 양명은 활발심체(活潑心體)를 양지라고 제창하면서, 독왕독래(獨往獨來)하는 도덕주체를 전면에 내세운다. 그리고 용계는 스승의 유업을 계승하면서 도덕주체가 양지에 완전히 순종할 것을 주장한다. 바로 이 점이 이해하기 쉽지 지지않은 용계 양지학의 특징이다.

제1절

허적양지

1. 허적과 양지

양명이 마음의 본체인 양지를 제창하면서 한 가지 문제가 제기된다. 양지는 선천적으로 선악과 시비를 판단할 수 있는 불학불려(不學不慮)하며 지시지비(知是知非)하며 지선지악(知善知惡)한 것인데, 선악시비를 판단하는 과정은 경험적 의식 안에서 이루어지는 관계로 불순한 경험의식이 순수한 도덕의식을 방해하는 사태가 발생하게 된다. 다시 말하면 양지가 지시지비(知是知非)하고 지선지악(知善知惡)하는 작용은 미발(未發)의 본체가 이발(已發)하는 유행(流行)의 과정이기 때문에, 원리적으로는 천칙양지(天則良知)가 자연명각(自然明覺)하지만, 실제적으로는 자연명각(自然明覺)과 의식사념(意識私念)을 분별하는 일이 쉽지 않다.

이 문제는 양명 사후에 양지론의 핵심 과제로 부상하지만 양명 생존 시에는 아직 본격적으로 논의되지 않았다. 그렇지만 양명과 남야(南野) 구양덕(歐陽德, 1496-1554)의 왕복서신은 이 문제에 대한 선구적인 논의로 주목할 만하다.

구양덕이 양명에게 다음과 같이 질문을 한다.

배우는 사람들의 병폐는 대개가 침공수적(沉空守寂)하지 않으면 안배사
색(安排思索)하는 것 같습니다. 제가 신사년과 임오년 중에는 침공수적
하는 병폐가 있었는데, 근래는 안배사색하는 병폐가 있습니다. 그렇지만
사색(思索)은 양지의 발용(發用)인데 사의안배(私意安排)와 어떻게 구별
을 할 수 있습니까? 혹여 도적을 자식으로 삼지는 않을까 두렵습니다.[50]

구양덕의 질문은 두 가지이다. 첫째, 침공수적의 병폐는 순수한 양
지를 발현하기 위해서는 생각을 끊어야 한다는 입장으로, 이는 양명이
자주 경계한 고목사회(枯木死灰)의 공부론과 비슷하다. 이런 절사(絶
思)의 공부론에 집착하다 보면 원정(原靜) 육징(陸澄)이 양명에게 보낸
편지처럼 계신공구(戒愼恐懼) 또한 버려야 하는 것이 아닌가라는 질문
이 나오게 된다.[51] 둘째, 안배사색이란 지시지비(知是知非)하는 양지와
안배사색을 어떻게 구별할 것인가의 문제로, 실제 양지를 운영하는 과
정에서 첨예하게 부딪치는 실천적 문제다.

양명은 다음과 같이 답한다.

양지는 천리(天理)의 소명영각처(昭明靈覺處)다. 따라서 양지는 천리이

---

50 『전습록』 중권, 169조목 : 學者之蔽, 大率非沉空守寂, 則安排思索. 德辛壬之歲着前一
병, 近又着後一病. 但思索亦是良知發用, 其與私意安排者何所取別? 恐認賊作子, 惑
而不知也.

51 『전습록』 중권, 163조목 : 若加戒懼克治之功焉, 又爲思善之事, 而於本來面目又未達一
間也.

고 사(思)는 양지의 발용(發用)이다. 만일 양지가 발용한 사(思)이면 생각함에 천리(天理) 아님이 없다. 양지가 발용한 사(思)는 자연명백간이(自然明白簡易)하다. 만약 사의(私意)에서 안배(安排)한 사(思)라면 분운(紛紜)하고 노요(勞擾)할 터인데 양지가 저절로 분별할 수 있다. 생각에 시비사정(是非邪正)을 양지가 스스로 알기 때문에, 도적을 자식으로 삼는 잘못은 치양지(致良知)의 학문이 제대로 밝혀지지 않아 사람들이 양지에서 체인(體認)할 줄을 모르기 때문이다.[52]

양명의 대답은 간단명료하다. 이는 치양지 하지 않았기 때문에 생기는 병폐이다. 양지에서 발동한 사(思)이든, 사의(私意)에서 발동한 사(思)이든 양지는 이미 알고 있다. 그럼에도 도적(安排에서 발한 思)을 자식(良知에서 발한 思)으로 착각하는 이유는 양지에서 체인하지 않았기 때문이다.[53]

용계는 이 논의를 파격적인 용어인 허적양지를 통하여 설명한다. 본래 허적이란 용어는 유가가 노불을 교판할 적에 사용하는 말이다. 이른바 노불은 허무적멸(虛無寂滅)하고 유가는 실리성선(實理性善)하다는 입장이다. 가령 양명이 농교(東橋) 고린(顧璘, 1476-1545)에게 답한 편지에서 "저 완공허정(頑空虛靜)의 무리는 사물에서 마음의 천리를 정찰(精察)하여 본래의 양지를 확충하지 못하고 윤리(倫理)를 저버리고 적

---

52 『전습록』 중권, 169조목 : 良知是天理之昭明靈覺處, 故良知卽是天理, 思是良知之發用. 若是良知發用之思, 則所思莫非天理矣. 良知發用之思, 自然明白簡易, 良知亦自能知得. 若是私意安排之思, 自是紛紜勞擾, 良知亦自會分別得. 蓋思之是非邪正, 良知無有不自知者, 所以認賊作子, 正爲致知之學不明, 不知在良知上體認之耳.

53 양명의 대답은 분명 맞다. 왜냐하면 양명학에서는 치양지 외에 다른 말이 필요 없기 때문이다. 그러나 이를 이해하지 못하는 사람에게는 아련한 답변에 지나지 않을 수 있다.

멸허무(寂滅虛無)로 상도(常道)를 삼는다."[54]라고 한 '허무적멸'과, 『전습록』의 '천천문답' 조에서 양명이 "사람은 습심이 있기 때문에 양지에서 위선거악의 공부를 실용(實用)하지 않고 단지 본체를 공상(空想)한다면 일체의 일이 모두 착실하지 않게 되어 단지 허적(虛寂)한 심체를 양성할 뿐이다."[55]라고 한 '허적' 등이 여기에 해당한다. 그런데 용계는 허적이라는 용어를 과감하게 사용하여 자신의 양지설을 전개한다.

용계는 56세에 쓴 「저양회어(滁陽會語)」에서 당시의 양지 이설(異說)을 네 가지로 정리하면서, 그 중 "'양지는 허적(虛寂)을 주로 하고 명각(明覺)은 연경(緣境)한다'는 입장은 작용(作用)을 막아버리는 것이다."[56]라고 비판한다. 그리고 이어서 그 비판의 근거를 밝힌다.

> 허적(虛寂)은 양지의 본체요 명각(明覺)은 양지의 발용이다. 체용(體用)
> 은 일원(一原)이고 선후가 나뉘어 있지 않다.[57]

용계는 허적과 명각이 체용일원의 관계임을 밝히면서 논지를 전개하는데, 여기서 허적을 양지의 본체로 규정하고 있다. 한편 용계가 '자질기용(自窒其用, 작용을 막아버린다)'이라고 비판하는 양지설이 누구의 주장인지 구체적으로 밝히지는 않았지만, 섭표의 허적(虛寂) 본체론과

---

54 『전습록』 중권, 137조목 : 彼頑空虛靜之徒, 正惟不能隨事物精察此心之天理, 以致其本然之良知, 而遺棄倫理, 寂滅虛無以爲常.

55 『전습록』 하권, 315조목 : 人有習心, 不敎他在良知上實用爲善去惡功夫, 只去懸空想箇本體, 一切事爲俱不着實, 不過養成一箇虛寂.

56 『왕기집』 권2, 「滁陽會語」 : 有謂良知主於虛寂, 而以明覺爲緣境, 是自窒其用也.

57 『왕기집』 권2, 「滁陽會語」 : 虛寂原是良知之體, 明覺原是良知之用, 體用一原, 原無先後之分.

귀적(歸寂) 공부론을 염두에 두고 있음은 명확하다.[58]

한 가지 중요한 문제를 짚고 넘어가야겠다. 용계는 양지 본체를 지칭할 적에는 허적을 사용하지만 심체를 규정할 적에는 무욕(無欲)을 주로 사용한다. 양지가 곧 심체이므로, 심체가 지선(至善)하면 양지도 지선하고 양지가 허적(虛寂)하면 심체도 허적하다고 할 수 있는데, 용계는 심체를 허적이 아니라 무욕으로 규정한다. 이는 심체를 허적이라고 하면 허무적멸한 노불의 심체론과 유사하다는 불필요한 오해의 소지가 있기 때문이다. 물론 용계의 본의를 이해한다면, "양지가 명백하다면 정처(靜處)에서 체오(體悟)해도 되고 사상(事上)에서 마련(磨練)하는 것도 좋다."[59]는 양명의 말처럼, 양지 본체를 허적이라고 해도 괜찮고 심체를 허적이라고 해도 무관하지만 말이다.

용계는 「맹자고자지학(孟子告子之學)」에서 허적의 의미를 비교적 상세하게 밝힌다.

선사(양명)께서 말하길, "마음의 양지는 성(聖)이다." "같으면 동덕(同德)이요 다르면 이단(異端)이다."라고 했는데 양지는 허(虛)하면서 적변(適變)하고 적(寂)하면서 통감(通感)으로 천성(千聖)의 비장(祕藏)이다. 후세 학자들이 전요(典要)에 매달리고 사위(思爲)에 관섭하여 종신토록 의습(義襲)에 빠지고서도 스스로 깨닫지 못하다가 허적(虛寂)이라고 하면 도리어 앞다투어 이단이라고 하니 성학이 어떻게 밝아질 수 있겠는가?[60]

---

58 본 논문 2장 1절의 '허적양지'에서 자세히 논했다.

59 『전습록』하권, 262조목 : 良知明白, 隨你去靜處體悟也好, 隨你去事上磨練也好.

60 『왕기집』권8, 「孟子告子之學」: 先師曰, "心之良知是謂聖, 同此謂之同德, 異此謂之異端. 虛而適變, 寂而通感, 千聖之秘藏也. 後世之學, 徇典要, 涉思爲, 終身溺於義襲而不自知. 語及虛寂, 反闐然指以爲異, 聖學何由而明乎?"

심체가 지선(至善)하면서도 무선무악(無善無惡)하듯이 양지 또한 지시지비(知是知非)하면서도 무시무비(無是無非)하고, 지선지악(知善知惡)하면서도 무선무악(無善無惡)하며, 무부지(無不知)하면서도 무지(無知)하다. 용계가 양지의 본체가 허적하다는 말은 이를 두고 하였다. 인용문에서 '전요(典要)', '사위(思爲)', '의습(義襲)'은 허적의 반대항이다.

용계가 양지와 심체의 허적을 표현하는 방식은 다양하다.

어떤 경우는 '공(空)'으로 설명하고,

공공(空空)은 도(道)의 본체(本體)다. 입은 공(空)하기 때문에 달고 쓴 맛을 구별할 수 있고, 눈은 공하기 때문에 흑백을 구별할 수 있고, 귀는 공하기 때문에 청탁을 구별할 수 있고, 마음은 공하기 때문에 시비를 구별할 수 있다.[61]

어떤 경우는 '허(虛)'로 설명하고,

무릇 눈이 오색을 갖추고 귀가 오성을 갖추고 양지가 만물의 변화를 갖춤은 허(虛)하기 때문이다. 허하면 물욕이 갈라놓지 못한다. 나의 양지가 만물과 유통하여 막힘이 없게 된다. 따라서 자신을 돌아보았을 때 진실하다면 즐거움이 이보다 큰 것이 없다. 또한 힘써 용서를 실천하면 물욕이 갈라놓지 못하는데, 이를 만물까지 확장하여 만물일체의 양지에 도달한다. "인을 구함에 이보다 가까운 바가 없다."라는 말이 이 의미다. 공부에는 비록 인(仁)과 서(恕)의 구별이 있고 안(安)과 면(勉)의 차등이 있

---

61 『왕기집』권6, 「致知議略」: 空空者道之體也, 口惟空, 故能辨甘苦; 目惟空, 故能辨黑白; 耳惟空, 故能辨淸濁; 心惟空, 故能辨是非.

지만, 나의 허체(虛體)를 회복하여 만변에 응하는 도리는 하나일 뿐이다. 이것이 천성(千聖)의 학맥이다.[62]

또 어떤 경우는 '적(寂)'으로 설명하여,

양지는 불학불려(不學不慮)하여 적(寂)·조(照)·함(含)·허(虛)는 둘이 아니면서 섞이지도 않는다. 마치 빈 골짜기의 메아리나 맑은 거울이 형상을 비추는 도리와 같다. 메아리는 높낮이가 있고 형상은 곱거나 거친 것이 있지만, 골짜기나 거울은 적연하지 않은 적이 없다.[63]

위에서 인용한 '공(空)', '허(虛)', '적(寂)'은 모두 허적양지에서 말한 허적의 의미를 생동감 있게 잘 설명해주고 있다.

앞의 논의를 정리하는 차원에서, 용계가 양지 본체를 허적으로 설명한 이유를 다시 한 번 설명해보겠다. 이는 양지의 본질적 특성과 관련이 있는데, 양지가 지시지비(知是知非)하기 위해서는 우선 시비에 사로잡히지 않아야 한다. 마치 거울이 세상의 흑백연치를 모두 비추기 위해서는 거울 표면은 반드시 텅 빈, 잔상이 남지 않아야 하는 원리이다. 용계는 이러한 양지의 본체를 허적이라고 규정한다.

아울러 사상사의 측면에서, 용계가 허적양지를 제창한 이유를 세 가

---

62 『왕기집』 권2, 「宛陵會語」: 夫目之能備五色, 耳之能備五聲, 良知之能備萬物之變, 以其虛也. 致虛, 則自無物欲之間, 吾之良知, 自與萬物相爲流通而無所凝滯. 故曰"反身而誠, 樂莫大焉." 强恕而行者, 不能無物欲之間, 强以推之, 知周乎萬物, 以達一體之良. 故曰"求仁莫近焉." 是其學雖有仁恕之分, 安勉之異, 其求復吾之虛體, 以應萬物之變, 則一而已. 此千聖學脈也.

63 『왕기집』 권11, 「答劉凝齋」: 良知不學不慮, 寂照含虛, 無二無雜. 與空谷之答響, 明鏡之鑒形, 響有高下, 形有妍媸, 而谷與鏡未嘗不寂然也.

지 정도 꼽을 수 있다.

첫째, 섭표 허적양지설에 대한 대응이다. 허적양지는 섭표가 현성양지를 비판하면서 내세운 대표적인 양지설이다. 그는 현성양지의 폐단을 목도하면서, 지시지비(知是知非)는 양지의 작용이지 본체가 아니기 때문에 지시지비하는 양지 작용 전에 허적한 양지 본체를 확고히 하는 귀적공부가 선행해야 한다고 주장한다. 이것이 섭표의 허적(虛寂) 본체론과 귀적(歸寂) 공부론이다.

이에 대하여 용계는 섭표의 주장은 양명이 정립한 양지론에 위배된다고 판단했다. 앞서 인용한 「저양회어」의 기록처럼, 허적 본체와 명각작용을 체용일원으로 이해하지 않는다고 판단했다. 따라서 용계는 양명의 양지론에 위반되지 않는 허적양지설을 제시하여 섭표의 허적양지설을 바로잡고자 했다.

둘째, 주역(변역)의 세계관을 가지고 양지를 해석한다. 세계는 변화하며 양지는 그 변역의 근원자이다. 따라서 변역의 근원자인 양지는 경험세계의 고정된 가치 기준을 넘어선다. 허적은 세상의 '전요(典要)', '사위(思爲)', '의습(義襲)'으로 묶을 수 없으며 이를 과감히 파괴한다.

셋째, 유교가 불교와 도교의 사상을 흡수하고 그들을 유교 안에 합일시키려면 지선(至善)이라는 유가적 본체론만으로는 그들을 흡수할 수 없다. 그래서 도교의 허(虛)와 불교의 적(寂)을 모두 가지고 있으면서도 여전히 지선한 양지 본체인 허적양지(虛寂良知)를 내세운다.

2. 유무와 양지

용계는 즐겨 유와 무를 가지고 양지를 설명한다. 그 중 허적양지와 관련하여 대표적인 내용을 들자면, 첫째는 '무중생유(無中生有 무에서 유가 나온다)'이고, 둘째는 '유무지간, 불가치힐(有無之間 不可致詰, 유와 무의 사이는 논할 수 없다)'이다.[64]

첫째, '무중생유(無中生有, 무에서 유가 나온다)' : 이 명제는 『노자』의 '유생어무(有生於無, 유는 무에서 나온다)'라는 명제와 유사하다. 그러나 『노자』식으로 용계의 '무중생유'를 접근하면 용계학의 본령을 오해하게 된다. 용계의 '무중생유'는 거울에 비추어 사고하면 가장 정확하다.

마음의 양지는 성(聖, 가치 근거 혹은 근원)이다. 양지는 지시지비(知是知非)이지만 사실은 무시무비(無是無非)이다. 지시지비는 작용의 자취이고 무시무비는 양지의 본체이다. 가령 거울에 사물의 상이 맺힐 때 거울 자체(본체)는 본래 공허한데 만상이 맺힌다. 연치는 비친 작용이다. 비친 작용을 명체(明體)라고 하면 되겠는가? 만물은 무(無)에서 생기고 유(有)에서 나타난다. 눈은 무색(無色)한 후에 오색을 분별할 수 있고, 귀는 무성(無聲)한 후에 오성을 분별할 수 있고, 입은 무미(無味)한 후에 오미를 분별할 수 있고, 코는 무취(無臭)한 후에 오취를 분별할 수 있고, 양지는 무지(無知)한 후에 지시지비(知是知非)할 수 있다. 무(無)는 성학의 종지이다.[65]

---

64 이외에도 '有無之間, 靈機默運'(『왕기집』권8, 「建初山房會籍申約」)이 있다. 이 명제는 조화양지설과 관련되어 있다.

65 『왕기집』권8, 「艮止精一之旨」: 心之良知是爲聖, 知是知非, 而實無是無非. 知是知非者, 應用之跡; 無是無非者, 良知之體也. 譬之明鏡之照物, 鏡體本虛, 而姸媸自辨. 姸媸者照之用也, 以照爲明, 奚啻千里? 夫萬物生於無而顯於有, 目無色然後能辨五色, 耳無聲然後能辨五聲, 口無味然後能辨五味, 鼻無臭然後能辨五臭, 良知無知然後能知是非. 無者聖學之宗也.

양지를 거울에 대비하면, 거울이 본래 공허하면서 만물을 비추듯이 양지가 무시무비하면서 지시지비하다. 체용(體用)에 적용하면, 무시무비는 양지의 본체(本體)이고 지시지비는 양지의 작용(作用)이다. 유무(有無)에 적용하면, 무시무비는 만물이 없는 무(無)이고 지시지비는 만물이 존재하는 유(有)이다. 이것이 용계가 양지의 '무중생유'[66]를 통해 본체로서의 허적양지와 작용으로서의 현성양지를 밝힌 내용이다.

둘째, '유무지간, 불가치힐(有無之間 不可致詰, 유와 무의 사이는 논할 수 없다)': 앞서 '무중생유'가 명적(明寂)한 거울[無]에 맺힌 만상[有]이라는 양지의 체용일원을 설명하고 있다면, '유무지간, 불가치힐'은 양지실체(良知實體, 有)가 신묘불측(神妙不測, 無)하다는 양지의 체용일원을 설명하고 있다.

선생(용계)이 말하길, "주자(周子, 곧 주돈이)가 '성(誠)·신(神)·기(幾)는 성인(聖人)이다.'라고 했다. 양지는 본래 우리가 가지고 있는 지각인데, 이 지각이 은미하면서도 밝게 드러나는 과정을 기(幾)라고 한다. 양지의 실체(實體)는 성(誠)이고, 양지의 묘용(妙用)은 신(神)이며, 기(幾)는 체용(體用)을 통하고 적감(寂感)을 일관(一貫)한다. 따라서 유무지간(有無之間)이 기(幾)이다. 유(有)와 무(無)가 바로 성(誠)과 신(神)이며 뭇 성인들이 갔던 중도(中道)이다.……"[67]

용계는 주자(周子)의 성(誠)·신(神)·기(幾)를 원용하여 성(誠)은 양

---

66 『왕기집』 권2, 「滁陽會語」: 良知原是無中生有, 無知而無不知.
67 『왕기집』 권6, 「致知議辯」: 先生曰, "周子云, '誠神幾曰聖人.' 良知者自然之覺, 微而顯, 隱而見, 所謂幾也. 良知之實體爲誠, 良知之妙用爲神, 幾則通乎體用, 而寂感一貫, 故曰, 有無之間者幾也. 有與無, 正指誠與神而言, 此是千聖從入之中道."

지의 실체(實體)이고, 신(神)은 양지의 묘용(妙用)이며, 기(幾)는 양지 실체와 묘용의 체용일원과 적감일관(寂感一貫)으로 풀이한다.

여기서 한 가지 주의할 점이 있다. '무중생유'와 '유무지간, 불가치힐'의 유와 무는 외연이 다르다. '무중생유'에서 무(無)가 양지 본체이고 유(有)는 양지 작용이라면, '유무지간, 불가치힐'에서는 유(有)가 양지 실체이고 무(無)는 양지 작용이다.

이 두 명제를 종합하면, 결국 양지는 본체(미발) 단계에서 무시무비하면서 지시지비할 수 있는 명체(明體, 곧 誠體이자 허적양지)이고, 작용(이발) 단계에서는 지시지비가 자재불측한 묘용(妙用, 곧 神妙이자 현성양지)이다.

이제까지의 논의를 바탕으로 한 가지 문제를 거론해보고자 한다. 즉 무선무악(무시무비)한 허적양지와 무선무악(무시무비)한 심체의 관계이다.

본래 양명학에서 무선무악한 심체는 경지론의 성격을 가지고 있다. 무선무악한 심체는 확연대공(廓然大公)하고 일과이화(一過而化)하는 태허(太虛)와 같은 쇄탈한 경지로서, 『대학』의 무소호오(無所好惡)인 정심(正心)의 단계이다. 그리고 정심의 경지는 성의(誠意) 공부를 거쳐서 도달한다. 만약 호선오악(好善五惡)하고 위선거악(爲善去惡)하는 성의 공부를 건너뛰어서 무선무악한 정심의 경지로 곧장 가고자 한다면 이는 엽등이고 병폐가 작지 않다고 한다.[68]

그런데 양지를 놓고 설명하면 해석은 사뭇 다른 방향으로 전개된다. 양지는 무시무비하면서 지시지비하기 때문에 지시지비하기 위해서는 먼저 확연대공하고 일과이화하는 태허와 같은 무시무비한 허적양지가

---

68 이것이 '천천문답'을 기술하는 전덕홍의 기본 입장이다.

전제되어야 한다. 개인 주체의 도덕적 각성 여부와는 상관없이 선천적으로 부여된 양지이다. 이처럼 심체와 양지의 관계는 '일이이(一而二)'이며 '이이일(二而一)'의 관계다.

바로 여기에 혼란을 야기한 원인이 있다. 혹자는 심체의 무선무악이 공부 후에 도달한 결과이듯이, 양지의 무선무악도 공부 후에 도달한 결과라고 생각한다. 그렇기 때문에 용계의 양지설은 공부를 방기하고 엽등하는 병폐가 있다고 비판한다. 그러나 용계학에서 무선무악과 무시무비는 양지 본체로서 지시지비하고 지선지악한 양지 작용을 위한 선천적 전제이다.[69]

이상 유와 무를 사용한 두 개의 명제를 검토해보았다. 유와 무의 외연은 차이가 있지만 '무지이무부지(無知而無不知, 무지하면서도 무지한 것이 없다)', '무시무비이지시지비(無是無非而知是知非, 시비가 없으면서도 시비를 안다)', '무선무악이지선지악(無善無惡而知善知惡, 선악이 없으면서도 선악을 안다)'한 양지를 공히 밝히고 있다.

용계는 자신의 주장을 거울에 견주어 논의를 전개하는데, 거울은 무생물이기 때문에 인간의 경우에는 적용할 수 없다는 반박을 받게 된다. 이것이 팽산(彭山) 계본(季本, 1485-1563)의 용척설(龍惕說)이다. 이하에서는 이 문제를 다루어보기로 하겠다.

---

69 용계는 '천천문답'에 대한 자신의 논리를 옹호한 「天泉證道記」에서 서두를 "양명 선생의 학문은 양지를 종지로 삼는다.[陽明夫子之學, 以良知爲宗]"로 시작한다. 주의 깊게 음미할 필요가 있다.

3. 용척과 양지

용계는 무시무비하면서 지시지비하며 무선무악하면서 지선지악한 양지의 특징을 설명하기 위해 자주 거울을 빗대는데, 계본은 거울 비유는 불가의 논리라고 비판하면서 용척설을 제기한다. 이 설은 『주역』 「건괘(乾卦)」 '구삼효(九三爻)'의 "종일건건석척약(終日乾乾夕惕若, 종일토록 전전긍긍하여 저녁에도 조심한다)"에서 따왔는데, 용(龍)은 건괘(乾卦)를 나타내며, 척(惕)은 '석척약(夕惕若)'의 척이다. 곧 '용'은 건괘로 심체(心體)이며 이체(理體)를 지칭하고, '척'은 혹척혹약(或惕或若)으로 계신공구(戒愼恐懼)의 공부를 말한다.

계본의 비판 논리는 자연(自然) 두 글자와 밀접한 관계가 있다.

자연(自然, 저절로 그러함)은 이치에 따르는 것[順理]이다. 이(理)를 척약(惕若)하지 않았는데 어떻게 순리할 수 있을까? 척약(惕若)을 버려두고 순리(順理)를 말한다면, 이는 기(氣)를 따라 발동한 바에 지나지 않는다. 따라서 척약(惕若)이 자연(自然)의 주재(主宰)다.[70]

자연(自然)은 유행(流行)하는 형세다. 유행하는 형세는 기(氣)에 속한다. 형세(形勢)는 점차 무겁게 되는데 지나치면 회복할 수 없다. 오직 이(理)만이 돌이킬 수 있다. 따라서 자연(自然)은 반드시 이(理)가 주재가 되어야 한다.[71]

---

70 『명유학안』 권13, 「知府季彭山先生本」: 自然者順理之名也. 理非惕若何以能順? 舍惕若而言順, 則隨氣所動耳. 故惕若者, 自然之主宰也.

71 『명유학안』 권13, 「知府季彭山先生本」: 自然者流行之勢也. 流行之勢屬於氣者也. 勢以漸而重, 重則不可反矣. 惟理可以反之, 故語自然者, 必以理爲主宰者也.

계본은 자연을 기(氣)의 자연유행(自然流行)으로 이해한다. 자연은 심체 발동 이후의 자연스러움을 지칭하기 때문에, 발동 이전의 본체를 온전히 하는 공부가 필요하다. 그것이 용척(龍惕)이라는 계신공구(戒愼恐懼)의 공부다.

성인은 용(龍)으로 마음을 말하고 거울을 들지 않았다. 마음을 거울에 비유한 것은 불가에서 밖의 것을 비춘다는 의미로 통제하는 바가 없다. (반면에) 용(龍)은 건건불식(乾乾不息)한 성(誠)으로 이치가 안에 있어서 변화가 마음에 달렸다.[72]

계본은 '밖의 것을 비춘다', '이치가 안에 있다'라고 하면서 심체를 거울에 견주는 용계의 입장을 암암리에 인내의외(仁內義外)를 주장한 고자(告子)에 비견한다. 계본이 자신의 용척설을 가지고 고자와 불가의 논리를 비판한다면 양명학단에서 문제가 되지 않겠지만, 용계의 자연위종(自然爲宗)의 양지설을 겨냥하고 있다는 점에서 논쟁이 발생한다.

계본이 '용척설'을 제기한 데에는 황종희의 지적처럼 분명한 이유가 있다.

당시 동문의 여러 군자들이 단지 유행(流行)으로 본체(本體)를 삼고 광경(光景)을 완롱(玩弄)하여 종국에는 한결같이 공부를 무시하는 방향으로 귀착하였다. 따라서 선생(계본)의 주재(主宰)라는 한마디 말은 학술상 매

---

72 『명유학안』 권13, 「知府季彭山先生本」 : 聖人以龍言心而不言鏡. 蓋心如明鏡之說, 本於釋氏照自外來, 無所裁制者也 ; 而龍則乾乾不息之誠, 理自內出, 變化在心者也.

우 중요하다. 선생의 가장 유명한 것은 역시 용척일서(龍惕一書)다.[73]

황종희의 설명처럼 계본의 용척설은 유행(流行)을 본체(本體)로 삼는 태도, 이발(已發)을 미발(未發)로 삼는 태도, 기(氣)를 이(理)로 판단하는 태도에 대한 문제 제기이다.

자, 이제는 용계의 자연위종(自然爲宗)이 과연 계본의 지적처럼 유행을 본체로, 이발을 미발로, 기를 이로 판단하는지 따져볼 차례다.

용계는 마음은 무방체(無方體)하고 무궁극(無窮極)한 존재이기 때문에 구체적인 사물에 비견할 수는 없지만, 굳이 거울에 비유하더라도 무리한 것은 아니라는 입장이다. 왜냐하면 거울은 감정에 사로잡히는 바 없이, 사물이 오면 실상 그대로 비추고 사라지면 흔적을 남기지 않기 때문이다.[74]

그리하여 계본의 "용(龍)은 경척(警惕)하면서 변화를 주재하고, 자연(自然)은 주재하는 바가 막힘이 없음을 말한다. 어찌 자연을 먼저 내세울 수 있겠는가?"[75]라는 문제 제기에 대해, 이와 같은 관점은 경척(警惕)과 자연(自然)을 둘로 쪼개어서 보는 '타락양변(墮落兩邊)'하는 병폐가 생길 수 있다고 반박한다.

용계는 자신이 주장하는 자연위종(自然爲宗)을 다음과 같이 설명한다.

---

73 『명유학안』 권13, 「知府季彭山先生本」: 其時同門諸君子, 但以流行爲本體, 玩弄光景, 而其升其降之歸於盡一者無所事, 此則先生主宰一言, 其關係學術非輕也. 故先生最著者爲龍惕一書.

74 『왕기집』 권9, 「答季彭山龍鏡書」: 無情之照, 因物顯象, 應而皆實, 過而不留, 自妍自醜, 自去自來, 水境無與焉.

75 『왕기집』 권9, 「答季彭山龍鏡書」: 龍之爲物, 以警惕而主變化者也. 自然是主宰之無滯, 曷嘗以此爲先哉?

무릇 학문은 자연(自然)을 종(宗)으로 삼아야 한다. 경척(警惕)은 자연(自然)의 작용으로 계근공구(戒謹恐懼)하면서도 조그마한 힘도 가하지 않아야 올바름을 얻는다.[76]

이 대목이 계본 용척설에 대한 용계 비판의 핵심처다. 계본은 "경척(驚惕)은 자연(自然)의 주재(主宰)"[77]라고 하지만 용계는 "경척(驚惕)은 자연(自然)의 작용(作用)"[78]이라고 한다. 결국 용계와 계본의 논의는 자연을 어떻게 이해하는가에 달렸다. 계본은 유행상(流行上)의 자연, 이발상(已發上)의 자연, 기상(氣上)의 자연을 말하였고 용계는 본체(本體)의 자연, 미발상(未發上)의 자연, 이상(理上)의 자연을 말하였다.

한편 용계가 자연을 전면에 내세운 데는 본인 양지설의 필연적인 요청이지만, 계본의 비판에서 드러나듯 공부를 무시한다는 비판을 받았다. 그렇기 때문에 용계는 자연무욕(自然無欲)의 공부론을 비교적 소상하게 밝힌다.

혹자가 "성인의 본체는 자연무욕(自然無欲)하지만 학자의 공부는 어떻게 곧장 자연무욕에 나아갈 수 있겠는가?"라고 말하는데, 이는 지행합일(知行合一)의 본지를 모르고 하는 말이다. 도는 하나다. ……성인과 학자는 본래 두 개의 다른 학문이 없고, 본체와 공부는 두 가지 일이 아니다. 성인의 자연무욕은 본체에 나아가는 그것이 공부요, 학자가 과욕(寡欲)하여 무욕(無欲)에 이르는 바는 공부를 통하여 본체를 회복하는 일이다. 따

---

76 『왕기집』 권9, 「答季彭山龍鏡書」 : 夫學當以自然爲宗, 驚惕者自然之用, 誠謹恐懼未嘗致纖毫力, 有所恐懼, 則便不得其正, 此正入門工夫.

77 『명유학안』 권13, 「知府季彭山先生本」 : 驚惕者自然之主宰.

78 『왕기집』 권9, 「答季彭山龍鏡書」 : 驚惕者自然之用.

라서 비록 생지안행(生知安行)의 자질이더라도 점수(漸修)의 공부를 겸하여 곤지면행(困知勉行)의 공부를 폐한 적이 없고, 비록 곤지면행의 자질이더라도 성체(性體)는 본래 생지안행이다. 공부를 버리고서 본체를 논하면 허견(虛見)이니, 허(虛)하면 망(罔)하게 된다. 본체를 밖으로 하고 공부를 논하면 이법(二法)이니, 둘이 되면 지리(支離)하게 된다.[79]

용계가 자연을 내세운 이유는 계신공구 공부가 섬호일력(纖毫一力)도 안배조작(安排操作)이 개입되어서는 안 됨을 밝히기 위해서다. 이렇게 해야 양지에 100% 순종한 치양지이기 때문이다. 용계의 '선천정심지학(先天正心之學)'의 입장에서 보자면 계본의 '용척설'은 '후천성의지학(後天誠意之學)'의 혐의를 갖는다고 할 수 있다.

---

79 『왕기집』 권9, 「答季彭山龍鏡書」: 或者以爲聖人本體自然無欲, 學者工夫豈能徑造, 是殆未知行合一之旨也. ……聖人學者本無二學, 本體工夫亦非二事. 聖人自然無欲是卽本體便是工夫, 學者寡欲以至于無, 是做工夫求復本體. 故雖生知安行, 兼修之功, 未嘗廢困勉; 雖困知勉行, 所性之體, 未嘗不生而安也. 捨工夫而談本體, 謂之虛見, 虛則罔矣; 外本體而論工夫, 謂之二法, 二則支矣.

제2절
현성양지

현성양지는 본래 구족한 양지가 현재에도 구족하다는 의미다. 양지가 본래 구족하다는 것은 성(性)이 본래 구족하다는 것으로, 주자가 말한 본연지성과 다를 바가 없다. 그런데 양지는 본래 구족하면서도 현재에도 구족하다. 여기서 주자의 무조작하고 무계탁한 성론과 차별이 생긴다.

주자는 이(理)를 무정의(無情意)하고 무조작(無操作)하고 무계탁(無計度)한 존재로 규정하는데, 이는 형이하학적인 경험세계의 제약을 넘어선 이(理)의 보편성과 절대성을 담보해준다. 동일하게 '기 안에 있는 이[在氣之理]'인 성 또한 절대적 보편성을 담지하기 위해서 경험세계의 속성들(정의, 조작, 계탁)을 탈각하게 된다. 주자는 이를 통하여 도덕의 보편규범인 성을 확립한다.

이에 반하여 양명은 양지를 '천리의 자연명각처[天理之自然明覺處]'라고 규정한다. 천리인 양지는 주자가 규정한 성과 같지만, '자연명각이 발동하는 곳'인 양지는 주자의 성과 다르다. 주자는 도덕의 보편규범을 수립하기 위하여 성의 활동성을 배제했지만, 양명은 도덕주체를 확립하기 위해 양지의 활동성을 적극 주장한다. 주자가 경험적 의식으로서의 지각(知覺)의 위험성을 늘 경계하는 입장이었다면, 양명은 도덕의식으로서의 명각(明覺, 곧 良知)의 영도성을 끌어내고자 하였다.

그런데 자연명각(自然明覺)을 전면에 내세우면 한 가지 난제에 봉착한다. 우리의 생각이 천리의 자연명각인지 아닌지를 어떻게 보증할 것인가? 이는 양지가 발현한 '순수한 도덕의식(명각)'과 양지에서 발현하지 않은 '불순한 경험의식'이 모두 '경험적 의식(지각)'을 통하여 작동하기 때문에 발생하는 문제이다.

특히 현성양지설이 널리 유포됨에 따라 이 문제는 더욱 첨예하게 된다. 그리하여 귀적설을 주장한 섭표나 양지 수증을 주장한 염암(念庵) 나홍선(羅洪先, 1504-1564) 등이 현성양지설에 대하여 비판을 전개한다.

1. 수증설과 현성양지

현재 한국 학계에서 통용되는 양명후학 분류법은 귀적파(歸寂派), 현성파(現成派), 수증파(修證派, 곧 정통파)로 나눈 오카다 다케히코(剛田武彦, 1909-2004)의 3파설이다. 그는 귀적파에 섭표와 나홍선을, 현성파에 왕용계와 심재(心齋) 왕간(王艮, 1483-1541)을, 수증파에 동곽(東廓) 추수익(鄒守益, 1491-1562)과 구양덕을 배속시킨다. 그리고 수증파를 정통파로 정하고, 좌우에 현성파(좌파)와 귀적파(우파)를 배치한다.

잘 알려진 것처럼 오카다가 3파 분류에 사용한 명명은 용계가 「무주의현대회어(撫州擬峴臺會語)」에서 사용한 용어를 차용하였다. 용계는 여기서 당시의 양지론을 여섯 가지로 분류한다.

(1)양지는 각조(覺照)가 아니다. 반드시 먼저 귀적(歸寂)해야 한다. 가령 거울이 사물을 비추는 것은 명체(明體)가 적연(寂然)하여 연치(姸媸)를 분별하는 것과 같아서, 각조(覺照)에 사로잡히면 명체가 도리어 어두워진다. (2)양지는 현성(現成)이 아니다. 수증(修證)을 해야 완전해진다. 가령 금이 광석 안에 있는데 제련하지 않으면 금을 얻을 수 없는 이치와 같다. (3)양지는 이발(已發)에서 가르침을 세운 것으로 미발(未發) 무지(無知)가 아니다. (4)양지는 본래 무욕(無欲)하기 때문에 마음이 곧장 발동하면 도리에 합당하지 않는 바가 없다. 욕망을 없애는 공부를 할 필요가 없다. (5)공부는 주재(主宰)와 유행(流行)이 있다. 주재는 성(性)을 주재하고 유행은 명(命)을 확립하는 바이니, 이리하여 양지가 체(體)와 용(用)으로 나뉜다. (6)공부는 차례가 중요하다. 궁구할 적에는 본말이 있지만 성취하면 내외의 차이가 없다. 그리하여 치양지(致良知)할 적에 시종을 구분한다.[80]

이상의 여섯 가지에 대하여 용계는 다음과 같이 평가한다.

(1)적(寂)은 마음의 본체다. 적(寂)은 조(照)를 작용(作用)으로 삼는다. 공지(空知)를 지키고 조(照)를 버린다면 이는 작용을 버리는 것이다. 가령 우물에 들어가는 어린이를 보고 측은해하거나 무례하게 준 음식을 싫어하여 받지 않는 바는, 누구나 인의(仁義)의 마음이 본래 구비되어 상황에

---

80 『왕기집』권1, 「撫州擬峴臺會語」: 有謂良知非覺照, 須本於歸寂而始得, 如鏡之照物, 明體寂然而姸媸自辨, 滯於照則明反眩矣. 有謂良知無見成, 由於修證而始全, 如金之在礦, 非火符鍊鍛, 則金不可得而成也. 有謂良知是從已發立敎, 非未發無知之本旨. 有謂良知本來無欲, 直心以動, 無不是道, 不待復加銷欲之功. 有謂學有主宰, 有流行, 主宰所以主性, 流行所以立命, 而以良知分體用. 有謂學貴循序, 求之有本末, 得之無內外, 而以致知別始終.

따라 바로 반응한 결과다. 이는 배우지 않아도 할 수 있다. (2)수증(修證)한 다음에야 양지가 완전해진다는 입장은 양지 본체(本體)를 부정하는 주장이다. (3)양지는 원래 미발(未發)의 중(中)으로 무지(無知)하면서도 무부지(無不知)하다. 만약 양지 전에 미발을 구한다면 이는 공(空)에 사로잡힌 견해다. (4)고인들이 가르침을 베푼 이유는 사람들이 욕심(欲心)이 있기 때문이다. 물론 욕심을 제거한다는 의미는 무욕의 본체로 복귀한다는 말이지 무언가를 가감한다는 말은 아니다. (5)주재(主宰)는 유행(流行)의 본체이고 유행은 주재의 발용이다. 체용은 일원이어서 나눌 수 없다. 나누면 지리(支離)하게 된다. (6)궁구는 성취하는 원인이고 성취는 궁구한 결과이다. 시종은 일관되어 있어서 구분할 수 없다. 구분하면 지리하게 된다.[81]

여섯 가지의 분류 중 (2)에 수증설이 나온다. 오카다 다케히코는 수증파를 양명의 적전인 정통파로 평가하고 있지만, 용계는 수증설이 양지의 체(體)를 무시한 편향이 있다고 비판하고 있다.

용계가 「무주의현대회어」에서 수증설을 제창한 인물을 구체적으로 기론하고 있지는 않지만, 나홍선이 은거하고 있던 송원(松原)을 방문하여 대화한 기록인 「송원오어(松原晤語)」를 통하여 추측해볼 수 있다.

심지어 세간에는 현성양지가 없으니 죽기를 각오하고 공부를 하지 않으

---

81 『왕기집』 권1, 「撫州擬峴臺會語」: 寂者心之本體, 寂以照爲用, 守其空知而遺照, 是乖其用也. 見入井之孺子而惻隱, 見呼蹴之食而羞惡, 仁義之心, 本來完具, 感觸神應, 不學而能也. 若謂良知由修而後全, 撓其體也. 良知原是未發之中, 無知而無不知. 若良知之前, 復求未發, 卽爲沉空之見矣. 古人立教, 原爲有欲設, 銷欲正所以復還無欲之體, 非有所加也. 主宰卽流行之體, 流行卽主宰之用, 體用一原, 不可得而分, 分則離矣. 所求卽得之之因, 所得卽求之之證, 始終一貫, 不可得而別, 別則支矣.

면 양지는 없다고 하는데, 이 말이 세상의 허견(虛見)으로 부화(附和)하는 자들에게는 좋은 처방이 되겠지만 만약 진짜로 현재양지(現在良知)가 요순과 달라서 반드시 수정공부(修整工夫)를 한 다음에야 얻을 수 있다고 한다면, 이는 잘못을 바로잡으려다 도리어 일을 그르치는 꼴입니다.[82]

나홍선은 잘 알려진 것처럼, 섭표와 더불어 양명후학 진영에서 현성양지설의 폐단을 예리하게 지적한 인물이다.

나홍선의 수증설을 두고 용계는 일시일비(一是一非)적 입장을 견지하는데, 이를 자무자기(自誣自欺)를 통하여 풀어간다.

아이가 우물에 들어가는 것을 보고 깜짝 놀라면서 안타까워할 적에 세 가지 잡된 생각이 끼어들지 않는다면 이는 욕심에 흔들리지 않은 진심으로 양지입니다. 요순과 다르지 않습니다. 만약 여기서 자신하지 못하면 자무(自誣)하는 것입니다. 한편 치양지 공부를 제대로 하지 않아서 마음을 보임(保任)하지 못하고 잡념에 사로잡혔는데도, 현성의 의미를 잘못 알고 욕근(欲根)에 부화하면서 요순과 다를 것이 없다고 한다면 자기(自欺)하는 것입니다.[83]

'자무(自誣)'와 '자기(自欺)'는 용계가 즐겨 사용하는 표현인데, 자무는

---

82 『왕기집』 권2, 「松原晤語」: 至謂世間無有現成良知, 非萬死功夫, 斷不能生, 以此較勘世間虛見附和之輩, 未必非對病之藥. 若必以現在良知與堯舜不同, 必待功夫修整而後可得, 則未免於矯枉之過.

83 『왕기집』 권2, 「松原晤語」: 因擧乍見孺子入井怵惕, 未嘗有三念之雜, 乃不動於欲之眞心, 所謂良知也, 與堯舜未嘗有異者也. 若於此不能自信, 亦幾於自誣矣, 苟不用致知之功, 不能時時保任此心, 時時無雜念, 徒認現成虛見, 附和欲根, 而謂卽與堯舜相對, 未嘗不同者, 亦幾於自欺矣.

자신의 양지를 믿지 못한 결과요 자기는 치양지를 하지 않은 결과다. 자기의 병통은 욕근에 부화하면서도 나는 요순과 다를 바가 없다고 자신하는 태도인데, 이 점에서 현성양지를 부정하고 수증설을 주장하는 나홍선의 지적은 충분히 타당하다.

그러나 자무의 병통은 어린아이를 불쌍히 여기는 그 마음이 나의 진심이요 요순의 마음임을 믿지 못하고 천리명각인 양지를 부정한다는 점에서 양명학의 종지를 위배하게 된다. 따라서 나홍선의 수증설은 '인약발병(因藥發病, 약이 도리어 병을 만든다)'이고, '교왕지과(矯枉之過, 잘못을 바로잡으려다 도리어 그르친다)'라고 평가한다.

이제는 오카다 다케히코가 정통파로 분류한 수증파와의 비교를 통해 현성양지설을 살펴보겠다. 오카다는 수증파를 양명의 적전으로 삼고, 정통파가 우파인 귀적파와 좌파인 현성파를 어떤 식으로 극복하고 보완했는지를 설명하려고 한다.

현성파에 대하여, 오카다는 용계가 무선무악, 무시무비에 치중하는 입장은 자연(自然) 위주의 양지설이라고 규정한다. 본래 양명이 규정한 양지는 선천성 또는 자연성만이 아니라 도덕성도 포함한 천리명각(天理明覺, 곧 도덕의식)이기 때문에 용계의 양지 본체론은 도덕성을 무시하고 자연성만을 강조한 폐단이 있다. 따라서 현성파는 공부를 경시하고 오로지 본체에 오입(悟入)하는 데에만 치중한다고 평가한다.

그러면서 현성파를 극복하고 보완하려고 했던 수증파 또한 '용공어본체(用功於本體, 본체에서 공부를 한다)'의 공부이지 결코 '용공이구본체(用功而求本體, 공부를 통해 본체를 구한다)'가 아니라고 설명한다.[84] 그의 논리의 약한 고리는 바로 이 지점이다.

---

84 岡田武彦 著, 吳光 外 譯,『王陽明與明末儒學』, 103-159쪽.

구체적인 이해를 돕기 위해 수증파의 대표 인물인 구양덕의 양지설을 검토하겠다. 오카다가 수증파의 공부론이라고 한 '용공어본체(用功於本體, 본체에서 공부를 한다)'는 구양덕의 용어로 정리하면 '순기양지(循其良知, 양지에 순응한다)'의 공부론이다.

오직 양지에 순종하고 다른 것에 붙들리는 바가 없어야 진정한 호오(好惡)이고 왕도(王道)이며 천칙(天則)입니다. 이것이 마음을 세우는 시작이 되어야 합니다. 어떤 것에 붙들려 있는지 아닌지를 하나하나 구별하게 되면 정념이 저절로 분별되고 천칙이 스스로 나타납니다.[85]

구양덕은 양지에 철저히 순종하라고 강조한다. 다른 것에 붙들리지 않고 오로지 양지에 순종해야 제대로 된 공부를 할 수 있다고 주장한다. 그렇다면 이는 현성양지를 인정하는 것 외에 다른 무엇이 아니다. 양지에 순종하는 행위는 양지의 주재를 인정하지 않고서는 불가능하다. 다시 말해서 양지가 도덕행위를 인도하기 위해서는 양지가 현재에도 구족해야 한다.

구양덕이 현성양지를 근거로 자신의 공부론을 전개한 대목은 동학인 명수(明水) 진구천(陳九川, 1494-1562)의 "요즘 학문하는 사람들 사이에 양지는 본체유행(本體流行)이기 때문에 별도로 힘들여 공부할 필요가 없다고 하는데, 종국에는 습기(習氣)를 가지고 성(性)으로 오인합니다. 사정이 이러하니 양지 본체를 논하기보다는 치양지 공부를 제창

---

85 『구양덕집』권9, 「答董兆時問」: 惟循其良知, 無所依著, 卽是眞好眞惡, 卽是王道, 卽是天則. 此須立心之始, 有著無著, 一一分曉, 則凡情自別, 天則自見. *구양덕 문집은 표점본 『구양덕집』(남경: 봉황출판사, 2007)을 기본으로 하였다.

하는 것이 필요할 것 같습니다."라는 주장에 대한 다음 답변에서도 여실히 보인다.

지금 습기(氣習)를 가지고 본성(本性)으로 생각하는 사람은 양지의 본체를 제대로 모르기 때문입니다. 양지의 본체를 모르면 치양지 공부가 의지할 데가 없게 됩니다. 따라서 그 폐단을 구제하고자 한다면 반드시 양지 본체가 자연유행(自然流行)하는 거기서, 별도의 공부를 요구하는 바가 없는 그 양지를 가지고, 사람들에게 따를 바를 알게 한 후에야 능히 사람들이 실제의 공부를 할 수 있고 실제로 치지(致知)할 수 있습니다.[86]

구양덕의 답은 역설이다. 양지 본체의 유행에 의존하는 태도는 습기(習氣)에 의존할 수 있다는 우려에 대하여, 도리어 양지 본체의 유행에 의존해야 습기를 제거할 수 있다고 답변하기 때문이다. 풀어서 말하면, 현성양지는 습기를 양지로 오인할 문제가 있다는 지적에 대해 구양덕은 현성양지에 근거해야 습기를 제거할 수 있다고 반박한다.

구양덕의 '순기양지(循其良知)'는 그의 신독 공부론과도 연결된다. 양명학 내에서 신독은 독지(獨知)에 계신(戒愼)하는 공부로, 독지(獨知)는 양지 본체다.

중(中)이나 화(和)나 중절(中節)은 명칭은 다르지만 실상은 모두 독지(獨知)이다. 따라서 시시비비(是是非非)는 독지가 감응하는 절도로 천하의 달도(達道)가 되고, 그 지(知)는 이른바 정정은미(貞靜隱微)로 미발의 중

---

86 『명유학안』 권17, 「文莊歐陽南野先生德」: 近之認氣習爲本性者, 正由不知良知之本體, 不知良知之本體, 則致良知功夫, 未有靠實可據者, 故欲救其弊, 須是直指良知本體之自然流行, 而無假用力者, 使人知所以徇之, 然後爲能實用其力, 實致其知.

으로 천하의 대본(大本)이 된다.[87]

구양덕의 신독(愼獨)과 격물공부(格物工夫)는 용계학이 가지고 있는 편향성을 극복하고자 한 노력의 산물이기는 하지만 구양덕 또한 공부론의 기초를 현성양지에 두고 있음은 부정하기 어렵다. 그렇다면 황종희가 강우학파(江右學派)를 양명의 적전(嫡傳)이라고 한 주장이나, 오카다 다케히코가 수증파를 정통파라고 하는 주장은 양지발용(良知發用)과 관련하여 말하자면 도리어 용계의 현성양지론을 긍정하는 셈이다.

2. 귀적설과 현성양지

용계와 양지론에 대해 첨예한 논쟁을 펼친 이로는 섭표가 대표적이다. 섭표는 현성양지설의 방탕(放蕩)한 요소를 제거하고자 귀적설을 제창하였고, 용계는 현성양지설을 전면에 내세웠으니 양현 간의 논쟁은 불가피했다.

섭표의 양지론은 허적(虛寂) 양지 본체론과 귀적(歸寂) 치양지 공부론이다. 앞서 살펴보았듯이 용계 또한 허적양지설을 제창하지만 먹는 배와 타는 배가 다른 것처럼 이름만 같을 뿐 실상은 차이가 많다. 섭표는 허적한 양지를 확립하는 귀적 공부를 강조했지만, 용계는 양지가 허적하면서도 현성하기 때문에 귀적 공부는 체용일원에 위배된다고

---

87 『명유학안』 권17, 「文莊歐陽南野先生德」 : 中也, 和也, 中節也, 其名則二, 其實一獨知也. 故是是非非者, 獨知感應之節, 爲天下之達到. 其知則所謂貞靜隱微, 未發之中, 天下之大本也.

비판한다.

용계와 섭표 간의 논쟁은 「치지의변(致知議辯)」에 소상하다. 이하에서는 본 논학서를 기초로 섭표의 귀적설과 용계의 현성양지설을 살펴보겠다.[88] 편지글은 모두 아홉 조목으로 나눌 수 있다. 그 중 제2조목은 건지(乾知)를 양지(良知)로 보는 것과 관련한 경학적 토론이며, 제9조목은 조식(調息)과 관련된 내용으로 현성양지설 논의와 밀접하지 않기 때문에 여기서는 제외하였다.

본 「치지의변」은 용계 양지론을 이해하는 대표적인 자료 중 하나이기 때문에 번거롭지만 각 조목 안의 섭표의 논변과 용계의 답변을 기술하고, 각 항목마다 논자의 해석을 첨부한 방식으로 서술하였다. 향후 연구자들이 용계와 섭표의 변론을 연구하는 데 기초 자료로 참고하기를 바란다.

〈제1조목〉

(1) (섭표의 변) "소자(邵子, 곧 邵雍, 1011~1077)가 '선천(先天)의 학(學)은 심(心)이고 후천(後天)의 학(學)은 적(跡)이다'라고 했는데 선천은 체(體)이고 후천은 용(用)입니다. 체용을 선후로 나누었지요. ……양지는 미발의 중입니다. ……만약 '양지가 발하여 중절한 화이다'라고 한다면 이는 정확한 표현이 아닙니다."[89]

---

88 섭표의 귀적설은 치양지 공부론에 대응하는 것으로 양지 본체인 현성양지와는 직접적으로 대응되는 개념은 아니지만 귀적의 치양지 공부론이 바탕하고 있는 虛寂良知와 용계의 현성양지가 귀적설에 대한 논의를 통해서 드러나기 때문에 편의상 제목을 '귀적설과 현성양지'로 설정했다.

89 『왕기집』권6, 「致知議辯」: 邵子云, "先天之學, 心也; 後天之學, 跡也." 先天言其體, 後天言其用, 蓋以體用分先後, ……良知是未發之中, ……若曰良知亦卽是發而中節之和, 詞涉迫促.

: (해) 섭표는 선체후용(先體後用)의 입장을 견지하여 '양지는 발하여 중절한 화이다'라고 한 용계의 말은 선천(先天)의 체(體)인 미발의 양지가 완전한 후에야 가능하다고 비판한다.

▶ (용계의 답) "적(寂)은 미발의 중으로 선천의 학입니다. 그렇지만 미발의 공부는 발용한 데에서 하며 선천의 공부는 후천에서 합니다. 바로 명도(明道, 곧 程顥, 1032-1085)의 '이것이 일용(日用)에서 하는 본령공부(本領工夫)이다'라는 말입니다."[90]

: (해) 섭표는 선체후용(先體後用)의 입장에서 미발양지 공부를 주장하지만, 용계는 미발 공부는 이발에서 해야 한다고 반박한다.

(2) (섭표의 변) "'적(寂)에 즉(卽)하면 감(感)이 존(存)하고 감(感)에 즉(卽)하면 적(寂)이 행한다'는 말은 현성(現成)을 논한다면 그럴듯하지만 배우는 사람들을 위해서는 당연히 자세한 설명을 붙여야 합니다."[91]

: (해) 섭표는 수준이 낮은 사람들은 선적후감(先寂後感)의 공부 후에야 즉적즉감(卽寂卽感)한 경지에 도달할 수 있기 때문에, 그 말뜻을 제대로 알려주는 보충 설명이 필요하다고 지적한다.

▶ (용계의 답) "적(寂)에 즉(卽)하면 감(感)이 행(行)하고 감(感)에 즉(卽)하면 적(寂)이 존(存)한다는 말은 바로 본체에 합하는 공부입니다. 감(感)하지 않을 때가 없으며 적(寂)에 돌아가지 않을 때가 없습니다. 만약 이와 같은 것을 현성이라고 하여, 공부를 논하지 않는다고 하면 장

---

90 『왕기집』 권6, 「致知議辯」: 夫寂者, 未發之中, 先天之學也. 未發之功, 卻在發上用; 先天之功, 卻在後天上用. 明道云, "此是日用本領工夫."

91 『왕기집』 권6, 「致知議辯」: 卽寂而感存焉, 卽感而寂行焉, 以此論見成, 似也. 若爲學者立法, 恐當更下一轉語.

차 어떻게 공부해야 합니까?"[92]

: (해) 섭표는 선적후감(先寂後感)의 논리에 근거하여 용계의 즉적즉감(卽寂卽感)은 현성(現成)의 논리라고 비판하지만 용계는 즉적즉감(卽寂卽感)을 준행하는 공부야말로 '천리자연명각처(天理自然明覺處)'인 양지 본체에 합일하는 공부라고 반박한다.

(3) (섭표의 변) "'양지 전에는 미발이 없고 양지 밖에는 이발이 없다'는 말은 혼돈(渾沌) 미판전(未判前)의 말 같지만 만약 양지 전에 성(性)이 없고 양지 밖에 정(情)이 없다고 하면 이는 양지의 앞과 밖에 마음이 없다는 뜻이니, 말이 현묘하기는 하지만 틀린 것 같습니다."[93]

: (해) 섭표는 '양지는 성체(性體)의 자연지각(自然之覺)'이라는 입장에서 성체(性體)가 있은 후에 이발양지(已發良知)가 가능하다고 주장한다. 곧 '선성체후지각(先性體後知覺)'이다.

▶ (용계의 답) "양지 전에 미발이 없는 이유는 양지가 바로 미발의 중이기 때문입니다. 만약 별도로 미발을 찾는다면 이는 침공(沉空)하게 됩니다. 양지 외에 이발이 없다는 말은 양지를 극치(極致)하면 바로 발용(發用)하여 중절의 화가 되기 때문입니다. 만약 별도로 이발을 찾는다면 이는 의식(依識)입니다."[94]

: (해) '양지가 미발의 중'이라는 말은 양지가 발용할 때는 지시지비

---

92 『왕기집』 권6, 「致知議辯」: 卽寂而感行焉, 卽感而寂存焉, 正是合本體之工夫, 無時不感, 無時不歸於寂也. 若以此爲見成而未及學問之功, 又將何如其爲用也?

93 『왕기집』 권6, 「致知議辯」: 良知之前, 無未發, 良知之外, 無已發, 似是渾沌未判之前語. 設曰良知之前無性, 良知之外無情, 卽謂良知之前與外無心, 語雖玄而意則舛矣.

94 『왕기집』 권6, 「致知議辯」: 良知之前, 無未發者, 良知卽是未發之中, 若復求未發, 則所謂沉空也. 良知之外, 無已發者, 致此良知卽是發而中節之和, 若別有已發, 卽所謂依識也.

하지만 본체는 무시무비하다는 의미다. 따라서 양지 밖에서 무시무비한 본체를 찾으려는 경향을 침공(沉空)이라고 경계한다. 또한 '양지가 중절의 화'라는 말은 양지가 선천적으로 지시지비하여 물리(物理)를 가지고 있다는 의미다. 따라서 양지 밖에서 물리(物理)를 찾는 것은 축물(逐物)로 의식(依識)이라고 비판한다.

(4) (섭표의 변) "존형께서는 남들보다 월등히 고명하기 때문에 학문을 논함에 혼돈히 초생(初生)할 적에 흠결이 전혀 없는 것만을 말하고, 현재 구족하고 불범주수(不犯做手)한 것을 묘오(妙悟)라고 하는데 이것으로 자오(自娛)한다면야 뭐라 할 말이 없지만 중인 이하 사람들은 어려울 것 같습니다."[95]

: (해) 용계처럼 고명한 사람이라면 상관없지만 일반인들은 사욕과 물욕이 없을 수 없기 때문에 공부를 실천하지 않고 단지 양지를 묘오(妙悟)라고 하는 말은 잘못이라는 지적이다.

▶ (용계의 답) "사람들이 가지고 있는 양지는 원래 훼손되지 않아서, 비록 심하게 엄폐되었더라도 일념자반(一念自反)하면 곧 본심(本心)을 얻게 됩니다."[96]

: (해) 용계는 사람의 사의(私意)와 물욕이 본심인 양지의 발현을 막더라도 양지 자체는 언제나 발현한다는 의미에서 현재 구족을 말한다. 이 부분이 용계 철학에 대한 가장 큰 비난이자 오해이며 용계학을 이해하는 관건이다. 양지가 언제든 발현한다는 용계의 말은 일반인들이

---

95 『왕기집』 권6, 「致知議辯」: 尊兄高明過人, 自來論學, 只是混沌初生無所汚壞者而言, 而以見在爲其足, 不犯做手爲妙悟, 以此自娛可也, 恐非中人以下之所能也.

96 『왕기집』 권6, 「致知議辯」: 良知在人本無汚壞, 雖昏蔽之極, 苟能一念自反, 卽得本心.

사욕이나 물욕이 없다는 의미도 아니고 고명한 상근인만이 가능하다는 뜻은 더더욱 아니다. 일반인들이 사의와 물욕에 가려 천리를 보존하고 인욕을 제거하지 못할 때 어떻게 '존천리거인욕(存天理去人欲)' 공부를 할 것인가라는 극히 실천적인 문제에 대하여, 현재 구족한 양지에 의지하여 천리를 보존하고 인욕을 제거하라는 주장이다.

〈제3조목〉

(1) (섭표의 변) "독지(獨知)는 양지의 맹아처(萌芽處)로서 양지와는 한 칸의 차이가 있습니다. 여기서 공부하면 비록 반로수행(半路修行, 반쯤 하다 중간에 그만두는 수행)과는 다르지만 역시 반로의 길목이 됩니다."[97]

: (해) 섭표는 독지(獨知)를 지시지비한 이발로 여기면서, 이발인 독지는 본체가 될 수 없다는 입장을 견지한다.

▶ (용계의 답) "양지는 미발의 중으로 부도불문(不睹不聞)하며 막현막현(莫見莫顯)합니다."[98]

: (해) 용계는 『중용』의 말을 인용하여, 양지는 원래 미발의 중으로 부도불문(不睹不聞)하지만 막현막현(莫見莫顯)하다고 설명한다. 곧 양지는 무시무비한 미발의 중으로 부도불문(不睹不聞)하지만 언제 어디서나 지시지비하며 막현막현(莫見莫顯)하다고 주장한다. 특히 지시지비한 양지 작용을 지칭하는 독지(獨知)에 대한 견해는 섭표와 용계의 양지관을 구별하는 분명한 표지이다. 용계는 독지(獨知)를 거부하면 이는 사설(師說)에 위배된다고 생각했다. 따라서 양지와 독지를 구별

---

97 『왕기집』 권6, 「致知議辯」 : 獨知是良知的萌芽處, 與良知似隔一塵. 此處著功, 雖與半路修行不同, 要亦是半路的路頭也.

98 『왕기집』 권6, 「致知議辯」 : 良知卽所謂未發之中, 原是不睹不聞, 原是莫見莫顯.

하고, 독지와 다른 양지를 제시하는 섭표의 주장은 양지를 부정하는
것이라고 판단한다.[99]

(2) (섭표의 변) "명물찰륜(明物察倫)은 인의(仁義)로 말미암아서 행해
야 성체(性體)의 자연지각(自然之覺)이지 명찰(明察)이 곧 격물 공부는
아닙니다. 만약 명찰(明察)을 격물 공부라고 하면 이는 인의(仁義)를 의
도적으로 행(行)하며 외습(外襲)하는 격이니, 이를 자연지각(自然之覺)
이라고 하면 틀렸습니다."[100]

: (해) 섭표는 명륜찰륜(明物察倫)은 성체(性體)가 바로 선 후의 자연
지각(自然之覺)이라는 입장이다. 그래서 '선입성체후발지각(先立性體後
發知覺)'을 주장하면서, 맹자가 왕도(王道)와 패도(覇道)를 구분하는 데
사용한 '유인의(由仁義)'와 '행인의(行仁義)'를 원용하여 부연한다. 즉 성
체(性體)를 바로 세우지 않고 명물찰륜(明物察倫, 즉 已發) 상에서 하는
격물 공부는 '행인의(行仁義)'요 의습(義襲)일 뿐이다. 따라서 용계 식의
자연지각(自然之覺)은 성체(性體)에서 발현하지 않을 가능성이 높다고
비판한다.

▶ (용계의 답) "명물찰륜(明物察倫)은 성체(性體)의 명각(明覺)이고 인
의(仁義)로 말미암아[由仁義] 행하는 것은 명각(明覺)이 본디 그러한 것
입니다. 현미(顯微)와 은현(隱現)은 통일무이(通一無二)합니다. 이것이
순임금의 현덕(玄德)입니다. 자연(自然)의 명각(明覺)이 바로 허(虛)이고
적(寂)이며 바로 무형무성(無形無聲)입니다. 이것이 허명부동(虛明不動)

---

99 『왕기집』 권6, 「致知議辯」: 今若以獨知爲發, 而屬於睹聞, 別求一個虛明不動之體, 以
　　爲主宰, 然後爲歸復之學, 則其疑致知不足以盡聖學之蘊, 特未之明言耳.

100 『왕기집』 권6, 「致知議辯」: 夫明物察倫, 由仁義行, 方是性體自然之覺, 非以明察爲格
　　物之功也. 如以明察爲格物之功, 是行仁義而襲焉者矣. 以此言自然之覺, 誤也.

의 본체이고 역(易)의 온오(蘊奧)입니다."¹⁰¹

: (해) 용계의 양지론에서 보자면, 명물찰륜(明物察倫)은 성체(性體)에서 즉발(卽發)하는 것으로 '행인의(行仁義)'가 아니라 '유인의(由仁義)'이다. 이는 양지 성체(性體)가 '선미후현(先微後顯)'하고 '선은후현(先隱後見)'한 것이 아니라 '즉미즉현(卽微卽顯)'하고 '즉은즉현(卽隱卽見)' 하기 때문이다. 따라서 섭표가 주장하는 치허수적(致虛守寂)의 치양지 공부가 별도로 있어야 하는 것이 아니고 명각(明覺)의 자연(自然)이 바로 치허(致虛)이며 수적(守寂)이다.

〈제4조목〉

(1) (섭표의 변) "적연부동(寂然不動)이 성(誠)이고 감이수통(感而遂通)이 신(神)입니다. 그런데 성(誠)과 신(神)을 학문의 진공부(眞工夫)라고 하지 않고 유무지간(有無之間)을 인심(人心)의 진정한 체용(體用)이라고 한다면 이는 뗏목을 버리고 언덕으로 건너가고자 하는 꼴이니 망양(望洋)의 탄식을 면할 수 있겠습니까?"¹⁰²

: (해) 섭표는 성(誠)과 신(神)을 버려두고 기(幾) 상에서 하는 공부는 잘못이라고 본다. 왜냐하면 성(誠)에서 공부를 한다면 기(幾)는 자연스럽게 이루어지기 때문이다. 따라서 그는 "성(誠)을 버리고 기(幾)를 구하는 것은 기(幾)를 잃어버린 것이 멀다."¹⁰³라고 말한다.

---

101 『왕기집』 권6,「致知議辯」: 明物察倫, 性體之覺. 由仁義行, 覺之自然也. 顯微隱見, 通一無二. 在舜所謂玄德. 自然之覺, 卽是虛, 卽是寂, 卽是無形無聲, 卽是虛明不動之體, 卽爲易之蘊.

102 『왕기집』 권6,「致知議辯」: 夫寂然不動者誠也, 感而遂通者神也. 今不謂誠神爲學問眞工夫, 而以有無之間爲人心眞體用, 不幾於舍筏求岸, 能免望洋之嘆乎?

103 『왕기집』 권6,「致知議辯」: 舍誠而求幾, 失幾遠矣.

▶ (용계의 답) "주자(周子)는 '성(誠)·신(神)·기(幾)가 성인(聖人)이다'라고 했습니다. 양지는 자연의 각(覺)으로 미(微)하면서도 현(顯)하고 은(隱)하면서도 현(見)하는 것으로 이른바 기(幾)입니다. 양지의 실체(實體)는 성(誠)이고 양지의 묘용(妙用)은 신(神)이고, 기(幾)는 체용을 관통하고 적감을 일관합니다. 따라서 유무(有無)의 사이를 기(幾)라고 했습니다. 유(有)와 무(無)는 성(誠)과 신(神)을 두고 한 말입니다."[104]

: (해) 용계는 성(誠)은 양지의 실체(實體)로 유(有)이며, 신(神)은 양지의 발용(發用)으로 무(無)라고 규정하면서 기(幾)는 체용(體用)을 관통한다고 한다. 따라서 양지는 본래 '즉체즉용(卽體卽用)'하기 때문에 공부는 체용(體用)을 일관하는 기(幾)에서 해야 한다. 이것이 '유무지간(有無之間)'에서 공부한다는 의미이고 용계 공부론에서 기(幾)에서 하는 공부가 특별히 중요한 이유이다. 부언하면 이 기(幾)는 양지 본심인 출척 측은(怵惕惻隱)한 마음이 즉발(卽發)한 상태이다. 그러므로 활발한 양지를 극치(極致)하는 공부로 일념지기(一念之幾)의 공부가 중요하다.

〈제5조목〉

(1) (섭표의 변) "선사(先師)의 양지설은 맹자에게 근본을 두었습니다. 맹자가 '갓난아이도 배우거나 생각하지 않고서 애경(愛敬)할 줄을 안다.'고 한 것은 그 가운데 주재하는 무엇이 있는데 애경(愛敬)은 바로 그 주재하는 것이 발용한 것입니다. 지금 주재하는 그곳에서 본체(本體)의 역량을 충만하게 하지 않고 불학불려(不學不慮)한 것만을 누리려

---

104 『왕기집』 권6, 「致知議辯」 : 周子云, "誠神幾曰聖人." 良知者自然之覺, 微而顯, 隱而見, 所謂幾也. 良知之實體爲誠, 良知之妙用爲神, 幾則通乎體用, 而寂感一貫, 故曰有無之間者幾也. 有與無, 正指誠與神而言.

고 한다면 곤란합니다."[105]

: (해) 맹자가 말한 애경(愛敬)을 아는 것은 선천적인 것이지만 실제로 애경하는 것은 주재(主宰)하는 공부가 있은 이후에야 가능하다고 말한다.

▶ (용계의 답) "자연(自然)의 양지(良知)는 학려(學慮)를 필요로 하지 않습니다. 따라서 애친경형(愛親敬兄)하는 것이 촉기(觸機)하여 바로 신감신응(神感神應)합니다. 오직 촉기(觸機)하여 신감신응(神感神應)한 이후에야 불학불려(不學不慮)한 자연의 양지입니다. 자연의 양지가 바로 애경(愛敬)의 주재(主宰)이며 곧 허(虛)이며 적(寂)이며 무성무취(無聲無臭)이며 하늘이 하는 것입니다."[106]

: (해) 섭표는 지경지애(知敬知愛)와 애경(愛敬)을 구별하여 지경지애(知敬知愛)는 불학불려(不學不慮)하지만 애경(愛敬)은 주재(主宰)가 있은 후에야 가능하다는 입장이다. 반면에 용계는 양지는 지경지애(知敬知愛)하면 바로 애경(愛敬)하기 때문에 양지 자체가 애경(愛敬)의 주재가 된다고 본다. 그렇다면 사람들이 누구나 지경지애(知敬知愛)하는 양지를 가지고 있음에도 불구하고 여전히 불경불애(不敬不愛)하는 현실을 어떻게 실명할 것인가? 이에 대한 용계의 답변은 양지를 따르지 않았기 때문에 발생한 문제이다. 만약 양지를 따랐다면 바로 애경(愛敬)하였을 것이다. 결국 양지가 주재라는 입장이다. 이 입장을 가지고 용계는 "공(公, 섭표)은 평소에 백사(白沙) 진헌장(陳獻章, 1428-1500)의 '정

---

105 『왕기집』 권6, 「致知議辯」: 先師良知之教, 本於孟子. 孟子言, "孩提之童, 不學不慮, 知愛知敬." 蓋言其中有物以主之, 愛敬則主之所發也. 今不從事於所主, 以充滿乎本體之量, 而欲坐享其不學不慮之成, 難矣.

106 『왕기집』 권6, 「致知議辯」: 惟其自然之良, 不待學慮, 故愛親敬兄, 觸機而發, 神感神應. 惟其觸機而發, 神感神應, 然後爲不學不慮, 自然之良也. 自然之良, 卽是愛敬之主, 卽是寂, 卽是虛, 卽是無聲無臭, 天之所爲也.

중양출단예(靜中養出端倪, 靜 가운데서 端倪를 養出한다)'와 '파병재수(杷柄在手, 杷柄이 손에 있다)'의 설을 독신하는데, 자연(自然)의 양지를 버려두고서 따로 단예(端倪)와 파병(杷柄)이 있는지는 내가 알지 못합니다."[107]라고 지적한다.

〈제6조목〉

(1) (섭표의 변) "마음과 이목구비를 공(空)이 본체라고 하면 맞지만 공공(空空)과 허적(虛寂)이 어떤 구별이 있는지 모르겠습니다."[108]

: (해) 섭표는 자신의 허적양지는 완전무지(完全無知)가 아니고 천리(天理)를 담지한 만상삼연(萬象森然)하다는 입장에서, 용계의 '공공(空空)이 도체(道體)'라는 주장이 혹시 완전무지를 말하는지 의문을 제기한다.

▶ (용계의 답) "공공(空空)은 원래 도체(道體)입니다. 상산(象山, 陸九淵, 1139-1192)이 '의견이 있는 사람이 가장 말이 먹혀들지 않는다.'고 했는데 그 이유는 공(空)하지 못하기 때문입니다. 비부(鄙夫)의 공(空)은 성인(聖人)과 같습니다. 그러므로 양단(兩端)을 들어서 곡진히 말해줄 수 있습니다. 시비를 따지는 본심은 사람이 본래부터 가지고 있습니다. 비록 성인일지라도 그 본심은 한 터럭도 증감할 수 없습니다. 만약 한 터럭이라도 의견을 집어넣으면 곡진하게 말해줄 수 없습니다. 심구이목(心口耳目)은 모두 공(空)을 본체로 합니다. 공공(空空)이 허적

---

107 『왕기집』 권6, 「致知議辯」: 公平時篤信白沙子, "靜中養出端倪", 與"杷柄在手"之說. 若舍了自然之良, 別有所謂端倪杷柄, 非愚之所知也.

108 『왕기집』 권6, 「致知議辯」: 心與耳目口鼻, 以空爲體是也. 但不知空空, 與虛寂何所別?

(虛寂)입니다."[109]

: (해) 용계가 무시무비한 양지 본체를 표현할 적에 『논어』의 공공(空空)을 원용하여 종종 공공양지(空空良知)라고 한다. 이때 공공양지(空空良知)는 완전무지의 공공(空空)이 아니라 의견이 개입되지 않는 무시무비한 양지 본체를 말한다. 이 무시무비한 양지는 지시지비한 양지로 발용하기 때문에 완전무지는 아니다.

〈제7조목〉

(1) (섭표의 변) "양지는 성체(性體)의 자연스러운 지각입니다. 따라서 치양지하고자 한다면 먼저 양성(養性)해야 합니다. 『역』에서 '서괘(筮卦)의 신지(神知)함이여'라고 했습니다. 성인이 체역(體易)하는 공부는 세심장밀(洗心藏密)에 중점을 두어야 합니다."[110]

: (해) 섭표는 '선립성체후발지각(先立性體後發知覺)'의 구도를 가지고 논의를 전개한다. 그러므로 양지의 자연지각(自然之覺)이 발하기 위해서는 먼저 성체(性體)를 온전히 해야 한다는 결론을 도출한다. 『역』을 원용하여 서괘(筮卦)의 신지(神知)를 자연지각(自然之覺)으로, 세심장밀(洗心藏密)을 성체(性體)를 온전히 하는 공부라고 주장한다.

▶ (용계의 답) "만약 우선 양성(養性)해야 한다면 양지가 성체(性體) 자연(自然)의 지각(知覺)인데 어디를 먼저 해야 합니까? 『역』에서 서(筮)의 신통함과 괘(卦)의 예지함을 말한 신지(神知)는 양지를 지칭합니다.

---

109 『왕기집』 권6, 「致知議辯」: 空空原是道體. 象山云, "與有意見人說話最難入", 以其不空也. 鄙夫之空, 與聖人同, 故能叩其兩端而竭. 蓋是非本心, 人所固有, 雖聖人, 亦增減他一毫不得. 若有一毫意見塡實, 即不能叩而竭矣. 心口耳目皆以空爲體, 空空卽是虛寂.

110 『왕기집』 권6, 「致知議辯」: 良知是性體自然之覺是也, 故欲致知, 當先養性, 盡不觀 『易』言, 著卦之神知乎? 要聖人體易之功, 則歸重於洗心藏密之一語.

양지는 마음의 신령입니다. '세심퇴장어밀(洗心退藏於密)'은 양지가 밝고 깨끗해서 미세한 엄폐도 없이 유사시이든 무사시이든 항상 담연하고 숙연하여 …세심장밀(洗心藏密)한 후에야 신지(神知)가 작용하는 것이 아닙니다."[111]

: (해) 자연지각(自然之覺)은 성체(性體)인 양지가 자연적으로 발동한다는 입장에서 섭표를 비판한다.

(2) (섭표의 변) "지금 '격물(格物)이 치지(致知)이니 날마다 일상에서 이 양지를 극치(極致)해서 만물에 두루 하면서도 지나침이 없다.'고 한 말은 추행(推行)을 극치(極致)로 삼아서 결국 인위(人爲)를 벗어나지 못합니다. 종일 사물과 대면하면서 어떻게 거기에 매임을 면할 수 있겠습니까? 이것을 성체(性體)의 자연지각(自然之覺)이라고 하는 것은 정말로 잘못입니다."[112]

: (해) 섭표는 의념이 지향한 대상이 사물이기 때문에 의념이 발동하기 이전의 심체를 바로잡아야 한다는 입장이다. 즉 일상의 격물 공부는 인위적일 위험성이 높다고 본다. 따라서 의념이 지향한 사물을 바로잡는 격물 공부보다는 미발의 허적심체(虛寂心體)를 확립하는 귀적 공부를 주장한다. 이것이 섭표 공부론 주장의 하나인 '격물무공부(格物無工夫)'이다.

---

111 『왕기집』권6, 「致知議辯」: 若曰當先養性, 良知卽是性體自然之覺, 又孰從而先之耶? 『易』言, 蓍之神, 卦之知, 神知卽是良知. 良知者, 心之靈也. 洗心退藏於密, 只是良知潔潔淨淨無一塵之累, 不論有事無事, 常是湛然的, 常是肅然的, 是謂齋戒以神明其德. 神知卽是神明, 非洗心藏密之後, 而後有神知之用也.

112 『왕기집』권6, 「致知議辯」: 今曰格物是致知, 日可見之行, 隨在致此良知, 周乎物而不過, 是以推而行之爲致, 全屬人爲, 終日與物作對, 能免牽己而從之乎? 其視性體自然之覺, 何啻千里?

▶ (용계의 답) "격물(格物)은 『대학』에서 말한 실하수처(實下手處)입니다. 따라서 치지(致知)가 격물(格物)에 있다고 한 것입니다. 만약 '격물무공부(格物無工夫)'를 말한다면 『대학』은 군더더기 말이요 사문(師門)의 주장은 쓸모없게 됩니다. 아무리 생각해보아도 잘 납득이 가질 않습니다."[113]

: (해) 섭표는 미발(未發)의 심체(心體)가 바로 서면 이발(已發)에서 자연명각(自然明覺)하다는 '선립성체후발지각(先立性體後發知覺)'의 입장으로 의념의 지향 대상인 사물상의 공부는 부차적이라는 격물무공부(格物無工夫)를 제시한다. 이에 대해 용계는 『대학』과 사설(師說)을 근거로 제시하면서, 치지(致知)의 실하수처(實下手處)가 의념의 지향 대상인 사물이라고 반박한다.

〈제8조목〉

(1) (섭표의 변) "인(仁)은 생리(生理)이며 또한 생기(生氣)입니다. 이(理)와 기(氣)는 하나이지만 여전히 구분해야 합니다. 고자의 '생지위성(生之謂性)'은 생기(生氣)를 성(性)으로 삼은 것이지만 함양함에 있어서 좋은 것과 나쁜 것을 구별할 줄 몰랐습니다. 기류(杞柳)나 단수(湍水)나 식색(食色)의 비유는 모두 당하(當下)에 구족(具足)하고, 물구어심(勿求於心)과 물구어기(勿求於氣)의 주장은 불범주수(不犯做手)를 묘오(妙悟)로 삼고 있습니다."[114]

---

113 『왕기집』권6, 「致知議辯」: 格物者, 『大學』到頭實下手處, 故曰, "致知在格物". 若曰格物無工夫, 則『大學』爲贅詞, 師門爲勸說, 求之於心, 實所未解.

114 『왕기집』권6, 「致知議辯」: 仁是生理, 亦是生氣. 理與氣一也, 但終當有別. 告子曰, "生之謂性", 亦是認氣爲性而不知係於所養之善否, 杞柳, 湍水, 食色之喩, 亦以當下爲其足, 勿求於心, 勿求於氣之論, 亦以不犯做手爲妙悟.

: (해) 인(仁)은 이기혼일(理氣混一)하게 존재하지만 이와 기는 구분되어야 한다는 대전제를 세우고, 다시 고자를 원용하여 용계의 현성양지는 기류(杞柳)나 단수(湍水)나 식색(食色)의 비유 등처럼 당하에 구족한 것이라 비판하고, 용계의 불범주수(不犯做手) 공부는 '물구어심(勿求於心)'과 '물구어기(勿求於氣)'라고 비판한다. 왜냐하면 용계의 현성양지는 본연지성이 아닌 이른바 생지위성(生之謂性)에 가깝고, 불범주수(不犯做手)는 공부를 방치하고 묘오(妙悟)에만 치중하기 때문이다.

▶ (용계의 답) "공(公, 섭표)이 말한 인자(仁者)가 만물(萬物)과 동체(同體)라는 것은 오직 체인(體仁)한 후에야 만물과 동체(同體)할 수 있다고 한 말로서 분명 명언으로 깊이 반성해보아야 합니다."[115]

: (해) 섭표가 제기한 생지위성(生之謂性)의 당하구족(當下具足)이라는 비판에는 즉체즉용(卽體卽用)의 관점에서 해명하였고, 불범주수(不犯做手)한 묘오(妙悟)라는 비판은 제1조목에서 "밝은 해와 달이 혹 구름과 안개에 가리더라도 운무가 걷히고 나면 본연의 명체(明體)가 곧바로 드러나서 애초에 손상된 것이 없다. 이것이 사람들이 현재구족(見在具足)하여 불범주수(不犯做手)하는 본령공부(本領工夫)와 같다."[116]라고 이미 설명하였기 때문에 여기서는 다만 "체인(體仁)한 이후에야 가능하다."는 섭표의 주장에 동의를 표한다. 이를 통해서 섭표가 현성양지설을 비판하는 이유를 충분히 숙지하고 있음을 유추해볼 수 있다.

사실 섭표는 용계가 주장하는 현성양지설의 병폐를 시정하기 위해 귀적설을 주장하였다. 그런데 용계의 입장에서 보자면 이는 도리어

---

115 『왕기집』권6, 「致知議辯」: 公謂仁者與物同體, 亦惟體仁者而後能與物同之, 卻是名言, 不敢不深省也.

116 『왕기집』권6, 「致知議辯」: 譬之日月之明, 偶爲雲霧之翳, 謂之晦耳, 雲霧一開, 明體卽見, 原未嘗有所傷也. 此原是人人見在具足不犯做手本領工夫.

'교왕지과(矯枉之過, 잘못을 바로잡으려다 도리어 그르침)'와 '인약발병(因藥發病, 약 때문에 도리어 병이 생김)'의 문제를 야기한다. 용계는 섭표의 허적양지 본체론과 귀적 치양지 공부론은 양명의 양지 본체론과 치양지 공부론을 기준으로 했을 때 양명의 종지에서 벗어나 주자의 성론(性論)으로 복귀하는 노정을 필연적으로 밟게 된다고 본다.

제3절
조화양지

지금까지 양지 본체로서의 허적양지와 양지 발용으로서의 현성양지를 살펴보았다. 허적양지는 무시무비하고 무선무악한 양지 본체를 지칭하고, 현성양지는 지시지비하고 지선지악한 양지 발용을 지칭한다. 이 두 양지설 외에 용계 양지 신앙론의 근간이 되는 조화양지가 있다. 용계 양지 본체론은 허적양지, 현성양지, 조화양지가 유기적으로 연결되어 있다.

1. 조화정령과 양지

무시무비하면서 지시지비하며 무선무악하면서 지선지악한 심체인 양지는 진, 선, 미 등 일반적 가치를 판단하는 선천적 가치판단능력이다. 용계는 여기서 한 발 더 나아가 양지가 '조화(造化)의 정령(精靈)'이라고 선언한다. 그렇다면 '도덕가치 판단능력'을 '사실우주 창조능력'과 동일시하여 이른바 '가치와 사실'을 구분하지 않는다는 의심이 든다. 이제부터 이 문제를 검토하면서 조화양지설을 살펴보겠다.

용계는 양지의 창조능력을 이렇게 말한다.

> 양지는 천지만물의 영기(靈氣)를 관철한다. 그런데 우리가 낮에는 욕념
> (欲念)이 황홀(慌惚)하여 거의 곡망(牯亡)하고 밤에는 잡기(雜氣)가 뒤엉
> 켜서 거의 혼침(昏沉)하여, 밤낮의 이치를 통달하지 못하며 천지와 분리
> 되고 만물과 일체를 이루지 못한다. (반대로) 항상 치양지하기를 밤낮으
> 로 온 마음을 다해 최선을 다하고 노력한다면 욕념에 휘둘리지도 않고
> 혼기(昏氣)에 눌리지도 않아서 정명(貞明)이 그치지 않고 밤낮의 이치를
> 통달할 수 있다. 밤낮의 도리를 통달하면 저절로 천지만물의 이치에 통
> 달하여 천지의 모든 조화를 포괄하면서도 지나침이 없으며, 온갖 만유를
> 이루어내면서도 하나도 빠트리지 않는다[範圍曲成].[117]

> 곡신(谷神)이 곧 양지다. 곡신이 죽지 않는 것처럼 양지 또한 항상 살아
> 있다. 양지는 홍몽(鴻濛)이 초판(初判)한 규(竅)이다. 따라서 현빈(玄牝)
> 의 문이라고 할 수 있다. 양지는 천지를 낳는 만화(萬化)의 근본이다.[118]

양지가 범위곡성(範圍曲成)하고, 천지를 낳고, 만화의 근본이라는 용
계의 주장을 어떻게 받아들여야 할까? 양지의 지고함과 절대성을 주
장하는 의미로 이해하더라도, 지시지비하고 지선지악한 도덕가치 판

---

117 『왕기집』 권1, 「三山麗澤錄」: 知是貫徹天地萬物之靈氣. 吾人日間欲念慌惚, 或至牯
亡, 夜間雜氣紛擾, 或至昏沉, 便是不能通乎晝夜, 便與天地不相似, 便與萬物不相
涉. 時時致良知, 朝乾夕惕, 不爲欲念所擾, 昏氣所乘, 貞明不息, 方是通乎晝夜之道.
而知通乎晝夜, 自能通乎天地萬物, 自能範圍曲成.

118 『왕기집』 권1, 「三山麗澤錄」: 谷神卽良知, 谷神不死, 卽良知常活. 良知是鴻濛初判之
竅, 故曰玄牝之門. 良知是生天生地萬化之基.

단능력인 양지의 본래 규정을 뛰어넘는 주장처럼 여겨진다.

용계의 다음 말을 들어보자.

> 양지는 조화의 정령이다. 우리는 마땅히 조화를 학문의 핵심으로 삼아
> 야 한다. 조(造)는 무에서 유가 나타나고, 화(化)는 유에서 무로 돌아간
> 다. 조(造)하지 않으면 화(化)의 근원이 메마르고, 화(化)하지 않으면 조
> (造)의 운행이 막힌다. 나의 정령이 천지만물을 낳고 다시 천지만물이 무
> 로 돌아간다. 이처럼 조화하지 않는 때가 없다. 한때라도 쉬는 때가 없어
> 서 원회운세(元會運世)에서 식식(食息)까지 아주 작은 순간도 그렇지 않
> 은 적이 없다. 이를 알면 조화는 내 손 안에 있으니 치양지의 공부를 멈
> 출 수 없다.[119]

천지만물을 만드는 양지는 '조화의 정령'인데, 여기서 조화의 해석
에 유의해야 한다. 조(造)는 무에서 유로, 화(化)는 유에서 무로의 순환
을 묘사하는 용어다. 조화란 창조가 아니라 순환을 묘사한다. 그렇다
면 '조화의 정령'이라는 의미는 양지가 '우주론적 조화(造化, 곧 創造)'를
주관한다는 말이 아니라 '가치론적 조화(造化, 곧 變易)'를 주관한다는
뜻임을 알 수 있다.

용계는 가치론적 조화를 구현한 세계가 진정한 세계라는 확고한 믿
음을 가지고 있다.

---

119 『왕기집』 권4, 「東遊會語」: 良知是造化之精靈, 吾人當以造化爲學. 造者自無而顯於
有, 化者自有而歸於無. 不造則化之源息, 不化則造之機滯. 吾之精靈, 生天生地生
萬物, 而天地萬物, 復歸於無, 無時不造, 無時不化, 未嘗有一息之停, 自元會運世以
至於食息, 微眇莫不皆然. 知此則造化在吾手, 而吾致知之功, 自不容已矣.

하늘은 적기(積氣)일 뿐이고 땅은 적형(積形)일 뿐이고 뭇 성인은 스쳐가는 그림자에 불과하다. 기(氣)는 흩어지고 형(形)은 소멸하고 자취는 사라지기 마련이어서 이것들은 궁극적인 대상이 아닌 것 같다. 내가 믿는 것은 내 마음의 일념영명(一念靈明)이다. 이 영명(靈明)은 혼돈에 뿌리를 두고 전(專)하면서도 직(直)하고 흡(翕)하면서 벽(闢)하여서 천지를 낳고 사람과 만물을 낳는다. 이것이 대생(大生)이고 광생(廣生)이며 생생(生生)하여 일찍이 쉰 적이 없다. 건곤이 동정하며 신지(神智)가 왕래함에 있어서, 천지는 유한하지만 나(일념영명)는 무궁하며 성인은 유위(有爲)하지만 나(일념영명)는 무위(無爲)하다. 명권(冥權)하게 밀운(密運)하면서 그 공을 드러내지 않고, 혼적(混跡) 속에 빛을 감추고서 있으면서도 없는 듯, 백성과 길흉을 같이 하고 세상과 호오를 같이 하여 남과 다를 것이 없어 보이는 이것을 내가 아직 모르는데 천지와 성인에 대해 생각할 겨를이 있겠는가?[120]

외부의 '경험세계'는 모두 소멸한다. 심지어 성인이 남긴 그 자취조차도 마찬가지다. 이것들은 궁극적인 기준이 될 수 없다. 오직 내 마음의 일념영명인 양지만이 진실한 세계를 구성하는 원천이다.

용계의 이와 같은 견해는 양명의 그 유명한 '심중지화(心中之花, 내 마음의 꽃)'의 확대이다.

---

120 『왕기집』권7, 「龍南山居會語」: 夫天積氣耳, 地積形耳, 千聖過影耳. 氣有時而散, 形有時而消, 影有時而滅, 皆若未究其義. 予所信者, 此心一念之靈明耳. 一念靈明, 從混沌立根基, 專而直, 翕而闢, 從此生天生地, 生人生萬物, 是謂大生廣生, 生生而未嘗息也. 乾坤動靜, 神智往來, 天地有盡而我無盡, 聖人有爲而我無爲, 冥權密運, 不尸其功, 混跡埋光, 有而若無, 與民同其吉凶, 與世同其好惡, 若無以異於人者, 我尚不知, 我何有於天地? 何有於聖人?

선생(양명)과 같이 남진(南鎭)을 유람할 적에 친구 중 한 명이 바위 사이로 자란 꽃과 나무를 가리키며 "천하에 마음 밖에 사물이 없다고 하지만 이 꽃과 나무는 심심산중에 홀로 피었다가 지는데 제 마음과 무슨 상관이 있습니까?"라고 묻자, 선생(양명)이 "네가 이 꽃을 보지 않았을 적에는 꽃과 네 마음은 아무 상관이 없지만 네가 꽃을 보았을 때에 이 꽃은 활짝 제 색을 발한다. 그러하니 이 꽃이 네 마음 밖에 있지 않음을 알 수 있다."고 말했다.[121]

용계가 즐겨 사용하는 거울 비유를 가져와 해석하자면, 내 마음의 양지는 원래 텅 비어 천지만물의 상이 없지만 양지가 비추면 천지만물의 상이 맺힌다는 의미이다. 따라서 천지만물은 이 마음의 양지가 비추는 것에 따라 사뭇 다른 형상으로 변화될 수밖에 없다. 오목거울과 볼록거울에 비친 상이 차이가 있듯이 말이다. 그래서 "조화는 내 손 안에 있으니 치양지의 공부를 멈출 수 없다."고 한다.

이러한 이유로 지시지비하고 지선지악한 양지는 도덕가치 판단능력일 뿐만 아니라 사실세계에서도 그 무한한 능력을 발휘하는 주재자임이 분명해진다. 물론 사실세계를 주관하는 양지는 우주생성론(宇宙生成論)에 입각한 '토기장이의 손'이 아니라 가치생성론(價値生成論)적으로 모든 것을 황금으로 바꾸는 '미다스의 손'이다. 양지는 나의 시비선악 판단을 주재할 뿐만 아니라 우주순환의 원리를 주재하는 절대적인 존재자이다.

---

121 「전습록」하권, 275조목 : 先生遊南鎭, 一友指巖中花樹問曰, 天下無心外之物. 如此花樹, 在深山中自開自落, 於我心亦何相關? 先生曰, 你未看此花時, 此花與汝心同歸於寂. 你來看此花時, 則此花顔色一時明白起來, 便知此花不在你的心外.

2. 믿음 대상과 양지

용계는 양지를 선천적 가치판단능력으로서 도덕실천의 근거임과 동시에 우주가치 생성능력인 절대적인 존재자로 이해한다. 이는 양지를 신앙의 대상 수준으로 받아들인다는 의미이다. 이는 용계가 양지 체득을 논하면서 지속적으로 '신득지(信得及)', '신득과(信得過)' 등을 말하는 데서도 알 수 있다.

천인합일과 물아일체를 공부의 궁극적 경지로 추구한 이학 계열은 인(仁)을 근원적 일자로 이해하는 경향이 높다. 명도(明道) 정호(鄭顥, 1032-1085)는 이렇게 말한다.

> 의서(醫書)에서 손과 발이 마비되면 불인(不仁)하다고 하는데 이 말이 여실하다. 인(仁)은 천지만물을 한 몸으로 삼아서 내가 아닌 것이 없다. 제 몸으로 여긴다면 어딘들 연결되지 않겠는가? 만약 나와 연결되지 않으면 자연히 나와 상관이 없게 된다. 마치 수족이 불인하여 기가 관통하지 못하면 나와 연결되지 않은 것과 같다.[122]

인은 사랑의 이치이자 천지만물을 일체로 여기는 마음이다. 사랑의 마음은 가까운 곳에서부터 시작하여 천지만물까지 미루어가야 한다. 천인합일과 물아일체는 인을 실천하여 도달하는 궁극적 경지이다. 그러나 초학자가 착실한 공부를 건너뛰어 천인합일의 경지를 추구하면 엽등의 병폐를 자초하여 공부를 그르칠 수가 있다. 만물일체의 인은

---

122 『二程集』 권2(상) : 醫書以手足痿痺爲不仁, 此言最善名狀. 仁者以天地萬物爲一體, 莫非己也. 認得爲己, 何所不至? 若不屬己, 自與己不相干, 如手足之不仁, 氣已不貫, 皆不屬己.

공부를 통해 마지막에 도달하는 궁극적 경지이기 때문에 우선 공부를 논한 다음에야 그 결과인 경지를 말할 수 있다. 주자는 이 입장에 입각하여 정호가 착실한 공부를 방기한 혐의가 있다고 보았다.

그런데 양명의 사상을 계승한 용계는 주자와는 다른 각도에서 이 문제를 풀어간다. 그것은 양지에 대한 믿음이다.

> 양지는 사람에게 타병(柁柄)과 같다. 상황은 순역(順逆)과 득실(得失)할 때가 있지만 양지를 믿으면 종횡으로 자신이 주도하여 마치 배에 키가 있는 것과 같다. 일단 양지를 각성하면 급박하고 복잡한 때일지라도 심사가 편안해지면서 허둥지둥하지 않는다. 정명안신(定命安身)의 도리가 바로 여기에 있다. 옛사람이 "황급하거나 곤경에 처해도 반드시 인을 지킨다."는 말은 단지 양지를 믿는다는 말 외에 다른 그 무엇이 아니다. 그렇지만 혈기나 의욕만으로 할 수 있는 것은 아니다.[123]

용계는 자신 있게 말한다. 양지는 세상의 순역과 득실 등의 상황을 종횡으로 대처할 수 있는 타병(柁柄)이기 때문에 양지를 믿고 따르면 된다. 이는 그가 선천적 가치판단능력인 양지를 우주가치 생성능력인 절대 존재로 인정하였기 때문에 가능한 주장이다. 따라서 용계가 '전체방하(全體放下)'를 주장하는 무욕공부(無欲工夫) 이면에는 양지를 믿는 마음, 곧 양지에 순응하는 마음 외에 그 어떤 대상도 용납하지 않는 태도가 전제되어 있다.

---

123 『왕기집』 권4, 「留都會紀」: 良知便是做人柁柄, 境界雖未免有順有逆, 有得有失, 若信得良知過時, 縱橫操縱, 無不由我, 如舟之有柁, 一提便醒, 縱至極忙迫紛錯時, 意思自然安閒, 不至手忙脚亂, 此便是吾人定命安身所在. 古人"造次顚沛必於是", 亦只是信得此件事過, 非意氣所能及也.

선사(양명)께서 "우리는 매일 줄이는 공부를 해야지 늘리는 공부를 해서는 안 된다. 다 줄였을 때 성인이 된다."라고 했다. 우리가 마음을 보호하는 방법은 눈을 보호하는 방식과 같다. 좋은 생각이 실은 좋은 생각이 아니니 좋은 생각이든 나쁜 생각이든 모두 버려야 한다. 가령 진흙뿐 아니라 금가루, 옥가루도 시야를 가린다. 여러분이 이 의미를 알고 싶다면 차분히 좌정하고 앉아서 끊임없이 잡념이 일어날 적에 과연 모든 것을 내려놓고[全體放下] 한 물건도 없는지 점검해보라. 일체의 알음알이나 세상적인 마음은 우리를 더욱 무겁게 만든다. 무거울수록 초탈은 어렵다.[124]

좋은 생각이 좋은 생각이 아니라는 말은, 양지의 생각이 아니기 때문이다. 호의, 관대, 배려, 관심 등 소위 좋은 생각일지라도 양지의 생각이 아니라면 이는 비싸고 귀한 금가루나 옥가루가 눈에 들어가서 시야를 가리는 것과 같다. 오로지 양지의 명령에만 순종하고 나머지 일체는 버리는 것이 전체방하(全體放下)다. 이 주장의 이면에는 절대적 주재자인 양지에 대한 절대 순종이 전제되어 있다. 이것이 신앙으로서의 양지 믿음이다.

그렇다면 믿는다는 말은 무엇인가?

선(善)이 쌓이고 쌓여서 속에서 굳어지면 신(信)이라고 한다[有諸己謂信]. 양지는 본디 선천적인 영규(靈竅)다. ……도의(道義)를 준수하지 않

---

124 『왕기집』 권3, 「九龍紀誨」: 先師云, "吾人只求日減, 不求日增, 減得盡, 便是聖人." 吾人護心如護眼, 好念頭實不好念頭, 俱著不得, 譬之泥沙與金玉之屑, 皆足以障眼. 諸友欲窺見此意, 端居於暇, 試將念頭不斷, 一著理會, 果能全體放下, 無一物否? 一切知解, 不離世情, 皆是增擔子, 擔子愈重, 愈超脫不出矣.

고 명절(名節)을 두려워하지 않는 자는 무기탄(無忌憚)한 소인임에 틀림없다. 그렇지만 이 단계를 통과하지 못하고 단지 도의와 명절에 구속되면 또한 어찌 초탈의 학문이겠는가?[125]

용계는 양지를 믿고 따르는 신(信) 자를 해석하면서 『맹자』의 '유저기위신(有諸己謂信)'을 원용하였다. 그렇다면 용계가 말한 '신득급(信得及)'의 신(信)은 치양지 공부를 통해 체화된 양지를 믿는다는 의미이지, 이른바 종교적인 믿음의 의미는 아니라는 주장이 나올 수 있다. 만약 이와 같은 해석을 근거로, 용계가 양지 믿음을 강조하다 보니 '도덕주의'를 넘어 '방탕주의'로 떨어졌다는 비판적 평가를 완화시킬 수 있는 활계(活計)라고 생각한다면 도리어 용계 사상의 본질을 훼손하게 된다.

용계가 양지 믿음을 애써 역설하고 전체방하 공부를 주장하는 근본적인 이유는 양지의 절대성, 활동성, 주재성을 인정하기 때문이다. 따라서 용계의 양지학을 변호하고자 한다면 양지의 주재성을 인정하는데 그 관건이 달려 있다.

용계의 다음 말들을 들어보자.

만약 양지를 진신(眞信)하면 도의(道義)가 저절로 생기고 명절(名節)이 저절로 보존되고 독왕독래(獨往獨來)하여 옥구슬이 쟁반에서 돌아가는 것처럼 구속하지 않더라도 규칙을 넘지 않는다.[126]

---

125 『왕기집』 권4, 「過豊城答問」: 有諸己謂信, 良知是天然之靈竅. ……吾人不守道義, 不畏名節, 便是無忌憚之小人. 若於此不得轉身法, 纔爲道義名節所拘管, 又豈是超脫之學?

126 『왕기집』 권4, 「過豊城答問」: 若眞信得良知過時, 自生道義, 自存名節, 獨往獨來, 如

만약 양지를 믿게 되면 늘 양지에서 조찰(照察)하여 마치 태양이 나오매 이매망량(魑魅魍魎)이 모두 사라지는 것과 같다. 무슨 욕념(欲念)을 근심하겠는가? 이것이 단본징원(端本澄源)의 학문이다.[127]

양지를 믿게 되면 양지에 온전히 맡기게 된다. 따라서 전지전능한 양지가 주재하면 마치 햇빛이 비출 때 귀신들이 사라지는 것처럼 모든 물욕과 사욕은 사라진다. 사실 양명후학들이 누구나 양지를 사문(師門)의 종지로 삼고 있는 이상, 용계의 이런 태도는 당연한 것임에도 불구하고 왜 유독 용계가 양지 믿음을 특별히 강조하는지 의문이 들 수 있다. 여기에 용계의 탁월함이 있다. 지시지비하고 지선지악한 양지가 제대로 발현되기 위해서는, 자신의 사욕과 판단(선한 생각까지 포함) 전체를 버리는 '전체방하'의 과정을 거쳐 양지에 온전히 맡기는 신앙 양지의 단계가 필요하기 때문이다.

양지가 이미 선악시비를 판단하는 가치판단능력이요 생천생지(生天生地)의 우주가치 생성능력이라고 한다면, 치양지 공부는 당연히 이 무한한 양지의 능력에 순종하는 것 외에 다른 별도의 공부는 없다. 따라서 이 양지를 믿고 따르는 양지 믿음은 용계에게는 너무나 당연하고, 이 당연한 믿음이 치양지 공부론의 핵심으로 등장한다.

珠之走盤, 不待拘管而自不過其則也.

127 『왕기집』 권3, 「金波晤言」: 若信得良知及時, 時時從良知上照察, 有如太陽一出, 魑魅魍魎自無所遁其形, 尙何諸欲之爲患乎? 此便是端本澄源之學.

3. 열락심체와 양지

용계는 도덕행위를 인간이 당연히 실천해야 할 의무로 국한하지 않고, 성인이 되기 위한 즐거운 여정으로 종종 설명한다. 우주가치 생성 능력인 양지가 마음 안에서 내 삶을 주관하고 있으니 마치 물 만난 물고기가 펄쩍펄쩍 뛰어오르듯 즐거워하는 모습은 이상할 것이 없다.

그리하여 용계는 심체가 열락(悅樂, 기쁨)이라고 자신 있게 말한다.

> 기쁨은 마음의 본모습이다. 사람의 마음은 본래 화평하고 천지와 서로 교감한다. 그런데 (양지에서 발하지 않은 자아의) 의필(意必)하는 사사로움이 조금이라도 있으면 천지와 교감하지 못하며, 또한 마음에 조금이라도 때가 끼면 화평한 마음이 요동치고 꽉 막혀서 기쁨은 온데간데없게 된다.[128]

기쁨이 마음의 본모습이라는 용계의 견해는 '의리지열아심(義理之悅我心, 의리가 내 마음을 기쁘게 한다)'을 주장한 맹자 사상과 맞닿는다.

기쁨의 반대는 슬픔이다. 인간이 생각하는 가장 큰 슬픔은 죽음이다. 죽음은 유한자인 인간이 영원히 벗어날 수 없는 실존적 굴레이다. 만약 생사를 초탈할 수 있다면 이보다 더 큰 기쁨은 없을 것이다.

용계는 양지를 들어 설명한다.

> 이 일점영명(一點靈明, 곧 양지)을 통하여 천지(天地), 사해(四海), 만고

---

128 『왕기집』권8, 「愼樂說」: 樂者, 心之本體, 人心本是和暢, 本與天地相爲流通, 纔有一毫意必之私, 便與天地不相似, 纔有些子邪穢渣滓, 攪此和暢之體, 便有所隔礙, 而不能樂.

(萬古)의 도리를 꿰뚫어 볼 수 있다. 양지는 본래 그 자체를 가감할 수도 없고 잃거나 새롭게 얻는 것도 아니다. 이 양지가 자기성명(自己性命)의 근원이다. 양지를 극진히 하는 것이 진성(盡性)이고 세우는 것이 입명(立命)이다. 생(生)이 별도로 생이 있는 것도 아니고 사(死)도 마찬가지다. 생사왕래(生死往來)는 주야와 같다. 인연에 따라 태어나니 태어났다고 특별히 즐거울 것도 없고, 인연이 다하면 죽으니 죽었다고 슬퍼할 것도 아니다. 생사에 맡기고 생사를 초탈해야 비로소 생사의 마장(魔障)에서 허우적거리지 않게 된다. 생사도 이러한데 하물며 세상의 일들을 가지고 마음을 흔들 수 있겠는가?[129]

생사는 인간 실존에게 주어진 천형과 같다. 그러나 이 천형은 주야의 순환처럼 인연에 따라 생겨났다가 그 인연이 다하면 사라지는 그 이상의 의미는 아니다. 따라서 우리는 생사에 자신을 맡기면서도 생사를 초탈해야 한다. 우리는 자신의 성명(性命, 곧 소명)을 다하는 진성(盡性)과 입명(立命)에 온 힘을 쏟아야 한다.

육신의 삶은 생사가 있지만, 도(道)도 생사가 없고 양지도 생사가 없다.

도(道)는 생사가 없다. 도를 들으면 주야에 통하고 생사에 한결같을 수 있다. 허정광명(虛靜光明)하게 초연히 죽음을 맞이할 수 있으니 사생을 거론할 필요가 없게 된다. 그러므로 저녁에 죽어도 된다는 말은 원래 생

---

129 『왕기집』권4,「留都會紀」: 緣此一點靈明, 窮天窮地, 窮四海, 窮萬古, 無加損, 本無得喪, 是自己性命之根, 盡此謂之盡性, 立此謂之立命. 生本無生, 死本無死, 生死往來, 猶如晝夜, 應緣而生, 無生之樂, 緣盡而死, 無死之悲, 方爲任生死, 超生死, 方能不被生死魔所忙亂. 生死且然, 況身外種種世法好事, 又烏足爲吾之加損哉!

도 없고 사도 없다는 말이다.[130]

양지는 본래 구족해서 생사가 원래 없다. 그런데 우리의 잘못된 생각 때문에 끊임없이 생사가 생기게 되기 때문에 (양지인지 우리의 잘못된 생각인지) 분명히 분별해야 한다.[131]

우리는 육신적 삶의 생사를 뛰어넘어 도를 추구해야 한다. 그런데 우리가 추구할 그 도는 우리의 양지로 내 안에 있다. 양지는 내 마음 안에서 도로 나아가는 길을 환히 밝혀준다.

양지의 안내를 받으며 성인의 마을을 찾아가는 그 여정은 즐겁기도 하거니와 모든 사람이 가능하다. 바로 양명의 성인관을 논할 때 가장 많이 거론되는 '만가인도시성인(滿街人都是聖人)'[132]이 그것이다.

어느 날 여지(汝止) 왕간(王艮, 1483-1541)이 밖에 나갔다가 돌아오자 선생(양명)이 "거리에서 뭘 보았는가?" 하고 물었다. 왕간이 "거리에 온통 성인들이 가득했습니다."라고 답했다. 그러자 "네가 거리에 오가는 사람들을 성인으로 본 것처럼 그들도 너를 성인으로 본다."라고 답해주었다. 다른 날 나석(蘿石) 동운(董澐, 1457-1533)이 돌아와서는 "오늘 이상한 경험을 했습니다."라고 하자 선생이 "뭐가 이상한 일입니까?" 하고 물었다. 동운이 "거리에 온통 성인들이 가득했습니다."라고 답했다. 그러자

---

130 『왕기집』 권33, 「書畀語簡端錄」: 道無生死, 聞道則能通晝夜, 一死生. 虛靜光明, 超然而逝, 無死生可說, 故曰"夕死可矣", 猶云未嘗生未嘗死也.

131 『왕기집』 권6, 「與存齋徐子問答」: 良知本來具足, 本無生死, 但吾人將意識承受, 正是無始以來生死之本, 不可不辨也.

132 泉州 開元寺에는 "此地古稱佛國, 滿街都是聖人."이라는 대련이 걸려 있는데 주자가 썼다고 한다.

선생은 "원래 그렇습니다. 이상할 것이 하나도 없습니다."라고 말했다.[133]

이 대화의 내용은 분명하지만 양명이 왕간과 동운에게 준 다른 답변을 이해하기가 쉽지 않다. 인용문 바로 뒤의 "여지규각미융(汝止圭角未融), 나석황견유오(蘿石恍見有悟), 고문동답이(故問同答異), 개반기언이진지(皆反其言而進之)."를 참조하면 왕간은 '규각미융(圭角未融)' 하고 동운은 '황견유오(恍見有悟)' 했기 때문에 양명이 다른 답변을 한 것처럼 보인다.

즉 양명이 평소에 '길거리의 사람들이 모두 성인이다'라는 식의 말을 강학 중에 했었는데, 어느 날 왕간이 밖에 나갔다가 스승의 말을 실천해본다. 그러나 아직 세상 사람들이 모두 성인이라는 것을 진정으로 깨달은 수준이 아니기 때문에 양명이 '세상 사람들이 너를 성인으로 본다'고 하여 그들이 진짜로 성인임을 일깨워주려고 했던 것 같다. 반면에 양명보다 연장자로 시에 출중했던 동운은 어느 날 길거리의 사람들이 양명의 가르침처럼 성인으로 보였는데 양명은 그에게 이상한 일이 아니라고 확신을 심어주었을 것으로 추정된다.

이 고사는 명대 심학의 성인관을 상징적으로 잘 보여준다. 송대에 주공(周公)에서 공자로 성인상의 전환을 이룩하기는 했지만 여전히 성인은 저 멀리 존재하는, 우리와는 다른 존재로 인식되는 경향이 강했다. 그러나 명대는 공자만이 아니라 일반인도 누구나 성인이 될 수 있음을 역설한다.

---

133 『전습록』하권, 313조목 : 一日, 王汝止出遊歸, 先生問曰, "遊何見?" 對曰, "見滿街人都是聖人." 先生曰, "你看滿街人是聖人, 滿街人到看你是聖人在." 又一日, 董蘿石出遊而歸, 見先生曰, "今日見一異事." 先生曰, "何異?" 對曰, "見滿街人都是聖人." 先生曰, "此亦常事耳, 何足爲異?"

양명학자들이 누구나 성인이 될 수 있다고 말하는 근거는 누구나 양지를 가지고 있다고 믿기 때문이다. 그렇지만 인간이 성인이 될 씨앗을 가지고 있다 해서 누구나 성인이라는 의미는 아니기 때문에 양명학자들의 주장은 자칫 철저한 공부를 소홀히 하는 폐단이 있다는 비판을 받을 수 있다.

이를 용계 입장으로 반박하면, '우리는 누구나 성인인데 현재 우리가 성인임을 잊어버리고 실천하지 않기 때문에 성인이 안 된다'[134]라고 답할 수 있다. 내 안에 있는 양지는 사과나무로 자라야 하는 씨앗이 아니라 사과가 주렁주렁 달린 사과나무다. 그 사과를 따 먹을 생각은 안 하고 다른 것을 기웃거리며 허기를 채우려고 하니 배고프지 않을 수 없다.

용계의 이 입장은 도덕행위를 동기화하거나 실천하는 데 탁월한 효과를 발휘한다. 가령 '나는 원래 성인의 씨앗이 있기는 하지만 지금은 성인이 아니다'라는 주장은 나는 현재 성인이 아니기 때문에 지난한 노력을 끊임없이 해야 한다는 결론을 도출한다. 하지만 용계가 주장하듯 '나는 원래 성인이다'라는 입장은 성인이 되기 위한 여정을 즐겁게 나서도록 독려한다.

이를 주자학과 양명학의 공부론으로 확대하여 구분해볼 수도 있다. 주자가 도덕의 보편성을 확립하고 철저한 공부를 강조한 점은 탁월하다. 그러나 보편규범은 현상 이면에 감춰져 있고, 철저한 공부를 강조하는 도덕론은 엄숙주의의 경향이 강하다. 반면에 보편규범이 현상 세계에서 발현하고, 양지의 주재에 절대적으로 순종하는 도덕론은 유쾌함의 도덕실천이 가능한 여지를 열어둔다.

---

134 『왕기집』 권4, 「與獅泉劉子問答」: 見在良知, 與聖人未嘗不同, 所不同者, 能致與不能致耳.

제 3 장

치양지 공부론

왕용계 치양지 공부론을 제대로 알기 위해서는 다음 세 가지 공부론을 종합적으로 이해해야 한다. 바로 '선천정심(先天正心)' 공부론, '일념입미(一念入微)' 공부론, '무공부의 공부[無工夫中眞工夫]'이다.

첫째, 선천정심 공부론은 용계 공부론의 강령적 성격을 갖는다. 당시 양명후학들의 다양한 치양지 공부론을 평가하면서, 자신의 치양지 공부론은 선천정심지학(先天正心之學)으로 후천성의지학(後天誠意之學)과는 결이 다르다고 강조한다.

둘째, 일념입미 공부론은 용계가 제창한 선천정심지학을 실천하는 구체적인 공부론이다. 용계는 양명이 공부의 착수처[下手處]로서 제시한 성의(誠意) 공부를 후천성의(後天誠意) 공부와 선천정심(先天正心) 공부로 구분하고, 선천정심 공부의 구체적인 공부론으로 일념입미 공부를 주장한다.

셋째, 무공부의 공부는 용계 공부론의 기본 토대를 이룬다. 양명이 주장한 치양지 공부론은 지선지악하고 위선거악하는 판단능력이자 도덕의지인 양지를 믿고 순종할 것을 요구하는데, 용계는 양명의 '양지에 대한 믿음[信得良知]'을 실질적인 공부론으로 제시한다. 즉 양지를 믿기 위해 양지 외에 다른 일체를 버리는 전체방하의 공부론이다. 그리고 전체방하에서 가장 중요한 것은 자아를 버리는 무욕 공부다.

제1절

선천정심 공부

　현대 학자들에게는 용계의 공부론으로 선천정심지학이 가장 많이 알려져 있다. 이는 이주(梨洲) 황종희(黃宗羲, 1610-1695)가 『명유학안(明儒學案)』에서 선천정심 공부론을 용계 공부론의 핵심으로 제시한 것과 무관하지 않다. 용계는 『대학(大學)』의 정심(正心) 공부와 성의(誠意) 공부를 각각 선천지학과 후천지학으로 구분하고, 선천지학은 간이(簡易)하지만 후천지학은 번난(繁難)하다는 평가를 내린다.

　간이하다는 말은 공부가 쉽다는 의미만을 내포하지 않고 양명학 정신을 온축한 용어이다. 그렇기 때문에 후천지학을 번난하다고 평가한 이면에는 성의 공부에 대한 용계의 문제 제기가 담겨 있다. 그런데 문제는 양명학에서 치양지 공부의 착수처[下手處]는 성의이지 결코 정심이 아니라는 점이다.

　양명학의 기본 공리를 위반한 듯한 용계의 선천정심지학은 그리하여 다양한 비판과 오해를 낳기도 했지만, 도리어 용계 공부론의 핵심을 이해하는 중요한 통로이기도 하다.

1. 선천정심의 제기

양명(陽明) 왕수인(王守仁, 1472-1528) 만년의 사상이 온전히 담겨 있는 「대학문(大學問)」은 성의 공부와 정심 공부에 대한 양명의 최종적인 입장을 보여준다.

마음의 본체는 성(誠)이다. 성은 언제나 선(善)하기 때문에 마음의 본체는 본디 바르다[正]. 마음 어디에서 바르게 하는 공부를 할 수 있겠는가? 마음의 본체는 본디 바른데 생각[意念]이 발동한 후에야 부정한 마음이 있게 된다. 따라서 마음을 바르게 하고자 하는 자는 반드시 생각이 발동한 그곳에서 바르게 해야 한다.[135]

양명은 『대학』의 정심 공부는 그 자체로는 공부론이 될 수 없다고 한다. 왜냐하면 공부는 기본적으로 부족한 요소를 시정하거나 보완하는 행위인데, 마음 그 자체는 선정(善正)하여 악이나 부정이 없기 때문이다. 따라서 생각(의념)이 작동할 때에 일어난 좋지 않은 상념들을 바로잡는 성의 공부가 공부의 착수처이다.

이처럼 용계의 선천정심 공부론은 양명의 종지를 위반한 혐의가 있다. 물론 용계도 「대학수장해의(大學首章解義)」에서 성의를 공부의 착수처로 본다.

마음은 형체가 없다. 따라서 바르게 할 것이 없다. 정심하고자 하면 이

---

135 『왕양명전집』권26, 「大學問」: 心之本體卽性也. 性無不善, 卽心之本體本無不正也, 何從而用其正之之功乎? 蓋心之本體本無不正, 自其意念發動, 而後有不正, 故欲正其心者, 必就其意念之所發而正之.

는 의념(생각)의 단계에 속한다. 의념은 마음이 발동한 상태다. 마음은 본래 지선(至善)하며 의념이 발동했을 때 비로소 선한 마음, 불선한 마음이 나타난다. 따라서 마음을 바르게 하고자 한다면 반드시 의념을 진실하게 [誠] 가져야 한다.[136]

용계는 마음을 바르게 하고자 하면 이미 무엇을 하겠다는 의념의 단계로 진입하기 때문에 정심 공부가 불가능하다고 말한다. 마음 본체는 미발의 중이고, 정(正)하고자 하면 이미 심(心) 단계가 아닌 의(意) 단계가 된다. 그래서 정심 공부는 원천적으로 불가능하다고 말한다. 이는 양명의 종설에서 전혀 벗어나지 않는 관점이다.

용계는 「영빈서원회기(穎賓書院會紀)」에서도 동일한 입장을 피력한다.

마음은 형체도 없고 위치도 없다. 어떻게 바르게 할 수 있겠는가? 정심하고자 하면 정심의 병폐에 빠지게 된다. 정심 공부는 단지 성의에서 해야 한다. 마음은 선하지 않음이 없고 의념 단계에 비로소 선과 불선이 있게 된다. 선을 진실로 좋아하고 악을 진실로 미워하는 것이 진실함[誠]이다.[137]

용계는 한 걸음 더 나아가 정심의 병폐를 지적한다. 마음을 바르게

---

136 『왕기집』 권8, 「大學首章解義」: 心無形體, 無從而正, 纔欲正心, 卽屬於意. 意者, 心之所發, 心本至善, 動於意, 始有善有不善, 故欲正其心者, 必先誠其意.

137 『왕기집』 권5, 「穎賓書院會紀」: 心無形象, 無方所, 孰從而正之. 纔要正心, 便有正心之病. 正心之功, 只在誠意上用, 心無不善, 意方有善有不善, 善眞好, 惡眞惡, 謂之誠意.

하겠다는 의도는 원래 형체도 위치도 없는 마음을 대상화하여 거기에 매몰되는 이른바 이장(理障)의 병폐를 야기한다고 말한다. 여기서도 용계는 정심 공부는 원천적으로 불가능하며 정심 공부에 매몰되어서도 안 된다고 주장한다.

그렇다면 양명의 만년 고족으로 당시 스승의 만년 종지를 가장 잘 알고 있다고 평가받았던 용계가 스승의 정심 공부 불가론과 위배되고, 본인의 평소 정심 공부 불가론과도 모순되는 듯한 선천정심지학을 제창한 이유가 무엇인지 궁금하다.

용계의 선천정심지학과 후천성의지학을 가장 잘 설명하고 있는 「삼산여택록(三山麗澤錄)」에서 그 답을 찾을 수 있다.

선생(용계)이 준암자(遵巖子), 왕신중(王愼中, 1509-1559)에게 "정심은 선천의 학문이고 성의는 후천의 학문입니다."라고 하자, 준암자가 "반드시 선천과 후천으로 마음[心]과 의념[意]을 나누는 이유는 무엇입니까?" 하고 물었다.

이에 선생이 "일체의 세정기욕(世情嗜慾)이 모두 의념에서 생깁니다. 마음은 본래 지선한데 의념이 발동할 때 불선한 것이 생깁니다. 만약 선천의 심체에서 근본을 세우면 의념이 발동할 적에 자연히 불선한 것이 없게 됩니다. 이렇게 되면 일체의 세정기욕이 끼어들 수 없어서 치양지 공부가 간이하면서도 힘이 덜 듭니다. 이른바 하늘 뒤에 하면서도 하늘의 때를 받는다는 이치입니다. 그런데 후천의 의념에서 근본을 세우면 세정기욕과 섞이게 되어, 뒤엉킨 생각들을 힘써 쳐내지 않을 수 없습니다. 이렇게 되면 치양지 공부는 번난하게 되어 선천의 심체를 회복하고자 할 때 힘이 많이 듭니다. 안자(顔子)는 불선한 마음이 있으면 알지 못한 적이 없고, 알면 다시 행한 적이 없으니 이것이 선천의 간이한 학문입니다.

원헌(原憲)이 극벌원욕(克伐怨慾)을 행하지 않는다는 공부는 후천의 번 난한 학문입니다. 이 둘을 반드시 구분해야 합니다."라고 일러주었다.[138]

선천정심과 후천성의 공부를 올바로 이해하기 위해서는 용계가 다 중적으로 사용하는 의(意, 의념)를 이해해야 한다.

첫째, 의(意)는 마음이 발동한 것으로 공부가 이루어지는 단계이다. 이것이 앞서 인용한 양명의 「대학문」, 용계의 「대학수장해의」와 「영빈 서원회기」에서 성의를 공부의 착수처로 보는 의(意)이다.

둘째, 의(意)는 도덕본심(道德本心)에서 발한 '본래의 마음에서 자연 적으로 현상화[本心自然流行]'한 '순수경험의식'과 도덕본심에서 발하 지 않은 '본심에서 벗어난 의견[離心起意]'인 '일반경험의식'으로 구별된 다.[139] 후자의 일반경험의식이 「삼산여택록」에서 말한 후천성의의 의 (意)이다.

한편 용계는 「삼산여택록」에서 선천정심지학과 후천성의지학을 논 하면서 전자는 '심체입근(心體立根, 심체에서 근본을 세움)'의 공부로 안자 (顔子)가 여기에 해당하고, 후자는 '의상입근(意上立根, 의념에서 근본을 세움)'의 공부로 원헌(原憲)이 여기에 해당한다고 설명한다.

첫째, 심체입근(心體立根)은 무슨 말인가? 용계는 선천정심 공부의

---

138 「왕기집」권1, 「三山麗澤錄」: 先生謂邀巖子曰, "正心, 先天之學也; 誠意, 後天之學 也." 邀巖子曰, "必以先天後天分心與意者何也?" 先生曰, "吾人一切世情嗜慾, 皆從 意生. 心本至善, 動於意, 始有不善. 若能在先天心體上立根, 則意所動, 自無不善. 一切世情嗜慾, 自無所容. 致知功夫自然, 易簡省力, 所謂後天而奉天時也. 若在後 天動意上立根, 未免有世情嗜慾之雜, 纔落牽纏, 便費斬截, 致知工夫, 轉覺繁難, 欲 復先天心體, 便有許多費力處. 顔子有不善未嘗不知, 知之未嘗復行, 便是先天易簡 之學. 原憲克伐怨欲不行, 便是後天繁難之學, 不可不辨也."

139 「왕기집」권5, 「慈湖精舍會語」.

예로 "불선이 있으면 알지 못한 적이 없고 알면 다시 행한 적이 없다 [有不善未嘗不知, 知之未嘗復行]", "마음이 동요하면 바로 알아채고 알아채면 바로 교정한다[纔動卽覺, 纔覺卽化]"[140]라는 안연을 든다.

이때 '재동(纔動)', '미상부지(未嘗不知)'라는 말은 마음이 미발 상태가 아닌 이미 발동한 상태임을 알려준다. 이는 안연이 선천정심지학에 기반 하여 심체입근하는 공부를 할 적에 성의를 공부의 착수처로 삼았다는 말이다. 애초에 용계가 제시한 '선천정심지학'에서 정심은 '심체를 바르게 한다'는 의미가 아니라 '바른 심체(양지)에 따른다'는 의미이다.

둘째, 의상입근(意上立根)은 무슨 말인가? 용계는 후천성의 공부의 예로 "극벌원욕을 행하지 않겠다(克伐怨欲不行)"라는 헌원을 든다. 헌원이 극벌원욕을 행하지 않겠다는 생각은 선하기는 하지만, 여기에는 양지가 절대적으로 주재하는 것이 아니라 그 중간에 자아의 의지가 개입되었기 때문에 후천의 번난한 학문이다. 이 때문에 용계는 양지가 절대적으로 주재하는 선천정심 공부론의 반대쪽에 후천성의 공부론을 대립시켰다.

이미 앞서 서술한 내용에서도 드러나지만 용계가 선천정심 공부를 제시한 이유는 양지에 대한 절대 순종의 공부론을 밝히기 위해서이다. 예를 들어 "좋은 생각이 실은 좋은 생각이 아니니 좋은 생각이든 나쁜 생각이든 모두 버려야 한다. 가령 진흙뿐 아니라 금가루, 옥가루도 시야를 가린다."[141]라고 하여 아무리 착한 생각일지라도 양지의 명령에 따르지 않은 공부는 결국 시야를 가리는 진흙에 지나지 않는다고 한

---

140 『왕기집』 권2, 「水西同志會籍」.

141 『왕기집』 권3, 「九龍紀會」: 好念頭實不好念頭, 俱著不得, 譬之泥沙與金玉之屑, 皆足以障眼.

다. 이런 맥락에서 용계는 후천성의 공부가 비록 위선거악하는 선한 공부일지라도, 일단 자아의 의지가 개입되면 금가루가 시야를 방해하는 것처럼 양지의 주재를 방해하기 때문에 간이한 선천정심 공부와 구별하여 번난하다고 하였다.

2. 선천정심의 내용

용계가 치양지 공부의 궁극적 의미를 밝히기 위해 후천성의 공부의 한계를 지적하고 선천정심 공부를 천명함에 따라 이에 대한 다양한 비판과 오해가 있었다. 예를 들어 즙산(蕺山) 유종주(劉宗周, 1578-1645)가 명대 양명학의 병폐로 현허(玄虛)를 지적한 것이 대표적이다. 이와 같은 비판은 비판자의 냉철한 통찰력에서 나오기도 하지만 종종 오해가 뒤범벅되어 있다. 선천정심 공부론에 대한 평가 역시 예외는 아니다.

아래 인용문들은 성의 공부에 대한 용계의 정론을 보여준다.

> 선사(先師, 곧 양명)는 성의를 『대학』의 요체로 삼았고, 치지격물이 성의를 실천하는 공부다.[142]

> 마음은 형체가 없다. 따라서 바르게 할 것이 없다. 정심하고자 하면 이는 의념(생각)의 단계에 속한다. 의념은 마음이 발동한 상태다. 마음은 본래

---

142 『왕기집』권2, 「書婺源同志會約」: 先師則以『大學』之要, 惟在誠意, 致知格物者, 誠意之功.

지선하며 의념이 발동했을 때 비로소 선한 마음, 불선한 마음이 나타난다. 따라서 마음을 바르게 하고자 한다면 반드시 의념을 진실하게[誠] 가져야 한다.[143]

선천은 심(心, 마음)이고 후천은 의(意, 의념)이다. ……성의를 버리면 정심 공부를 할 곳이 없게 된다.[144]

이 인용문들은 공통적으로 성의 공부가 『대학』 공부의 요체요 정심 공부를 해나가는 착수처[下手處]임을 밝히고 있다.

이제는 용계가 선천정심 공부를 말한 대목을 살펴보자.

고인(古人)들이 성의를 말하고 정심을 말했는데, 이 의미를 잘 알아야 한다. ……어떤 생각[意思]들이 마음을 붙들면 현재 하는 공부가 얽매여서 마치 『대학』에서 '좋아하고 즐거워하는 바가 있으면 바름[正]을 얻지 못한다.'라는 것처럼 된다. 여기서 체득하고 공부에 힘써야 한다.[145]

용계가 잘 이해해야 한다고 한 '이것'은 무엇인가? 그것은 성의와 정심의 구분이다. 정심 공부는 생각[意思, 意見]이 개입되어서는 안 된다. 의사(意思, 혹은 意見)는 나쁜 짓을 하려는 의도만이 아니라 좋은 일을

---

143 『왕기집』 권8, 「大學首章解義」: 心無形體, 無從而正, 纔欲正心, 卽屬於意, 意者, 心之所發, 心本至善, 動於意, 始有善有不善, 故欲正其心者, 必先誠其意.

144 『왕기집』 권6, 「致知議辯」: 先天是心, 後天是意, ……舍了誠意, 更無正心工夫可用也.

145 『왕기집』 권4, 「過豊城問答」: 古人說個誠意, 又說個正心, 此中煞有理會. ……心中多著了些子意思, 見在功夫, 反爲牽擾, 便是有所好樂, 便不得其正, 此處正好體當用功.

하려는 생각일지라도, 그것이 양지의 소리가 아니라 자아의 목소리인 이상 제거해야 한다. 왜냐하면 양지의 주재를 방해하기 때문이다.

용계는 「자호정사회어(慈湖精舍會語)」에서 의념[意]을 두 가지로 나누어 설명한다.

> 의(意)는 '본심이 자연스레 발용한 것이다(本心自然之用).' 예를 들면 거울이 외물을 비출 적에, 변화하는 뭇 만물을 두루 비추면서도 그 자체는 전혀 동요함이 없는 것과 같다. 오직 '마음에서 벗어나서 의념을 일으키면(離心而起意)' 망령되어 무수한 과실과 죄악이 모두 이 의(意)에서 생긴다.[146]

본심이 자연적으로 발동한 의념은 동요한 적이 없는, 본심발현(本心發現)한 '순수경험의식'이며, 본심에서 벗어난 의념은 이심발현(離心發現)한 '일반경험의식'이라고 규정할 수 있다. 용계가 정심 공부를 할 적에 개입하지 말아야 한다고 한 생각[意思]은 이심발현(離心發現)한 의념을 말한다.

사실 용계가 이처럼 본심발현과 이심발현으로 의념을 구분하면서 일반경험의식에 대한 경각심을 높이는 데에는 그만한 이유가 있다.

> 우리가 오늘날 치양지 공부를 절실하게 하지 못하는 데에는 의견(意見)의 폐해가 가장 크다. 의견은 양지의 적이다. ……만약 사람들이 의견을 양지로 삼는다면 이는 도적을 자식으로 삼는 격이다. 이것이 공부가 갈

---

146 『왕기집』 권5, 「慈湖精舍會語」 : 意者, 本心自然之用, 如鑒之應物, 變化云爲, 萬物畢照, 未嘗有所動也. 惟離心而起意, 則爲妄, 千過萬惡, 皆從意生.

리는 가장 중요한 지점이니 분명하게 살피지 않으면 안 된다.[147]

'의견이 양지의 적'이라는 말은 이심기의(離心起意)한 '일반경험의식'이 양지의 적이라는 말이다. 양명학에서 의견이 공부론의 핵심 문제로 등장하는 이유는 무조작하고 무계탁한 성(性)과는 달리 양지는 언제 어디서나 활발발하게 살아서 우리의 도덕행위를 주관하는 존재인데, 일상에서 양지의 소리와 자아의 의견을 쉽게 혼동할 수 있기 때문이다.

사실 양지의 소리를 듣는 것이 원론적으로는 타당하다고 할지라도 일반적인 개인이 양지의 소리를 즉자적으로 들을 수 있는가에 대해서는 양명후학 내에서도 뜨거운 논쟁거리였다. 현성양지 논쟁이 이를 잘 보여준다.

바로 이 지점에서 용계학이 돋보인다. 용계는 우리가 일상에서 즉자적으로 양지의 소리를 듣지 못하는 이유는 자아의 생각을 앞세우고 양지를 신뢰하지 않아서이지 양지가 우리를 깨우지 않은 적은 없다고 한다. 따라서 자아의 생각을 버리고 양지의 소리를 경청하라, 그러면 들을 것이라고 주장한다.

---

147 『왕기집』부록2,「龍溪會語(沖元會記)」: 吾人今日, 致知工夫不得力, 第一意見爲害最重. 意見是良知之賊, ……若人意見以爲良知, 便是認賊作子, 此是學術毫釐之辨, 不可以不察也.

제2절
—
일념입미 공부

용계는 선천정심지학을 통하여 치양지 공부의 궁극적 의미를 드러내고자 하였다. 간이한 선천정심 공부와 번난한 후천성의 공부를 구분하고, 선천정심 공부가 진정한 치양지 공부임을 주장했다.

진정한 치양지 공부는 선천정심 공부인데, 선천정심 공부는 선천적인 가치판단능력인 양지에 절대 순종하는 공부이기 때문에, 이 공부를 일념입미 공부라고도 한다. 선천정심 공부가 강령적으로 치양지 공부의 궁극적 의미를 밝혔다면 일념입미 공부는 구체적으로 실천하는 공부론이다. 이 공부론은 『중용』의 미발이발(未發已發), 『예기』 「악기」의 동정(動靜), 『주역』 「계사전」의 적감(寂感), 양명이 애용한 유사시(有事時)와 무사시(無事時)를 관통한다.

1. 일념입미의 제기

용계학을 긍정하는 입장이든 혹은 부정하는 입장이든 상관없이 용계가 평소 주장한 양지학이 양명 만년의 가르침을 계승하고 있다는 점에서는 공히 공통의 의견을 가지고 있었다. 이런 맥락에서 용계 공부론의 핵심을 차지하는 일념입미 공부론 또한 사설과 관련하여 그 연원 관계를 살필 수 있다.

양명이 강우인 동교(東橋) 고린(顧璘, 1476-1545)에게 답하는 편지글에 '양지일념지미(良知一念之微)'라는 표현이 보인다.

> 양지가 절목과 시변을 주관함이 마치 그림쇠(규구)와 척도가 방원을 그리고 장단을 재는 원리와 같습니다. ……양지를 진실로 실천하면 절목과 시변이 어김이 없으니 천하의 모든 절목과 시변을 제대로 할 수 있습니다. 터럭 끝에서 천리의 어긋남이 시작되는 법이니 나의 양지일념의 세미한 곳[良知一念之微]에서 살피지 않는다면 또한 어디에서 공부를 해야할까요?[148]

세상의 절목과 시변을 판단하는 양지가 발동한 세미한 마음 상태로서 '양지일념지미(良知一念之微)'를 말하고 있는데, 여기서 일념지미는 '양지심체가 최초로[149] 발동한 순수경험의식'이라고 규정할 수 있다. 뒤에서 상술하겠지만 용계는 일념지미(一念之微)에 기반 한 일념입미(一念入微)의 공부론을 정식화한다.

---

148 『전습록』중권, 139조목 : 夫良知之於節目時變, 猶規矩尺度之於方圓長短也. ……良知誠致, 則不可欺以節目時變, 而天下之節目時變不可勝應矣. 毫釐千里之繆, 不於吾心良知一念之微而察之, 亦將何所用其學乎!

149 '곧바로'와 '최초로'는 모두 가능한 표현이지만 '곧바로'는 양지가 사욕의 간섭을 받지 않고 곧장 나온다는 측면을 부각한 표현이라면 '최초로'는 발동한 애초의 양지가 사욕으로 변질되기 이전이라는 측면을 부각한 표현이다. 여기서는 현성양지를 주장한 왕용계의 양지론을 고려하여 '최초로'로 풀이하였다.

다음으로 용계의 염(念) 개념 중 중요하게 다루어지는 무념(無念)과 관련된 논의는 『전습록(傳習錄)』에 수록된, 양명이 명수(明水) 진구천(陳九川, 1494-1562)과 논변하는 대목에서 볼 수 있다.

（구천이）"（선생님께서 방금 생각은 없게 할 수 없으므로 사실상 무념(無念)의 때가 없다고 하시는데）그렇다면 어떻게 정(靜)을 논할 수 있겠습니까?"라고 묻자, 선생(양명)이 "정(靜)은 이제껏 발동(發動)하지 않은 적이 없고 동(動)은 이제껏 적정(寂靜)하지 않은 적이 없다. 계신공구가 곧 염(念)인데 어떻게 동정(動靜)을 나눌 수 있겠는가?"라고 대답했다.[150]

진구천은 무념의 때가 없다고 하면, 사려미맹(思慮未萌)이 미발할 때의 정(靜) 공부는 불가능하다는 의심을 토로한다. 이에 양명은 『중용』의 "보지 못하는 것을 삼가고 듣지 못하는 것을 두려워한다."[151]에서 계신공구가 듣지도 보지도 못한 곧 사려미맹의 상태를 전제로 하고 있지만 계신공구 자체가 사려가 작동한 것임을 들어서 동정(動靜)을 나눌 수 없다고 설명한다.[152]

양명의 가르침을 아직 이해하지 못한 진구천은 다시 염계(濂溪) 주돈이(周敦頤, 1017-1073)의 『태극도설(太極圖說)』의 한 대목을 들어 재차 반문한다.

---

150 『전습록』 하권, 202조목 : 曰, "如此却如何言靜?" 曰, "靜未嘗不動, 動未嘗不靜. 戒謹恐懼卽是念, 何分動靜."

151 『중용』 經1章 : 戒愼乎其所不睹, 恐懼乎其所不聞.

152 주자는 中和新說을 체오한 후에 미발의 性體를 함양하는 공부론으로 미발시 공부와 이발시 공부에 대해 정리하길, 미발시는 '思慮未萌, 事物未至'의 상태를 말하며 이발시는 '思慮已萌(萌焉), 事物已至(交至)'의 상태로 규정한다. 한편 미발시에 공부가 가능한 전제로 주자는 知覺不昧를 근거로 제시하는데 이는 왕양명이 논하는 계신공구와 같다고 할 수 있다.

(구천이) "주자(周子)는 왜 '중정인의(中正仁義)로 정(定)하고 정(靜)을 주(主)로 한다.'라고 했습니까?"라고 묻자, (양명이) "무욕(無欲)이기 때문에 정(定)한 것이다. 이는 '동(動)도 정(定)이고 정(靜)도 정(定)이다.'라는 정(定)과 같으며 본체를 주(主)로 한다는 말이다. 계구(戒懼)하는 마음은 활발발하며 이것이 천기(天機)가 불식(不息)한 자리이다. 이른바 '천명(天命)은 깊고도 끊임없다.'라는 말과 같다. 본체가 멈추게 되면 이는 사념(私念)이 된다."라고 답했다.[153]

여기서 양명은 '무욕(無欲)이 주정(主靜)' 공부라는 의미의 주정(主靜)이란 고목사회(枯木死灰)와 같은 적멸(寂滅)한 의식 상태가 아니라 천리에 순응하여 발동함으로써 외물에 동요하지 않는 '순수경험의식'을 유지하는 데 있다고 답한다. 따라서 이 '순수경험의식'이 발동하지 않는다면 이것이야말로 사념(私念)이 된다. 이 '동역정(動亦定), 정역정(靜亦定)'의 입장은 용계의 일념입미 공부론에도 그대로 수용된다.

이상으로 용계 일념입미 공부론을 사설과의 연원 관계에서 살펴보았다. 이제는 용계 공부론 내의 연원 관계를 살펴볼 차례인데, 황종희가 『명유학안』에서 대서특필한 선천정심 공부론과의 관계를 통하여 일념입미 공부론의 위상을 살펴보고자 한다.

이미 밝힌 것처럼 선천정심 공부론과 일념입미 공부론은 밀접한 연관을 맺고 있다. 용계가 양명의 성의 공부론을 후천성의 공부와 선천정심 공부로 세분하고 자신의 선천정심 공부론을 후천성의 공부론과

---

153 『전습록』 중권, 202조목 : 曰, "周子何以言, '定之以中正仁義而主靜'?" 曰, "'無欲故靜', 是'靜亦定, 動亦定'的定字. 主其本體也, 戒懼之念, 是活潑潑地, 此是天機不息處, 所謂'維天之命, 於穆不已.' 一息便是死, 非本體之念卽是私念."

차별화시키면서 일념입미 공부론이 등장한다.

다시 말하면 용계가 양명이 주장한 성의 공부론을, 첫째는 의념이 발동한 곳에서 공부가 이루어진다는 성의 공부와, 둘째는 이심기의(離心起意)한 후천성의 공부로 구분하면서 후천성의 공부와 차별화된 선천정심 공부를 주장하는 과정에서, 후천성의 공부와 구별된 성의 공부를 제시할 필요가 있었고 여기서 일념지미(一念之微)에 근본을 둔 일념입미(一念入微)의 성의 공부론을 제시한다.

우선 명확한 이해를 위해 일념지미(一念之微)와 일념입미(一念入微)를 구분하겠다.[154] 일념지미는 『서경(書經)』「대우모(大禹謨)」의 도심유미(道心惟微)와 표현법이 유사하듯 내용상에도 밀접한 관계가 있다. 도심유미(道心惟微)가 도심(道心)은 은미(隱微)하다는 의미이듯, 일념지미(一念之微)는 양지심체에서 최초로 발현한 '순수경험의식'으로서의 은미한 일념이라는 의미다. 그리고 일념입미(一念入微)는 일념이 은미한 상태로 들어가는 공부로서 일념지미(一念之微)에 기반 한 공부이다.

이상의 선행 이해를 바탕으로 이제 일념입미 공부에 대해 살펴보고자 한다. 용계는 80세에 이점암(李漸庵)에게 보낸 두 통의 편지 중 첫째 편지에서, '일념입미처(念入微處)'에서 하는 공부를 이렇게 서술한다.

우리가 인생을 살아가는 데에는 무슨 기묘한 말이나 특별한 방법은 없습니다. 단지 일념(一念)이 발동한 그 은미(隱微)한 자리에서 생사를 논할

---

154 왕용계의 통행본 『전집』을 살펴보면 一念之微, 一念入微, 一念之初機, 一念獨知之微, 一念之陽, 一念獨知 등 一念과 관련된 표현들이 다양하게 등장한다. 혹자의 통계에 의하면 80여 곳이나 된다고 하는데 그 중에서 一念之微와 관련된 내용이 가장 많다. 彭國翔, 『良知學的展開』(北京 : 三聯書店, 2005), 129쪽.

뿐입니다. ……이 생각이 면밀해지면 도력(道力)이 업력(業力)을 이겨서 습기(習氣)가 침범할 수 없고 잡념이 들어올 수 없습니다. 이것이 근본을 맑게 하는 제일의 공부로 이른바 (학문의) 종요(宗要)가 됩니다.[155]

용계는 '일념입미처'에서 하는 공부가 '근본을 맑게 하는 제일의 공부[端本澄源第一義]'요 학문의 종요가 된다고 본다. 또한 습기(習氣)와 잡념(雜念)의 공격에서 양지심체를 방어하는 유일한 공부법이라고 말한다. 따라서 이 공부야말로 우리의 삶을 업력(業力)의 굴종에서 도력(道力)의 자유로 전화시킬 수 있는, 곧 유가의 수양론이 지향하는 운명(運命)에서 천명(天命)으로의 상승이라는 도덕적 자유를 가능하게 하는 원동력이라고 말한다.

한편 유가 수양론이 추구하는 도덕적 자유를 가능하게 해주는 '일념입미처'에서 하는 공부가 바로 양지심체에 근본을 둔 공부임을 이점암에게 보내는 두 번째 편지에서 밝히고 있다.

『역』에서 '정길회망(貞吉悔亡)'이라고 했는데 후회(後悔)는 마음이 (사욕에) 동요되었기 때문입니다. 양지를 믿고 마음에서 곧장 발동하였다면 하늘의 법칙이 나에게 있게 되니 이것이 이른바 '정(貞)하여서 길(吉)하고 후회가 없다'는 말입니다.[156]

---

155 『왕기집』 권11, 「答李漸庵(第1書)」: 吾人此生幹當, 無巧說, 無多術, 只從一念入微處 討生死, ……此念綿密, 道力勝於業力, 習氣自無從而入, 雜念無從而生, 此是端本澄 源第一義, 所謂宗要也.

156 『왕기집』 권11, 「答李漸庵(第2書)」: 『易』曰, "貞吉悔亡", 悔生於動, 自信良知, 直心而 發, 天則在我, 是謂貞吉而悔亡.

용계는 양지심체에서 곧바로 발한 '순수경험의식'은 천칙이 발동한 생각으로 외물에 동요된 '일반경험의식'과는 다르기 때문에 후회함이 없다고 말한다. 그러면 이 '동요함'과 '동요하지 않음'의 구별이 중요하지 않을 수 없는데, 이 구별은 양지심체가 즉발한 '일념입미처'에 달려 있다.

인위적인 안배(按排)를 하게 되면 마음이 차분하지 못하고[憧憧] 끊임없이 이랬다저랬다[起滅] 하면서 욕심이 물밀듯이 밀려옵니다. 이것이 "벗이 너의 생각을 좇는다."는 말로 타고난 본연의 마음이 아닙니다. 묵정(默靜)하면서 깊이 체구(體究)하다 보면 마음이 동요하거나 동요하지 않는 경우는 일념입미처(一念入微處)에서 결정되는 사실을 알게 됩니다.[157]

따라서 "이것(일념입미처)은 본심의 적연한 영추(靈樞)로 의식으로는 감당할 수 있는 것이 아니다."[158]라고 결론을 짓는다. '일념입미처'는 능소(能所)와 호오(好惡), 선악(善惡)의 구별을 가지고 있는 '일반경험의식'으로는 도달할 수 없고 양지심체에서 즉발한 '순수경험의식'에서만 가능하다는 입장이다. 이렇기 때문에 일념입미 공부론이 선천정심 공부론의 구체적인 실천 공부론이 된다.

---

157 『왕기집』 권11, 「答李漸庵(第2書)」: 纔涉按排, 即爲憧憧, 萬起萬滅, 衆欲相引而來, 是爲"朋從爾私", 非自然之往來也. 試於默坐反觀時, 默加體究, 動與不動, 只從一念入微處決之.

158 『왕기집』 권11, 「答李漸庵(第2書)」: 此乃本心寂然之靈樞, 非可以意識承領而得也.

2. 기(幾)에서의 공부

위에서 살펴본 것처럼 일념입미 공부는 양지 일념지미에 기반한 공부론이다. 양지는 본래 시비선악을 분별하는 선천적 가치판단능력인데, 이 양지가 의식으로 작동하는 방식이 일념지미이고 이 일념지미에 순종하여 실천하는 것이 일념입미 공부론이다. 바로 이 미(微)에 기반하여 입미(入微)하는 공부가 '기상용공(幾上用功)'이다.

이해를 돕기 위하여, 일념입미 공부론인 기(幾)에서의 공부를 논하기에 앞서 염(念)에 대해 살펴보고자 한다. 용계가 염(念, 생각)에 대해 비교적 체계적으로 서술한 자료로는 「염당설(念堂說)」을 들 수 있다.

> 염(念, 생각)은 마음이 발용한 것이다. 염에는 두 가지가 있는데 하나는 금심(今心)이 발하여 염이 된 것으로 현재심(現在心)이자 정념(正念)이다. 하나는 이심(二心)이 발하여 염이 된 것으로 장영심(將迎心)이자 사념(私念)이다. 정심과 사념을 본체의 명각이 모른 적이 없는데 이것이 양지이다.[159]

염(念, 생각)은 마음이 발동한 것으로 두 가지가 있다. 하나는 양지심체가 바로 발한 허령지각(虛靈之覺)으로 현재심(現在心)이고 정념(正念)이다. 다른 하나는 순일(純一)하지 않는 습심(習心)이 발한 기질지각(氣質之覺)인 장영심(將迎心)으로 사념(私念)이다. 여기서 이심(二心)이란

---

159 『왕기집』 권17, 「念堂說」: 念者, 心之用也. 念有二義, 今心爲念, 是爲見在心, 所謂正念也. 二心爲念, 是爲將迎心, 所謂私念也. 正與私, 本體之明, 未嘗不知, 所謂良知也.

순일(純一)하지 않다는 의미이고, 금심(今心)이란 즉발한 마음이라는 의미이다. 현재심(現在心)이란 당하현성(當下現成)한 마음이라는 의미이고, 장영심(將迎心)이란 사려계산이 들어간 마음이다.

한편 이 인용문을 통해서 염(念)과 의(意)의 관계, 염(念)과 양지의 관계를 추론할 수 있다. 이하에서는 삼자(念, 意, 良知)의 관계를 통해서 염(念) 개념을 구체적으로 살펴보겠다.

첫째, 의(意)와 염(念)의 구분 : '염(念)이 마음의 발용'이라는 설명은 '의(意)가 마음의 발용[意者心之所發]'이라는 설명과 비슷한데, 그렇다면 염(念)과 의(意)의 차이는 어디에 있는가? 본래 '마음이 발동한 것이 의이다'라는 규정은 양명학 내에서는 기본에 속하는 것이고 용계 또한 여러 곳에서 '마음이 발동한 것이 의'라고 한다.

사실 의(意)와 염(念)은 모두 마음이 발동한 것으로는 같지만, 용계가 후천성의 공부와 차별화된 선천정심 공부를 제창하면서 일념입미 공부를 제시했기 때문에 어떤 차이가 그 안에 내포될 수밖에 없다. 예를 들어 용계가 "『대학』의 요체는 성의에 있는데 성의 공부는 일념지미에 근원한다."[160]라는 말을 하는데, 성의 공부의 승패를 좌우하는 일념입미 공부의 염(念)은 성의의 의(意)와 구별될 수밖에 없다.

정리하면, 의(意)가 경험적 의식 전체를 지칭한다면 염(念)은 마음이 순간적으로 발동하여 만들어낸 의식 상태를 말한다. 의(意)는 발동한 마음의 전체 지향 활동을 지칭하고, 염(念)은 이 마음의 발동 중 한 순간(지점)을 지칭한다. 곧 '염(念)은 의(意)를 구성하는 최소 단위'라고 할 수 있다.

용계가 사용하는 본념(本念)과 사념(私念) 혹은 정념(正念)과 욕념(欲

---

160 『왕기집』 권5, 「竹堂會語」 : 『大學』之要在誠意, 其機原於一念之微.

念) 등의 용례를 고려하면 염(念) 자체는 가치중립적이다. 이에 비해 일념(一念)이라는 표현은 주로 긍정의 의미로 사용된다. 예를 들면 일념은 "양지본심에서 최초로 발현한 순일(純一)한 생각"이요, "둘이 아닌 하나로 전념(轉念)이 아닌 순일한 생각이며 최초의 생각이다."[161]라는 표현이다.

둘째, 정념(正念)과 양지의 관계 : 현재심(現在心)이 정념(正念)이라고 하는데, 양지심체가 당하현성(當下現成)한 현재양지(現在良知, 곧 現成良知)인 현재심이 정념이라는 것은 무엇을 말하는가? 「서사자경권(書査子警卷)」에서는 이렇게 말한다.

천고(千古)의 성학(聖學)은 단지 당하(當下)의 일념(一念) 안에 있습니다. 이 염(念)이 응적(凝寂)하고 원명(圓明)하면 곧 성인에 들어가는 진정한 종자가 되며 …… 따로 교묘한 방법은 없습니다.[162]

성인에 들어가는 진정한 종자로서 당하(當下)의 일념(一念)이란 당하(當下)에 현성(現成)한 현성양지이다. 그러므로 정념(正念)으로서의 일념지미는 현재양지(현성양지)와 비슷하다. 다만 굳이 분류하자면, 앞에서 인용한 「염당설」의 "정심(正心)과 사심(私心)을 본체(本體)의 명각(明覺)이 모른 적이 없었는데 이것이 양지이다."라는 문장에 의거하면 명각인 현성양지는 지각의 소이연으로서 본체에 강조점이 있고, 정념인

---

161 『왕기집』 권5, 「南雍諸友鷄鳴憑虛閣會語」: 今人乍見孺子入井, 皆有怵惕惻隱之心, 乃其最初無欲一念, 所謂元也. 轉念, 則爲納交要譽, 惡其聲而然, 流於欲矣. 元者始也, 亨通利遂貞正, 皆本於最初一念統天也.

162 『왕기집』 권16, 「書査子警卷」: 千古聖學只有當下一念, 此念凝寂圓明, 便是入聖眞根子. ……更無巧法.

일념지미는 양지심체의 발현에 강조점이 있다.

여기까지 의(意), 염(念), 양지에 대한 개념 구분을 지었다. 이제는 '기상용공(幾上用功)'에 대해서 살펴볼 차례이다. 본래 정념인 일념지미에 순종하여 실천하는 일념입미 공부는 즉체즉용(卽體卽用)의 체용론을 기반으로 적감(寂感), 동정(動靜), 이발미발(已發未發), 유사시무사시(有事時無事時)를 관통하는 공부론이다.

사람의 성정은 마음의 본체와 작용이요 마음이 적연하고 감통하는 준칙입니다. 그런데 성정을 제대로 이해하려면 억지로 내면에서 생각을 제어한다거나 외면에서 조신하게 몸가짐을 유지한다고 해서 되지 않습니다. 이 요체는 일념이 은미한 곳에 있습니다.[163]

양명학 공부는 마음을 닦는 공부이다. 이 마음 밖에는 사물도 없고 이치도 없기 때문에 마음은 공부의 절대 대상이다. 마음은 성(性)과 정(情)으로 이루어져 있으며 성은 적(寂)이요 정은 감(感)이다. 한편 이 성정은 즉체즉용(卽體卽用)의 관계를 형성하고 있기 때문에 성(性) 안에 들어가서 제어하려는 공부는 구중(求中) 공부론으로 침공(沈空)한 공부론이고, 정(情)에서 교정하려는 공부는 축물(逐物)의 공부론으로 안배(按排)하는 공부론이니 모두 병폐가 있다. 따라서 체용(體用)을 겸하고 성정(性情)을 겸하는 공부를 하려면 '일념입미처(一念入微處)'에서 해야 한다고 용계는 주장한다.

---

163 『왕기집』권16, 「書顧海陽卷」: 性情者, 心之體用, 寂感之則也. 然欲理會性情, 非可以力制於中, 而矯飾於外, 其要存乎一念之微.

사람의 마음은 본래 적연할 때는 중정(中正)하고 감통할 때는 화적(和適)합니다. 일념(一念)은 마음이 적연하고 감통하는 계기입니다. 일념의 은미한 곳에 삼가면 마음이 기울어거나 어그러짐 없이 중화(中和)한 마음이 됩니다.[164]

양지심체는 본래 중화의 원리로 운행되기 때문에 양지심체가 곧바로 발현한 일념(一念)은 적연(寂然)과 감통(感通)을 관통한다. 따라서 적연과 감통을 이루는 공부는 일념에서 해야 하고, 여기서 중화가 구현된다. 결국 『중용(中庸)』에서 말하는 대본(大本)과 달도(達道)가 모두 이루어지는 공효(功效)가 나온다.[165] 이상의 내용을 살펴보면, 일념입미공부는 적감(寂感), 동정(動靜), 이발미발(已發未發), 유사시무사시(有事時無事時)를 관통하는 공부론임을 알 수 있다.

바로 이 정념(正念, 一念之微)에 기반한 공부론을 용계는 다른 곳에서 기(幾)에서의 공부로 풀어가고 있다. 예를 들어 그와 양지론에 대해서 치열한 논쟁을 펼쳤던 쌍강(雙江) 섭표(聶豹, 1487-1563)의 입장을 비판한 「치지의변(致知議辨)」에서 섭표의 선체후용(先體後用), 전적후감(先寂後感), 선정후동(先靜後動), 선미발후이발(先未發後已發)의 공부론을 논박하는 내용 중에 기(幾)를 논한 대목이 나온다.

양지는 본래 타고난 지각(知覺)으로 은미(隱微)하면서도 현현(顯見)한 속성을 가지고 있는데 기미[幾]라고 하는 것이 그 속성을 지칭하는 말입니

---

164 『왕기집』권16,「書顧海陽卷」: 人心本自中和, 一念者寂感之機也. 致謹於一念之微, 則自無所偏倚, 無所乖戾, 中和由此而出.

165 『왕기집』권16,「書顧海陽卷」: 中則性定, 和則情順. 大本立而達道行.

164 양명학의 새로운 발견

다. 양지 지각은 본체(本體)로 논하면 진실[誠]하면서 그 발용은 신묘[神]합니다. 그리고 기미[幾]는 본체와 작용, 적연과 감통을 관통하기 때문에 유와 무 사이에 있다고 합니다.[166]

여기서 용계는 적감(寂感)을 관통하는 양지의 일념지미를 기(幾)로 표현한다. 본래 이 성(誠)·신(神)·기(幾)는 주자(周子)『통서(通書)』에서 따온 것으로, 양지를 실체(實體)로서의 성(誠)과 묘용(妙用)으로서의 신(神)으로 설정하고 성(誠)이 신(神)으로 발동하는 유무(有無)의 기미(幾微)를 기(幾)로 설명하고 있다.

정리하면, '일념'은 의식의 전 과정 중에서 본심이 발현한 순수일념(純粹一念)을 부각시키는 것이라면 기(幾)는 동정(動靜), 적감(寂感), 유무(有無), 은현(隱現), 체용(體用) 등이 확연히 나누어지기 이전이자 성체(誠體)와 신용(神用)을 연결하는 논리적인 고리이다. 이를 일념입미 공부론과 연결하면, 일념입미 공부가 적감(寂感)과 동정(動靜)과 미발이발(未發已發)과 유사시무사시(有事時無事時)를 관통하는 공부론임을 기(幾)를 통하여 분명하게 밝혔다고 할 수 있다.

3. 일념자반 공부

지금까지 살펴본 일념입미 공부론의 배경 및 내용을 요약하면 '일념(一念, 곧 一念之微)'은 양지가 발동한 '순수경험의식'으로 치양지 공부

---

166 『왕기집』권6, 「致知議辯」: 良知者, 自然之覺, 微而顯, 隱而見, 所謂幾也. 良知之實體
爲誠, 良知之妙用爲神, 幾則通予體用, 而寂感一貫, 故曰有無之間者幾也.

를 가능하게 하는 본체이고, '일념입미(一念入微)'는 공부 주체가 은미한 일념(一念)을 자각하고 실천하는 공부론이며, 기(幾)는 동정(動靜)과 적감(寂感)을 관통하는 일념입미 공부론을 지칭한다.

이제는 용계가 주장한 일념입미 공부론의 실제적인 효용을 논할 차례이다. 본래 양명학이 구성지학(求聖之學)으로서 자기 체험에 바탕한 이론 체계라는 점은 용계학도 마찬가지다. 따라서 교학으로서 용계학이 구체적인 수행론과 효용론을 동시에 갖추고 있을 것은 당연하다. 이 효용론과 관련된 내용이 일념자반(一念自反) 공부이다.

용계는 일념지미(一念之微), 일념입미(一念入微)와 더불어 일념자반(一念自反)이라는 용어를 사용하는데 「맹자고자지학(孟子告子之學)」에서 이렇게 말한다.

> 양지는 사람들에게 천 년을 두고 한결같이 있어왔다. 생각[一念]을 돌이
> 키면 곧 본심(本心)을 얻는다.[167]

여기에 밝힌 "생각을 돌이키면 곧 본심을 얻는다[一念自反, 即得本心]."라는 말을 여러 곳에서 사용한다.

> 양지는 사람들에게 천 년을 두고 한결같이 있어왔다. 가령 오래된 거울
> 에 먼지가 쌓여 있다고 할지라도 밝은 본체가 없어지지는 않는다. 따라
> 서 생각[一念]을 돌이키면 본심을 얻는다.[168]

---

167 『왕기집』권8, 「孟子告子之學」: 良知在人, 千古一日, 一念自反, 即得本心.
168 『왕기집』권8, 「意識解」: 良知在人, 千古一日, 譬之古鑒, 翳於塵沙, 明本未嘗亡, 一念自反, 即得本心.

인용한 "일념자반, 즉득본심(一念自反, 卽得本心, 일념을 돌이킬 수 있다면 곧 본심을 얻을 수 있다)"에서 일념(一念)은 우리가 '성공 여부는 한순간의 생각에 달렸다'라고 할 때의 '생각'과 비슷하고, '자반(自反)'은 용계가 안연의 공부를 논할 때 자주 인용하는 "마음이 동요하면 바로 알아채고, 알아채면 바로 잘못을 고친다.[纔動卽覺, 纔覺卽化]"에서의 '즉각(卽覺)'과 비슷하다. 본심(本心)은 본래의 마음이다. 풀이하면 우리가 일상의 생활 중에 양지심체대로 하지 못하는 경우가 있지만, 만약 생각을 돌이키기만 하면 양지심체를 회복할 수 있다는 의미이다.

이 주장을 「화양명륜당회어(華陽明倫堂會語)」에서 비교적 자세히 논하고 있다.

하늘이 낸 재질에는 중간 근기의 사람이 가장 많고 상지(上智)의 근기와 하우(下愚)의 근기는 수를 셀 수 있을 정도입니다. ……옛 분들은 대개 중간 근기의 사람을 위주로 가르쳤습니다. 지금 우리가 천하에 있는 모든 책을 독파하고 만물을 궁구해야만 도에 들어갈 수 있다면 이는 불가능한 일입니다. 진실로 일념(一念)의 은미(隱微)한 곳에서 공부를 착수하여 일념을 돌이킬 수 있다면 곧 본심(本心)을 얻을 수 있습니다.[169]

어떤 문제를 접했을 때 혹은 어떤 난관에 부딪쳤을 때 내면의 소리에 귀 기울어 순종한다면 이는 양지의 주재에 순종하는 태도이다. 여기서 일념자반하면 본심을 얻을 수 있는 근거는 이 일념이 양지의 단

---

169 『왕기집』 권7, 「華陽明倫堂會語」: 天之生才, 中人爲多, 上智下愚間可數也. ……古人立敎, 皆爲中人而設. 吾人今日之學, 若欲讀盡天下之書, 格盡天下之物, 而後可以入道, 則誠有所不能. 苟只求諸一念之微, 向裡尋究, 一念自反, 卽得本心.

예이기 때문임은 굳이 설명하지 않아도 자명하다.

사실 "생각을 돌이키면 곧 본심을 얻는다."라는 용계의 말은 양명이 설한 치양지 공부론에 근거한다. 이하에서는 치양지 공부의 난이를 중심으로 논의를 전개하겠다.

어느 날 양명이 치양지 공부가 명백간이한 공부라는 확신을 갖게 된 소회를 제자들에게 피력한다.

> 선생(양명)께서 "'오직 천하의 성인이어야 총명예지(聰明睿智)할 수 있다'는 말을 전에 봤을 때에는 얼마나 현묘하던지! 지금 보니 원래 사람마다 모두 있는 것을. 귀는 원래 잘 듣고 눈은 원래 잘 보고 마음은 원래 잘 안다. 성인은 단지 하나가 능한데 그게 바로 양지이고, 중인이 능치 못함은 단지 치양지하지 않았을 뿐이다. 얼마나 명백간이(明白簡易)한가!"라고 하셨다.[170]

사람들이 본래 총명예지(聰明叡智)하듯이 선천적으로 양지를 가지고 있기 때문에 공부는 오직 양지를 극치하는 치양지 하나면 된다는 확신을 갖게 되면서, 이 공부야말로 진정 명백간이(明白簡易)하다는 감탄을 쏟아낸다. 애초에 양명은 "내가 이역에 거한 3년 동안에 성인의 학문은 간이광대(簡易廣大)하다는 것을 알았다."[171]라고 하여 심즉리야말로 간이광대하다는 확신을 가지고 있었는데, 이제는 치양지 공부에도 동일한 평가를 내린다.

---

170 『전습록』하권, 283조목 : 先生曰, "惟天下之聖, 爲能聰明睿知', 舊看何等玄妙! 今看來原是人人自有的. 耳原是聰, 目原是明, 心思原是睿知, 聖人只是一能之爾, 能處正是良知. 衆人不能, 只是簡不致知. 何等明白簡易!"

171 『전습록』상권, 124조목 : 居夷三載, 見得聖人之學, 若是其簡易廣大.

간이(簡易)라는 말은 『주역』에서 천지의 공능을 묘사하기 위해 사용한 용어이다. 즉 천지의 공능이 억지로가 아니라 저절로 이루어지는 모습을 「계사」의 기록자가 '간이'라는 용어로 묘사하였다. 이것이 양명 심학에서는 인간의 마음에 선천적으로 내재한 도덕실천능력을 묘사하는 말로 사용되었다. 즉 외부에서 도덕표준을 찾아내는 공부에 비해 간단하고 쉽다는 의미를 담고 있다.

그렇지만 총명예지(聰明叡智)를 누구나 가지고 있어서 간이(簡易)하다는 이 말이 곧바로 실제 세상에서 누구나 총명예지를 발휘한다는 것을 담보하는 의미는 아니다. 예를 들면 총명예지가 누구에게나 있음을 들어 명백간이(明白簡易)를 말했던 양명이 다른 곳에서는 이렇게도 말한다.

> (치지의 본지를 파악하는 것을) 어찌 쉽다고 할 수 있겠는가? 반년 정도 공부하고 어떤지 보고 1년 정도 공부하고 어떤지 보아라. 공부가 오래되면 될수록 깊이가 같지 않음을 느끼게 될 것이다.[172]

양명은 치양지 공부가 분명히 간이(簡易)하지만 반드시 쉽지만은 않음을 알려준다. 왜냐하면 양지가 원래 우리 안에 존재하기 때문에 치양지 공부가 간이한 것은 틀림없지만 그 구체적인 실천은 여전히 기질과 습심의 방해를 극복해야 하기 때문이다.

성인 이하는 마음이 가려지지 않을 수 없으니 반드시 매사에 마음을 바

---

172 『전습록』 하권, 210조목 : 何言之易也? 再用功半年看如何. 又用功一年看如何. 功夫愈久, 愈覺不同. 此難口說.

로잡는 격물(格物) 공부로 양지를 확충해나가야 한다.[173]

이는 자기도 모르게 어느새 마음에 사욕이 스며드는 욕망의 바다를 항해하는 인간을 향하여 양명이 부단한 치양지 공부를 당부하는 내용이다.

결국 치양지 공부가 간이한 것은 양지를 본래 가지고 있기 때문이고, 치양지 공부가 어려운 것은 사욕이나 기질[174] 등의 현실적인 장애들이 방해하기 때문이다. 그렇다면 이 '원래(原來)의 간이(簡易)'와 '현실(現實)의 지난(至難)' 사이에서 수양자는 어떻게 해야 하는가? 이에 양명은 이렇게 말한다.

> 가령 길을 가다 넘어졌으면 훌훌 털고 벌떡 일어나면 된다. 사람들에게 안 넘어진 척할 필요가 없다. 세상이 알아주지 않더라도 근심하지 않고 제대로 대접받지 못하더라도 개의치 않고 묵묵히 오직 양지만을 붙잡고 나가시길! 비웃음과 훼방을 당하든지 칭찬을 듣든지 욕을 먹든지 간에 꾹 참고 오로지 양지가 마음을 주재하다 보면 어느새 공부에 힘이 붙고 세상일에 초연해져서 마음이 흔들리지 않는다.[175]

---

173 『전습록』상권, 118조목 : 自聖人以下. 不能無蔽. 故須格物以致其知.

174 『전습록』중권, 164조목 : 良知本來自明. 氣質不美者, 渣滓多, 障蔽厚, 不易開明. 質美者, 渣滓原少, 無多障蔽, 略加致知之功, 此良知便自瑩徹, 些少渣滓, 如湯中浮雪, 如何能作障蔽.

175 『전습록』하권, 243조목 : 譬如行路的人遭一蹶跌, 起來便走, 不要欺人做邪不曾跌倒的樣子出來. 諸君只要常常懷箇, 遯世無悶, 不見是而無悶之心, 依此良知忍耐做去, 不管人非笑, 不管人毀謗, 不管人榮辱, 任他功夫有進有退, 我只是這致良知的主宰, 不息久久, 自然有得力處, 一切外事亦自能不動.

양명의 이 말을 곰곰이 헤아려보면 간이(簡易)는 지난(至難)한 치양지 공부를 인도하는 간이임을 알 수 있다. 즉 지난한 치양지 공부를 떠난 간이한 치양지 공부도 없고, 간이한 치양지 공부를 떠난 지난한 치양지 공부도 없음을 말해준다.

치양지 공부에 대한 양명의 간이(簡易)와 지난(至難)의 관점은, 용계의 "생각을 돌이키면 곧 본심을 얻는다."는 입장에 동일하게 대응할 수 있다.

> 천고의 성학은 지금 여기에서 일어나는[當下] 한 생각[一念]에 달려 있다. 이 생각이 응적(凝寂)하고 원명(圓明)하면 곧 성인에 들어가는 진정한 종자(種子)가 된다.[176]

바로 이 당하(當下)의 일념(一念)이 응적(凝寂)하고 원명(圓明)하면 본심(本心)을 얻게 되고, 이 본심을 얻게 되면 바로 성인에 들어가는 진정한 종자(種子)가 된다. 따라서 용계는 광자(狂者)가 성인이 될 수 있는 방법을 다음과 같이 말한다.

> 이른바 한 점 영명한 지각[一點靈明]이 양지이고, 정의입신(精義入神)이 치양지의 공부입니다. 양지 외에 별도의 지(知)를 찾는 노력은 인위적인 천착[鑿]이고, 치지(致知) 공부를 놔두고 별도의 공부를 한다면 방탕[蕩]하게 됩니다. 그 갈림길[契機]이 일념(一念)의 은미(隱微)한 곳에 달려 있으니 성인(聖人)과 광자(狂者)의 분별은 그 일념을 놓치느냐[罔] 아니면

---

176 『왕기집』권16, 「書査子警卷」: 千古聖學只有當下一念, 此念凝寂圓明, 便是入聖眞根子.

붙잡느냐[克]에 달려 있습니다. 이것이 우임금이 말한 정일(精一)의 가르침이고 공자가 말한 퇴장(退藏)의 종지로 뭇 성인들이 주고받은 학문입니다.[177]

"성인과 광자의 분별은 그 일념을 놓치느냐 아니면 붙잡느냐에 달려 있습니다."라는 표현은 양명학의 진수를 담고 있는 문장으로 세심한 이해가 필요하다. 광자와 견자의 예시는 『논어』에도 나오고 『맹자』에도 나오는데 『논어』의 어조는 광자와 견자를 동등한 수준에서 나열하고 있다면, 『맹자』에서는 견자보다 광자를 한 등급 위로 평가한다. 이 차이에 유의할 필요가 있으며, 양명학에서는 맹자와 마찬가지로 광자를 견자보다 더 높이 평가하고 있음은 주지의 사실이다.

한편 성인과 광자의 차이가 생각을 망(罔)하냐(놓치느냐) 극(克)하냐(붙잡느냐)에 달려 있다는 말은, 성인이 성인 되는 이유가 생각을 극(克)했기 때문이고 광자가 광자 되는 이유가 생각을 망(罔)했기 때문이라는 의미인데, 이는 생각의 극(克)과 망(罔)을 통하여 성인과 광자를 구분한 것으로서 바로 일념의 자반(自反)과 불능자반(不能自反)을 통하여 득본심(得本心)과 부득본심(不得本心)을 논하는 구조와 동일하다. 결국 일념자반(一念自反)하면 즉득본심(卽得本心)하기 때문에 간이(簡易)한 공부론이지만, 일념(一念)이라도 불능자반(不能自反)하면 부득본심(不得本心)하기 때문에 지난(至難)한 공부론인 셈이다.

---

177 『왕기집』권7, 「新安斗山書院會語」: 所謂一點靈明者, 良知也. 精義入神者, 致其良知之用也. 外良知而知, 謂之鑿; 舍致知而學, 謂之蕩. 其機存乎一念之微, 聖狂之分, 罔與克之間而已. 是爲虞廷精一之傳, 孔門退藏之旨, 千聖之學脈也.

제3절
—
무공부의 공부

양지는 본체이고 치양지는 공부다. 양지는 선천적으로 내재한 가치 판단능력이고 치양지는 그 선천적 양지를 실천하는 공부다. 여기서 내면의 양지에 절대 순종하는 치양지 공부가 원칙적으로는 간이(簡易)하지만 실제로 치양지 공부는 어렵다.

그렇다고 하여 다음과 같은 주장은 적절하지 못하다. 즉 '실제적인 치양지 공부는 어렵기 때문에 치양지 공부가 간이하다는 주장은 원론적인 범위 내에서만 타당할 뿐이다. 간이한 공부를 지나치게 강조하다 보면 공부를 소홀히 하게 되고 심지어는 공부 자체를 무시하게 된다.'는 결론이다. 이와 같은 추론이 틀린 이유는 치양지가 양지를 밝혀내는 작업이 아니라 양지에 온전히 맡기는 공부론이기 때문이다.

치양지 공부가 어려운 이유는 바로 이 양지에 온전히 맡기는 공부가 쉽지 않다는 사실이다. 자아의 의념은 끊임없이 양지에 온전히 순종하는 공부를 방해한다. 이 지점이 치양지 공부가 어려운 진짜 이유다. 이를 제대로 이해하여야 양명 공부론을 계승한 용계 치양지 공부론의 진정한 의의를 발견할 수 있다.

용계는 양지에 절대적으로 복종하는 공부를 강조한다. 이는 일반적으로 생각하는 공부와는 다른 방식이다. 공부라고 하면 주체가 무언가를 배우고 채워가는 과정인데, 양지에 복종하는 공부는 채우는 방식이 아니라 양지가 완전히 주재할 수 있도록 자아를 비우는 공부를 중시한다. 용계는 이러한 공부를 '무공부의 공부[無工夫中眞工夫]'라고 말한다.

1. 공부 무시 해명

양지에 근본을 둔 용계의 치양지 공부론에 대해 고래로 많은 사람들이 공부를 무시했다는 의심과 비판을 해왔다. 용계 공부론을 당시 가장 정면에서 비판한 섭표와 나홍선이 대표적이다.

허적(虛寂) 본체론과 귀적(歸寂)의 치양지 공부론을 주장한 섭표[178]는 현성양지(現成良知)에 바탕을 둔 선천정심(先天正心) 공부론을 주장한 용계를 다음과 같이 비판한다.

---

178 섭표는 지각과 양지의 분별을 이발, 미발과 연결하여 변론한다. 是非를 판단하는 양지는 이발의 지각으로 이발 시에는 이미 불선의 개입을 배제할 수 없다. 따라서 이발의 지각을 미루어 나가는 推行을 致良知로 여긴다면 송나라 사람이 揠苗助長을 養苗로 착각한 꼴로, 마치 술 취한 사람을 오른쪽에서 부축하면 왼쪽으로 넘어지고, 왼쪽을 잡아주면 오른쪽으로 넘어지는 것처럼 지엽말단의 공부라고 평가한다. 여기에 섭표가 虛寂良知를 주장한 본 의도가 있다. 그의 어법에 따르자면 양지의 知是知非는 作用이고 本體는 虛寂한 것이기 때문에 허적한 양지 본체를 배양하는 공부를 우선적으로 해야 한다. 그래서 歸寂(歸虛寂)의 致良知 공부를 주장한다.(『聶豹集』권8, 「歐陽南野太史三首」(제2서) : 夫以知覺爲良知, 是以已發爲未發 ; 以推行爲致知, 是以助長爲養苗, 王霸, 集襲之分, 舍此無復有毫釐之辯也. 夫動, 已發者也, 發斯妄矣.) *섭표 문집은 표점본 『섭표집』(남경: 봉황출판사, 2007)을 기본으로 하였다.

줄곧 공부를 논할 적에 단지 혼돈의 처음에서 오염되거나 망가지지 않은 것만을 말하고 현재양지가 구족하다고 하면서 공부하지 않는 것을 묘오(妙悟)로 여기고 있습니다.[179]

섭표는 본연의 양지가 일단 발동하면 기질의 영향을 받지 않을 수 없기 때문에 용계가 주장하는 현성양지는 성립할 수 없다는 입장을 고수한다.[180] 따라서 용계가 즉체즉용(即體即用)의 체용론에 기반 하여 현성양지가 곧 본체양지라고 주장하는 것은, 현재에서 양지가 완벽하다는 것을 상정하기 때문에 양지를 극치하는 공부를 버리고 오로지 묘오(妙悟)만을 공부로 삼는다고 비판한다.

그렇다면 '묘오만을 공부로 삼는다'는 섭표의 비판은 용계학의 본질을 꿰뚫은 타당한 비판일까? 이를 위하여 용계가 '돈점오수(頓漸悟修)'를 비교적 상세하게 논한 「점암설(漸庵説)」을 검토해보겠다.[181]

본격적인 분석에 들어가기 전에 용계가 돈(頓)과 점(漸)을 사용하는 방식을 먼저 이해해야 한다. 첫째는 공부 과정을 설명하는 돈과 점으로, 흔히 말하는 '양질전환'을 예로 들면 컵에 물을 채우는 양적 누적이

---

179 「섭표집」권11, 「答王龍溪(제1서)」: 自來論學, 只是混沌初生無所汚壞者而言, 而以見在爲具足, 不犯做手爲妙悟.

180 "만약에 現在로 말하면 氣稟과 物欲에 가린 후이기 때문에 애초의 자신이 아닙니다. 마치 더러워진 거울이라 할지라도 虛明한 본체가 없는 것은 아니지만 거울을 닦지 않고 더러운 거울에 비친 모습이 밝은 본체가 발한 것이라고 한다면 세상에서 도적을 자식으로 오인하는 경우가 바로 이와 같은 것입니다."(「섭표집」권8, 「寄王龍溪」(제2서) : 若以其見在者言之, 則氣拘物蔽之後, 吾非故吾也. 譬之昏蝕之鏡, 虛明之體未嘗不在, 然磨蕩之功未加, 而迷以昏蝕之照爲精明之體之所發, 世固有認賊爲子者, 此類是也.)

181 중국 철학사에서 頓漸悟修의 논의는 익히 알려진 것처럼 불교의 수행론에서 본격적으로 다루어진 주제인데, 양명후학 내에서 '돈점오수'는 도덕실천 공부를 통해 성현의 경지를 추구하는 치양지 공부론과 관련하여 논의되었다. 따라서 頓漸悟修의 논의는 토론의 소재를 빌린 것이지 내용 자체를 가져온 것은 아니다.

지속적인(연속적인) 공부인 점(漸)이고, 물이 컵 밖으로 넘치는 질적 전환이 비약적인(단절적인) 공부인 돈(頓)이다. 둘째는 공부 주체의 근기를 구분하는 돈과 점으로, 상근의 사람들은 단박에[頓] 핵심으로 들어가는 돈근(頓根)이고, 중근 이하의 사람들은 점차적으로[漸] 핵심으로 들어가는 점근(漸根)이다.

용계는 「점암설」에서 "안자(顏子)는 돈(頓)으로 건도(乾道)이고 중근(中根)은 점(漸)으로 곤도(坤道)라고 하는데, 어떻게 건(乾)과 곤(坤)으로 대응할 수 있는가?"라고 자문한 후에 이렇게 자답한다.

돈(頓)과 점(漸)의 구별은 대체로 말하자면 그렇다. 돈(頓)과 점(漸)은 한 메커니즘 안에서 허(虛)와 실(實)을 분별하였고, 건(乾)과 곤(坤)은 한 도리에서 강(强)과 유(柔)를 구분하였다.[182]

건(乾)과 곤(坤)이 천지가 화육하는 과정인 생장과 사멸[强과 柔]의 두 계기를 지칭하듯, 점(漸)과 돈(頓)은 공부의 양적 누적[實]과 질적 비약[虛]을 지칭한다. 이때 돈(頓, 곧 虛)과 점(漸, 곧 實)은 양지 본체의 단절적 체오(體悟)와 치양지 공부의 연속적 실천(實踐)이다.

이(理)는 돈오(頓悟)에 올라타고 사(事)는 점수(漸修)에 속한다.[183]

이(理)를 깨닫는 단계[悟]는 단절된 비약[頓]을 경험하기 때문에 돈오

---

182 『왕기집』 권17, 「漸庵說」: 頓漸之別, 亦蓋言之耳. 頓漸一機, 虛實之辨; 乾坤一道, 剛柔之節也.

183 『왕기집』 권17, 「漸庵說」: 理乘頓悟, 事屬漸修.

(頓悟)이고, 사(事)를 실천하는 공부[修]는 지속적인 누적[漸]을 경과하기 때문에 점수(漸修)라고 한다. 따라서 개개인의 수양은 누구나 돈점(頓漸)과 오수(悟修)의 과정을 통과하여 목적지(성인)로 나아간다.

안자(顔子) 같은 돈근(頓根)과 중근 이하인 점근(漸根)은 실제 수양 과정에서 난이조만(難易早晚)의 차이가 없을 수 없지만, 오(悟)와 수(修)의 공부는 하나라도 없어서는 안 된다.

근기에 이근과 둔근이 있어서 교법에 돈점의 차이가 생겼다. 다시 말하면 돈(頓) 공부는 또한 점(漸) 공부를 통해 들어가게 되어 있다. 이것이 상승(上乘)이 중하(中下)를 겸한다는 말이다.[184]

혹은 오(悟) 가운데 수(修)가 있고, 혹은 수(修) 가운데 오(悟)가 있다. 혹은 돈(頓) 가운데 점(漸)이 있고, 혹은 점(漸) 가운데 돈(頓)이 있다.[185]

용계는 돈오만으로 공부가 완성되었다고 생각한다면 정식(情識)을 양지로 착각하는 문제가 발생하게 되며, 돈오(頓悟)가 진오(眞悟)가 되기 위해서는 적루(積累)의 공부가 필요하다고 말한다.

진수행(眞修行)의 사람만이 진오(眞悟)가 있게 된다. 공부가 엄밀하지 않고 성급하게 돈오(頓悟)를 말하는 자는 정식(情識)에 빠져서 진수(眞修)가 아니다.[186]

---

184 『왕기집』 권17, 「漸庵說」: 根有利鈍, 故法有頓漸, 要之頓亦由漸而入, 所謂上乘兼修中下也.

185 『왕기집』 권4, 「留都會紀」: 或悟中有修, 或修中有悟. 或頓中有漸, 或漸中有頓.

186 『왕기집』 권17, 「漸庵說」: 眞修之人, 乃有眞悟, 用功不密而遽云頓悟者, 皆墮情識, 非

본래 용계학의 본령이 돈오에 있는 것은 틀림없는 사실이지만[187] 이상의 인용문에서 드러나듯 점수(漸修)를 배제한 묘오(妙悟)만을 주장했다는 섭표의 비판은 용계 공부론의 원의를 제대로 파악하지 못했다고 할 수 있다. 용계는 근기에 따라 공부 과정상 돈점의 구분이 있기는 하지만 공부 자체는 '오수쌍수(悟修雙修)'임을 분명히 밝히고 있다.[188]

섭표의 든든한 우군이었던 나홍선은 용계학을 이렇게 비판한다.

종일토록 본체(本體)만을 논할 뿐 공부(工夫)는 언급하지 않습니다. 만약 공부를 말하기만 하면 당장 외도(外道)라고 몰아붙입니다.[189]

나홍선은 용계가 본체만을 논하고 공부를 논하지 않으며, 심지어 공부를 논하면 외도로 내몬다고 비판한다. 이 또한 용계 공부론에 대한 전형적인 비판 논리이다. 그렇다면 '본체만을 논하고 공부는 언급하지 않았다'는 나홍선의 비판은 용계학의 약점을 제대로 잡아낸 비판일까?

본격적인 탐색에 앞서 본체와 공부라는 개념을 생각해보자. 양명학에서 본체가 양지임은 두말이 필요 없다. 그리고 공부는 양지대로 실천하는 치양지이다. 여기서 양지가 활발발하다는 사실에 아무도 감히

眞修也.

187 가령 『전습록』의 '천천문답'에서 양명이 용계의 공부론을 돈오적이라고 평가한 대목이 있다.

188 용계가 '선천정심' 공부론의 실제적인 공부론으로 제시한 '一念之微'에 기반한 '一念入微' 공부론은 적감과 동정을 관통하는 공부론이다. 따라서 섭표의 논리구조에서는 현성양지에 바탕을 둔 용계의 선천정심 공부론이 不犯做手의 妙悟만을 일삼는다는 평가가 가능할 수 있겠지만, 용계의 논리구조에서는 공부론을 무시했다는 평가를 용납하기 어렵다.

189 『나홍선집』 권6, 「寄王龍溪」: 終日談本體, 不說工夫, 纔拈工夫, 便指爲外道. *나홍선 선 문집은 표점본 『나홍선집』(남경: 봉황출판사, 사, 2007)을 기본으로 하였다.

이의를 달지 않지만 현실적으로 기질, 습심, 의욕 등에 의해 양지가 제대로 발현되지 않는 경우가 태반이다. 따라서 양지 본체가 활발발하다는 판단은 개인적인 편차가 존재한다. 그리하여 다양한 치양지 공부론을 제기하고, 심지어는 상호 간에 모순되는 주장이 나오게 된다.

예를 들어 원래의 본체양지는 활발발하지만 현실의 현재양지는 기질과 습심의 영향권 아래에 들기 때문에 어떻게 해서든지 본체양지가 주재할 수 있도록 기질과 습심을 교정하는 공부를 중시해야 한다는 입장도 있고, 원래의 본체양지가 활발발하기 때문에 현실의 현재양지가 비록 기질과 습심의 영향권 아래에 있다 할지라도 여전히 본체양지의 활발발함을 믿고 활발양지에 의탁하는 공부를 해야 한다는 입장도 있다. 후자는 용계가 대표적이라면, 전자는 적연(寂然)한 허무심체(虛無心體)에 강조를 둔 섭표의 귀적(歸寂) 치양지 공부론과 이에 동조한 나홍선의 공부론이 대표적이다.

이상의 기본 이해를 바탕으로 양명학이 가정 말년에 천하를 풍미하는 데 혁혁한 공을 세웠고, 섭표를 스승으로 모셨던 대학사 소호(少湖) 서계(徐階, 1503-1583)와 용계가 주고받은 편지를 통해 나홍선의 비판을 검토해보겠다.[190]

용계는 본래 구족한 양지는 현실 속에서도 현재 구족한 현성양지인데, 우리의 의식이 양지를 막아버린다고 말한다.

양지는 본래 구족하여서 생사가 없는데, 단지 우리가 일반경험의식[意識]으로 받아들이기 때문에 무시로 생사가 생기게 됩니다. 반드시 이를

---

190 이 기록은 83세의 용계가 양명학 부흥에 중대한 정치적 역할을 수행했던 서계와 주고받은 대화라는 점을 고려했을 때 용계 만년의 종설적인 성격이 강하다고 할 수 있다.

구별해야 합니다. 바라건대 공(서계)께서는 잘 살펴서 보주(寶株)와 어목
(魚目)을 구별하시길 바랍니다.[191]

일반경험의식은 비록 선념(善念)일지라도 양지에서 발현하지 않는
이상 어목(魚目)과 같은데도 불구하고, 양지에서 발하지 않은 선념(善
念)을 보주(寶珠), 곧 양지의 발현으로 착각하는 수가 있기 때문에 경계
해야 한다는 입장이다.

이에 대해 서계는 본체(本體)의 보주(寶珠), 곧 양지활발만을 왈가왈
부하지 말고 실제의 공부를 해야 한다고 반박한다.

제가 양지[知]와 지식[識]을 완벽하게 구별하지는 못합니다만 양지와 의
식을 구별하지 못하는 그 병의 원인은 단지 양지를 왈가왈부할 뿐 실제
로 치양지하지 않았기 때문이 아닐까요? 예를 들어 가난한 사람이 보주
를 간직해본 적이 없기 때문에 어목(魚目)을 보주(寶珠)라 착각하겠지
요.[192]

서계의 질문이 날카롭다. 이에 대한 용계의 답변이 궁금해진다.

양지는 무지(無知)인데 지식은 분별이 있습니다. ……만약 무지 본체를
깨달으면 무수한 감응이 단번에 진실해지고 생사에 떨어지지 않아서 일

---

191 『왕기집』권6,「與存齋徐子問答」: 良知本來具足, 本無生死, 但吾人將意識承受, 正是
無始以來生死之本, 不可不辨也. 望我公密察, 弗將魚目混珠.
192 『왕기집』권6,「與存齋徐子問答」: 知與識, 吾人誠未能明辨, 但其病根卻緣只以良知
作談論, 而不曾實致其知, 譬如婁人不曾蓄有本珠, 故遂以魚目爲珠耳.

반경험의식[識神]이 주도하는 바가 아닙니다.[193]

용계 공부론을 올바로 이해하는 열쇠인 '무지(無知)'라는 양지 규정이 나온다. '무지'라는 말은 분별이 없는 마음으로, 개인이 자신의 의견(意見)으로 선악을 판단하지 않고 양지가 선악을 판단하기 때문에 '무지'라고 한다.

그렇다면 이제 서계가 질문을 던질 차례이다. 거울 본체는 원래 사물을 밝게 비출 수 있지만 먼지가 끼면 그것을 제거해야 하듯이, 양지가 시비선악을 판단할 수 있는 본체이지만 습심이나 의욕의 먼지가 끼면 제거하는 공부를 해야 하지 않는가?

거울의 본체가 본래 깨끗하기 때문에 흑백을 구별하지만, 만약 거울에 먼지가 가라앉으면 반드시 닦아내서 본체를 회복해야 합니다. 닦아내는 과정이 치양지 공부입니다. 만약에 나무도 없고 대(臺)도 없다는 설만을 고집하고 흑백을 구별할 수 있다고 말만 한다면 무익합니다.[194]

서계가 지적한 대목은 당시 양지학에 노정된 병폐 중 하나요, 용계학의 아류에서 발견된 문제이다. 이에 대해 용계는 양지가 의식의 분별을 용납하지 않는 본체임을 깨달아야 한다고 재차 강조한다. 치양지는 활발발한 양지심체에 순종하는 공부이기 때문이다.

---

193 『왕기집』 권6, 「與存齋徐子問答」: 良知無知, 識則有分別, ……若直下認得無知本體, 百凡應感, 一照而皆眞, 方不落生死, 不是識神用事.

194 『왕기집』 권6, 「與存齋徐子問答」: 鏡體本瑩, 故黑白自辨. 若鏡爲塵垢所蔽, 須用力刮磨, 以復其本體. 刮磨正是致知工夫. 苟執非樹非臺之說, 只懸空談能辨黑白, 恐終無益.

그러나 서계가 여전히 양지 공부의 특성을 받아들이지 못하자, 용계가 또다시 이렇게 말한다.

제가 말한 바는 공부가 필요 없다는 뜻이 아닙니다. 양지는 배우지도 생각하지도 않고 능히 알고 행할 수 있기 때문에, 종일토록 배우는 목적은 배우지 않아도 저절로 잘하는 그 본체를 회복하고, 종일토록 생각하는 목적은 생각하지 않아도 저절로 아는 그 본체를 회복하는 데 있습니다. 이것이 '공부가 없는 가운데 진정한 공부가 있다[無工夫中眞工夫]'는 이치입니다. 공부는 날마다 줄일 뿐 증가하려고 하지 않습니다. 완전히 다 줄이면 바로 성인의 경지에 이릅니다. 후세 학술은 보태려고만 하는 공부입니다. 따라서 종일토록 수고롭게 공부하지만 도리어 병만 늘릴 뿐입니다.[195]

여기서 '무공부중진공부(無工夫中眞工夫)'라는 용계 공부론이 등장한다. 용계의 요지는 활발양지는 언제나 활발하기 때문에 이 활발양지에 맡기는 공부를 하라는 당부이다. 이와 같은 공부는 지식을 늘리는 공부와는 차원이 달라서, 기존의 관점으로는 공부를 안 한다고 할 수 있다. 그러나 활발양지에 절대적으로 순종하는 치양지 공부의 본령에서 보자면 이 공부야말로 진정한 공부다.[196]

---

195 『왕기집』 권6, 「與存齋徐子問答」: 某所請敎, 不是謂工夫爲可無. 良知, 不學不慮, 終日學, 只是復他不學之體, 終日慮, 只是復他不慮之體, 無工夫中眞工夫, 非有所加也. 工夫只求日滅, 不求日增, 滅得盡便是聖人. 後世學術, 正是添的勾當, 所以終日勤勞, 更益其病.

196 용계의 '無工夫中眞工夫'라는 공부론은 『明史』에서 "선비 중에 浮誕하고 不逞한 자들이 자신은 용계 제자라고 자처하기를 좋아한다."라는 기록에서 드러나듯 여전히 그의 공부론이 恣縱情識하는 사람들에게 길을 열어주었다는 비판을 부정하기는 어렵다. 비록 『明史』의 기록

2. 양지 믿음 공부

용계가 '무공부중진공부(無工夫中眞工夫)'를 가지고 서계에게 답했던 이유는, 양지 본체론으로 보자면 양지 본체가 바로 '하나의 사물(事物)도 없는 것'으로 양명이 사구교에서 설파한 무선무악한 심체이자 허적 양지이기 때문이고, 치양지 공부론으로 말하면 치양지는 도덕가치 판단능력이자 우주가치 생성능력인 양지를 믿고 양지의 명령에 절대 순종하는 공부이기 때문이다.

용계의 이 입장은 늘 그렇듯 양명의 입장을 계승하였다. 양명이 50세 무렵에 제창한 치양지 공부는 양지에 대한 믿음을 전제한다. 사실 왕양명이 용장오도(龍場悟道)를 통해 '심외무리(心外無理)'의 깨달음을 선포하면서부터 양지 주재에 절대 순종하는 치양지 공부를 제창했다고 할 수 있지만, 50세 무렵에 치양지 공부를 제창한 데에는 삶을 통한 체오(體悟)가 배경에 깔려 있다.

영왕(寧王) 신호(宸濠)를 이미 체포했음에도 불구하고 무종(武宗)은 친정(親征)을 단행하고, 환관 장충(張忠) 등의 음모로 신호의 난에 공을 세운 제자 기원형(冀元亨, 1482-1521)을 죽게 만드는 등 생사의 고비를 헤쳐가면서 양명은 양지에 대한 확고한 믿음을 갖는다. 이는 자주 인용되는 동곽(東廓) 추수익(鄒守益, 1491-1562)에게 보낸 편지에서도 엿보인다.

근래에 치양지 세 글자가 진정으로 성문(聖門)의 바른 법안(法眼)이 갖추

자들이 이미 교판의 잣대를 가지고 용계학을 폄하하려는 의도를 가지고 있었음을 상기하더라도 말이다.

어져 있음을 믿게 되었습니다. 왕년에는 아직 의심하여 미진한 바가 있었는데, 여러 일을 겪은 이래로 단지 이 양지면 구족하다는 것을 알았습니다.[197]

'여러 일'은 바로 '신호평란(宸豪平亂)' 이후 생사를 넘나드는 삶의 체험이다.

양명 만년 사상을 잘 보여주는 『전습록(하)』에는 양지 믿음을 논한 대목이 여러 군데 있는데 그 중 한 대목은 이렇다.

> 양지는 본래 무지(無知)인데 도리어 지식으로 충당하고자 하고, 본래 무부지(無不知)인데 도리어 부지(不知)하다고 의심한다. 이러한 잘못은 양지를 믿지 못하기 때문이다.[198]

양명이 치양지를 제창하면서 양지에 대한 믿음을 강조한 가르침은 이후 용계 공부론의 중요한 자산으로 전승되었다.

용계학에서 양지 본체는 '일물도 없는 것'이며 '무선무악한 지선(至善)'으로, 허적양지이자 고금동서현우(古今東西賢愚)를 막론하고 언제 어디서 누구에게나 활발발하게 주재하는 현성양지이다. 그렇기 때문에 용계는 양지 외에 우리의 도덕적 행위를 주재하고 인생을 주관할 대상은 아무것도 없다는 믿음을 가지고 있었다. 게다가 양지는 시비선악을 판단하는 도덕가치 판단능력일 뿐만 아니라 천지를 낳고 만화의

---

197 『왕양명전집』 권33, 「年譜(50세)」: 近年信得致良知三字, 眞聖門正法眼藏, 往年尚疑未盡, 今自多事以來, 只此良知無不具足.

198 『전습록』 하권, 282조목 : 良知本無知, 今却要有知, 本無不知, 今却疑有不知, 只是信不及耳.

근본인 조화양지라고 보았다. 이처럼 양지가 전능하다면 누군들 양지를 믿지 않을 수 있겠는가?

그런데 양지를 믿는 행위가 실제 공부 차원에서 유의미한지는 다소 애매하다. 과연 도덕의 근원이며 우주의 근원이라고 하는 양지를 믿기만 하면 된다는 말인가? 예를 들어 올바른 가치판단에 근거한 도덕적 행위를 도모하는 어느 개인이 '동성애 인정 여부', '뇌사 인정 여부', '줄기세포 연구 허가 여부' 등을 고민할 때, 누군가 양지를 믿으면 된다는 조언을 했다면 이는 사려 깊은 행위로 보이지 않는다.

그럼에도 이 가상의 질문에 대한 용계의 입장은 다음과 같다. '그래도 양지를 믿기만 하면 돼!' 또는 '반드시 양지를 믿어야만 해!'

보양(保養)이 깊어지면 저절로 외부로 드러난다. 기(機)를 잊어버리면 발용(發用)이 신묘(神妙)하게 움직인다. 만약 양지를 제대로 믿으면 이 양지가 본체가 되고 공부가 된다. 따라서 세정기욕(世情嗜慾)으로 흘러가지도 않고 현묘의해(玄妙義解)로 쏠려 들어가지도 않는다. 양지 외에는 다른 실현[致]하는 법이 없다. 치양지 외에는 보양(保養)하는 방법이 없다. 양지는 원래 하나의 물도 없는데 저절로 만물의 변화에 응할 수 있다. ……여기서 완전히 체화(體化)하여 방편(方便)으로 삼지 않는다면 수렴(收斂)할수록 더욱 정명(精明)하고 초탈할수록 더욱 신화(神化)하게 된다. 변동주류(變動周流)하여 선요(典要)가 되지 않고 날로 만변(萬變)에 감응하면서도 항상 적연(寂然)하다.[199]

---

199 『왕기집』권17, 「不二齋說」: 夫養深則迹自化, 機忘則用自神. 若果信得良知及時, 卽此知是本體, 卽此知是工夫, 固不從世情嗜慾上放出路, 亦不向玄妙義解內借入頭. 良知之外, 更無致法, 致知之外, 更無養法. 良知原無一物, 自能應萬物之變. ……於此消融得盡, 不作方便, 逾收斂逾精明, 逾超脫逾神化, 變動周流, 不爲典要, 日應萬

양지를 믿게 되면 세정기욕(世情嗜慾)에도 빠지지 않고 현묘의해(玄妙義解)에도 현혹되지 않는다는 이 말에 구체적 가치판단과 도덕적 행위에 오로지 양지를 믿고 따르라는 용계의 답변이 고스란히 들어 있다.

한편 조화양지를 다룬 부분에서 이미 설명하였듯이, 용계는 양지를 믿는다는 '신(信)'을 맹자의 '선(善)'이 쌓고 쌓여서 속에서 굳어지면 신(信)이라고 한다[有諸己謂信]'를 가지고 설명한다. 그렇다면 여기서 한 가지 의문이 든다. 즉 양지를 믿는다는 용계의 본뜻은, 누구나 양지를 믿을 수 있다는 말이 아니고 공부를 착실히 하여 양지를 체화(體化)한 후에야 비로소 믿는다는 의미일 것이라는 추정이다. 마치 왕양명이 백사천난(百死千難)의 공부를 거친 후에야 비로소 양지의 믿음을 제시했듯이 말이다. 결론부터 말하면 '반쯤 맞고 반쯤 틀렸다'라고 할 수 있다.

반쯤 맞다는 말은 용계의 다음 글에서 알 수 있다.

> 진수행(眞修行)의 사람만이 진오(眞悟)가 있게 된다. 공부가 엄밀하지 않고 성급하게 돈오(頓悟)를 말하는 자는 정식(情識)에 빠져서 진수(眞修)가 아니다.[200]

맹자가 말했듯이 진실로 도덕을 내면화했을 때에야 비로소 신(信)의 경지에 들어설 수 있다.

變而心常寂然.

200 『왕기집』 권17, 「漸庵說」: 眞修之人乃有眞悟. 用功不密而遽云頓悟者, 皆墮情識, 非眞修也.

반쯤 틀렸다는 말은 용계의 다음 글에서 알 수 있다.

만약 양지를 믿으면 피차를 막론하고 호병(好病)을 막론하고 순역(順逆)을 막론하고 단지 일념의 영명이 스스로 주재하고 스스로 오고가기 때문에 외경(外境)에 마음이 동요되지 않는다.[201]

양지심체가 활발발하게 언제나 우리의 생각을 주재하고 있는데, 우리가 이 주재를 믿고 순종하지 않아서 문제가 발생한다. 즉 양지심체의 주재를 따르지 않고 자신의 도덕적 판단에 근거하여 행동하기 때문에 늘 문제가 발생한다.

양지를 믿게 되면 상황이 좋든 나쁘든, 건강이 좋든 나쁘든, 이것이든 저것이든 그 무엇을 막론하고 일념영명한 양지심체가 주재하여 외부 조건에 전혀 흔들리지 않는다. 외부 조건에 휘둘리지 않기 때문에 외부의 문제에 적극적이면서도 긍정적으로 대처해나갈 수 있다. 이는 양지를 믿는다는 의미가 양지만을 믿고 공부를 하지 않는다는 뜻이 아니라 양지를 믿는 자는 더욱 열심히 공부를 하게 되는 논리가 그 안에 내재하고 있음을 보여준다. 그래서 이 믿음을 굳건히 지키는 일이 공부의 시작이요 마지막이 된다.

---

201 『왕기집』 권12, 「答周居安」: 若果信得良知及時, 不論在此在彼, 在好在病, 在順在逆, 只從一念靈明作主宰, 不從外境上生心.

3. 내려놓기 공부

용계가 제창한 선천정심지학은 양지를 믿고 양지대로 실천해야만 진정한 도덕적 행위라는 입장이다. 이때 선천정심 공부를 가로막는 방해물은 불선하고 사악한 생각만이 아니라 일반인들의 관습적 도덕의식이나 개인적 규범의식도 양지의 발현이 아니라면 선천정심 공부를 가로막는 방해물로 간주한다.

> 선사(양명)께서 "우리는 매일 줄이는 공부를 해야지 늘리는 공부를 해서는 안 된다. 다 줄였을 때 성인이 된다."라고 했다. 우리가 마음을 보호하는 방법은 눈을 보호하는 방식과 같다. 좋은 생각이 실은 좋은 생각이 아니니 좋은 생각이든 나쁜 생각이든 모두 버려야 한다. 가령 진흙뿐 아니라 금가루, 옥가루도 시야를 가린다.[202]

진흙뿐 아니라 금가루나 옥가루도 일단 눈에 들어가면 시야를 가리듯이 관습적 도덕의식, 개인적 규범의식들도 일견 합리적이고 타당해 보이지만 양지에서 발현하지 않았다면 양지의 발현을 가로막는 방해물에 지나지 않는다. 따라서 용계는 지금까지 합당하고 타당하게 여겼던 익숙한 그 일체를 내려놓으라고 권한다.

> 여러분이 이 의미를 알고 싶다면 차분히 좌정하고 앉아서 끊임없이 잡념이 일어날 적에 과연 모든 것을 내려놓고[全體放下] 한 물건도 없는지 점

---

202 『왕기집』 권3, 「九龍紀誨」: 先師云, "吾人只求日減, 不求日增, 減得盡, 便是聖人." 吾人護心如護眼, 好念頭實不好念頭, 俱著不得, 譬之泥沙與金玉之屑, 皆足以障眼.

검해보아라.²⁰³

양지심체에서 자연유행(自然流行)한 생각 외에 나머지는 모두 내려놔야 한다. 양지심체에서 발현하지 않았으되 양지인 듯 혼란스럽게 하는 그 모든 지해(知解)를 내려놔야 한다.

일체의 알음알이[知解]나 세상적인 마음[世情]은 우리를 더욱 무겁게 만든다. 무거울수록 초탈은 어렵다.²⁰⁴

여기서 알음알이[知解]나 세상적인 마음[世情]은 양명이 비판한 정리(定理)로서의 지식을 포함하여 용계가 지식(知識), 지해(知解), 의식(意識), 정식(情識) 등으로 명명한 양지의 주재를 따르지 않는 일체의 도덕적, 일상적 의식을 총칭한다. 자아의 목소리를 거두어야 비로소 내면에서 울려대는 양지의 소리를 들을 수 있다.²⁰⁵ 아울러 이러한 전체방하의 공부는 순종양지(循從良知)의 전제 조건이 되지만 순종양지를 하면 바로 전체방하가 가능하다는 점을 놓쳐서도 안 된다.

용계는 이 전체방하의 공부론을 다양하게 전개하는데, 여기서는 의(意)와 욕(欲)을 중심으로 살펴보겠다.

용계는 양지가 불순해지는 이유로 의욕(意欲)을 지목한다.

---

203 『왕기집』 권3, 「九龍紀誨」: 諸友欲窺見此意, 端居於暇, 試將念頭不斷, 一著理會, 果能全體放下, 無一物否?

204 『왕기집』 권3, 「九龍紀誨」: 一切知解, 不離世情, 皆是增擔子. 擔子愈重, 愈超脫不出.

205 바로 여기가 용계 철학이 도덕철학이면서 종교적인 특색을 갖는 지점이다. 양지는 그것이 어떤 상황에서든 언제나 작동하고 있으므로 누구나 양지를 믿고 따르면 세상의 무엇에도 구애받지 않으며 심지어는 생사에도 초연할 수 있다는 논지다.

양지는 사람들이 모두 갖고 있다. 성현과 어리석은 사람이 다르지 않다. 단지 의견(意見)에 동요되고 사욕(私欲)에 가려서 잘못을 포장하고 감추려고만 할 뿐 회개하고 고치려 하지 않기 때문에 잃게 된다.[206]

의(意)는 육구연이 "이욕에 빠지면 차라리 건지기 쉽지만 의견(意見)에 사로잡힌 사람은 가르치기 어렵다."라고 한 말을 두고, 용계가 "이욕에 빠진 사람은 마치 썩은 동아줄로 동여맨 것 같아서 쉽게 풀 수 있지만 의견은 오색줄과 같아서 마치 그것을 보배로 여겨 도통 풀어내기 쉽지 않다."라고 풀이하였다.[207] 이 의견(意見)은 본심이 자연발현한 '순수경험의식'이 아니고 이심(離心)하여 발현한 '일반경험의식'이다.

욕(欲)은 무엇인가? 욕심이란 "명예, 이익, 부귀 등 거창한 무엇을 바라지 않는다 하더라도 마음에 의향(意向)하는 무엇이 있으면 이미 욕심이다."[208]라는 말처럼 반드시 부자가 되겠다든지 명성을 얻겠다는 욕심뿐만 아니라 마음이 무언가를 의향하면 이미 욕심이 된다. 이 욕심은 『논어』에서 공자가 말한 "의(意), 필(必), 고(固), 아(我)"를 총칭한다고 할 수 있겠다.

의(意)와 욕(欲)은 내용에 차이가 있지만, 모두 양지에 순종하지 않고 자아의 목소리를 따르는 과정에서 발생한다. 따라서 양지에 순종하기 위한 전체방하의 무욕 공부는 '자아방하(自我放下)'의 공부론이라고

---

206 『왕기집』 권2, 「棟川會約」: 良知人人所同, 其無間於聖愚, 只緣動於意, 蔽於欲, 包裹蓋藏, 不肯自悔自改, 始或失之.

207 『왕기집』 권1, 「撫州擬峴台會語」: (象山曰 :) "此道與溺於利欲之人言猶易, 與溺意見之人言卻難.……" (先生曰 :) "利欲溺人, 如腐索纏縛, 易於解脫. 意見如五色線, 方以爲寶, 解之甚難. 非志於道一毫無所藉於外者, 未易以語此也."

208 『왕기집』 권2, 「書進修會籍」: 所欲不必聲利富貴, 只必有所向, 便是欲.

도 할 수 있다. 여기서도 무욕의 공부론이 가능한 근거는 양지가 침묵하는 도덕법칙이 아니라 활동하는 도덕능력으로서 도덕행위를 주관하는 주재역량이기 때문이다.

의욕(意欲)을 버리는 '전체방하' 공부는 『주역』「계사」의 '하사하려(何思何慮, 무엇을 생각하는가)'에 대한 용계의 해석에서도 살필 수 있다. 본래 유가의 기본 노선은 맹자가 말한 "마음의 기능은 생각이다."라든지 『서경』에서 "생각을 예지롭게 할 것이니 예지로우면 성인이 될 수 있다."라는 것처럼 '사려'는 마음 본연의 능력으로 도덕실천을 위한 중요한 매개라고 할 수 있는데, 『주역』「계사」에는 '하사하려(何思何慮, 무엇을 생각하는가)'라고 하여 사려를 부정하는 듯한 주장이 나온다. 이에 대한 용계의 해석은 이렇다.

'무엇을 생각하는가?'라는 말은 생각하지 않는다는 뜻이 아니다. 생각이 자연발현하여서 인위적인 사려가 없음을 말한다. 우리가 어디에 일부러 마음을 둘 데가 있는가? 해와 달이 저절로 왕래하면서 만물을 밝게 비추지 어디에 의도적으로 비추는 데가 있는가?[209]

양지심체의 가치판단능력은 절대적이기 때문에 자아의 도덕적 판단을 내세우지 말고 양지의 도덕적 판단을 따르라고 권한다. 이것이 용계가 제창한 전체방하(全體放下)의 공부론이며 무욕(無欲)의 공부론이다.[210]

---

209 『왕기집』권3, 「答南明汪子問」: 夫何思何慮, 非不思不慮也. 所思所慮, 一出於自然, 而未嘗有別思別慮, 我何容心焉? 譬之日月之明, 自然往來, 而萬物畢照, 日月何容心焉?

210 자아의 도덕판단과 양지의 도덕판단은 한 개체 안에서 이루어진다. 따라서 이 두 판단을 어떻

제 4 장

삼교회통의 양지철학

명대 유학은 양명학으로 대표되는 심학이 부상함에 따라 심성론이 주류를 형성하였고, 아울러 삼교합일(三敎合一) 경향이 강하게 나타난다. 이러한 경향은 비단 유학자들만이 아니라 불교계와 도교계에서도 발견된다.

이러한 흐름은 다양한 시대적 요인들이 어우러져 만들어낸 현상이지만 양명학과 연관 지어서도 생각해볼 수 있다. 명대는 주자(朱子, 1130-1200) 주석서가 과거시험의 기본 텍스트로 채택되면서 주자학이 관방 사상의 위치를 차지하게 되었는데, 이에 따라 공리적이고 세속적인 주자학 아류가 등장한다. 이에 주자학 아류를 비판하면서 유학 본연의 성인지학을 회복하자는 양명학이 부상한다. 이 과정에서 양명학은 도교와 불교의 성찰을 중시하고 참 나를 찾는 공부를 긍정적으로

게 구별할지는 중요한 문제다. 그런데 이 심각한 문제에 대한 왕용계의 입장은 의외로 간단하다. 바로 '본인이 직접 해보면 둘의 구별은 어렵지 않다.' 용계학의 簡易함과 玄妙함이라는 이중의 상반된 평가가 동시에 공존하는 이유가 여기에 있다.

받아들이고, 이를 주자학 아류 비판에 활용한다. 이후 양명학이 유행하면서 삼교회통(三敎會通)을 논의할 수 있는 공간이 넓어졌다.

명대 사상사의 중요한 특징으로 평가받는 삼교합일적 경향은 당대의 여러 자료들을 살펴보면 쉽게 드러난다. 그렇지만 삼교합일에서 그 중심을 무엇으로 하는가는 각각의 교마다 다르며, 양명후학 내에서도 개인에 따라 편차가 존재한다.

용계의 양지철학을 두고 '불교를 가져다 유가에 들였다[援佛入儒]'라든지 '유가에서 나와 노불에 들어갔다[出儒入老佛]'는 식으로 비판이 끊이지 않았다. 역사적으로 용계학 평가에 가장 지대한 영향을 미친 이주(梨洲) 황종희(黃宗羲, 1610-1695)는 『명유학안(明儒學案)』에서 이렇게 평가한다.

(용계가) 무릇 양지는 지각의 유행(流行)으로 방소(方所)에 떨어져도 안 되고 전요(典要)해서도 안 되기 때문에 공부를 하게 되면 곧 허무(虛無)의 체(體)를 방해하게 된다라고 주장하니 이는 불교[禪]에 가깝다. 유행(流行)이 주재(主宰)이고, 낭떠러지에서 손을 놓아야 하고, 망망(茫茫)하여 붙잡고 의지할 데가 없고, 마음과 호흡을 함께하는 수련이 권도라고 하니 도교[老]에 가깝다.[211]

양지를 지각의 유행으로 본다는 황종희의 말은 용계의 현성양지와 연결되고, 방소에 떨어져도 안 되고 전요해서도 안 되고 허무의 체를

---

211 『명유학안』 권12, 「郎中王龍溪先生畿(按語)」: 夫良知旣爲知覺之流行, 不落方所, 不可典要, 一著工夫, 則未免有碍虛無之體, 是不得不近於禪, 流行卽是主宰, 懸崖撒手, 茫無把柄, 以心息相依爲權法, 是不得不近於老.

방해하게 된다는 말은 허적양지에 근본을 둔 용계의 선천정심 공부론을 두고 하는 말이다. 또한 유행이 주재라는 말은 현성양지와 연결되고, 낭떠러지에서 손을 놓아야 하고 붙잡고 의지할 데가 없다는 말은 선천정심 공부론을 두고 하는 말이다. 마지막으로 마음과 호흡을 함께 한다는 말은 '성명합일(性命合一)' 공부론과 연결된다.

황종희의 평가대로라면 용계의 양지 본체론과 치양지 공부론은 결국 노불 사상의 아류에 지나지 않는다. 황종희의 이와 같은 평가는 이후 용계학 이해에 막강한 영향력을 발휘한다.

논자는 황종희와는 시선을 달리하여 용계의 양지철학을 평가하고자 한다. 이를 위해 첫째, 그의 역(易)철학을 조명해보고자 한다. 이는 용계가 역철학을 통하여 그의 양지철학을 풀어가고 있기 때문이다. 둘째, 노불에 대한 용계의 입장을 살펴보고자 한다. 무엇보다도 용계 자신의 이야기를 경청한 후에 사실을 판단해야 사리에 합당하기 때문이다. 셋째, 용계가 추구한 삼교합일에 대해서 살펴보고자 한다. 이상의 과정을 통하여, 용계학이 황종희가 평가한 '출유입노불(出儒入老佛)'이 아니라 '주유합노불(主儒合老佛)'을 지향한 삼교회통(三敎會通)의 양지철학을 구축하고자 했음을 밝히고자 한다.

제1절

역과 양지철학

1. 역과 조화양지

조화양지는 양지가 가치 창조의 근원이라는 점을 밝힌다. 이는 양지가 도덕가치 판단능력일 뿐만 아니라 우주가치 생성능력이라는 의미다. 조화양지는 양지가 조화의 정령[造化之精靈]이라는 표현 안에 고스란히 녹아 있는데, 용계는 이 조화양지를 기반으로 양지에 대한 절대적인 믿음과 순종을 강조하는 양지철학을 구축한다. 그리고 이 조화양지설은 그의 역철학을 통하여 근거를 마련한다.

용계는 「대상의술(大象義述)」²¹²의 '건괘(乾卦)' 조목에서, 건괘를 설명

---

212 용계의 역철학은 「大象義述」을 중심으로 살피고자 한다. 「大象義述」은 용계가 『주역』 64괘의 「大象傳」을 자신의 관점으로 풀어 쓴 저작으로, 분량은 많지 않지만 그의 역철학을 전체적으로 조망할 수 있도록 해준다. 「대상전」은 상수적인 색채보다는 의리적이고 윤리적인 내용이 많기 때문에, 용계가 역철학을 활용하여 양지철학을 완성하는 데 「대상전」을 활용했을 것이다. 이 밖에도 「先天後天解義」, 「河圖洛書解義」, 「易與天地準一章大旨」, 「艮止精一之旨」, 「易測授張叔學」, 「圖書先后天跋語」, 「太極亭記」, 「易學說」 등의 글에서 그의 역철학을 엿볼 수 있고, 『왕용계어록』에도 역학과 관련된 논의들이 많이 있다.

하면서 양지 본체론과 치양지 공부론을 대입시키고 있는데, 이는 용계가 역철학을 자신의 양지철학을 전개하는 데 활용하고 있음을 보여준다.

> 건(乾)은 천덕(天德)이다. 천지의 신령한 기운이 결합하여 마음[心]이 된다. 무욕(無欲)은 마음의 본체[心之本體]로 곧 건(乾)이다.[213]

여기에는 용계의 중요한 개념인 '건(乾)', '천(天)', '심(心)'이 등장한다. 덕(德)은 능력의 의미를 가지기 때문에, 천덕(天德)인 건(乾)은 천(天)의 능력(속성)을 나타낸다. 심(心)은 신령(神靈)한 기(氣)로 이루어지며 사려지각을 하는 이른바 '기지정상(氣之精爽)'이다. 심(心)의 본체는 무욕(無欲)으로, 건(乾)과 동일시된다. 따라서 천(天), 건(乾), 심(心)은 이른바 동실이명(同實異名)이다. 보편적인 형상(形象)으로 말하면 천(天)이요, 추상화된 능력(能力)으로 말하면 건(乾)이요, 구체적인 주체(主體)로 말하면 심(心)이다.

여기까지 논의가 진행되면 이제는 심(心)의 본체인 양지가 등장한다.

> 양지는 기(氣)의 신령(神靈)한 것이다. 건지(乾知)라고도 하고 명덕(明德)이라고도 한다. 대명종시(大明終始)라는 말은 이것(양지)을 밝힐 뿐으로 이것이 군자의 학이다. 따라서 군자는 이것으로 마음을 닦아서 밀(密)에

---

213 『왕기집』 부록1, 「大象義述(乾卦)」: 乾, 天德也. 天地靈氣, 結而爲心. 無欲者, 心之本體, 卽所謂乾也.

물러나와 장수(藏修)한다고 하였다. 밀(密)의 때가 중요하다.[214]

천지의 신령한 기운이 결합하여 마음이 되었기 때문에 마음의 본체인 양지는 당연히 신령한 기(氣)이다. 또한 양지는 「계사전」의 '건지대시(乾知大始)'의 건지(乾知)이기도 하고 『대학』의 '명명덕(明明德)'의 명덕(明德)이기도 하다. '건괘(乾卦) 단전(象傳)'의 '대명종시(大明終始)'는 양지를 밝히는 공부로, 인격 완성을 위한 공부인 군자의 학문이다. 「계사전」의 장수(藏修)는 치양지 공부다. 밀(密)의 때가 중요하다고 한 말은 동정을 겸한 정(定) 공부가 중요하고, 편정(偏靜)에 빠져서는 안 된다는 의미를 내포한다. 여기까지의 논의를 통해 양지는 천(天), 건(乾), 심(心)과 이름은 다르지만 실재는 동일하다는 사실을 알려준다.

용계는 팽산(彭山) 계본(季本, 1485-1563)에게 답한 편지에서, 『주역』 「계사전」의 "건지대시(乾知大始), 곤작성물(坤作成物)"을 두고 이렇게 해석한다.

『역』에서 "건지(乾知)는 대시(大始)"라고 했는데 건지(乾知)가 바로 양지입니다. 양지 영명(靈明)이 최초로 나올 때는 강건(剛健)하고 무욕(無欲)하여 혼돈(混沌)한 제1규(第一竅)입니다. 아직 만물이 생기기 전이기 때문에 대시(大始)라고 합니다. 이 양지를 따라 행하면 의도적으로 일삼는 바가 없으니 이것이 '곤작성물(坤作成物)'이라는 의미입니다.[215]

---

214 『왕기집』 부록1, 「大象義述(乾卦)」: 良知者, 氣之靈, 謂之乾知, 亦謂之明德. 大明終始, 明乎此而已, 君子之學也. 故曰 "君子以此洗心, 退藏於密", 密之時義, 大矣哉!

215 『왕기집』 권9, 「季彭山龍鏡書」: 『易』曰, "乾知大始", 良知卽乾知. 靈明首出, 剛健無欲, 混沌初開第一竅, 未生萬物, 故謂之大始. 順此良知而行, 無所事事, 便是 "坤作成物".

이는 양지에서 만물이 나오는 과정에 대한 용계의 설명이다. 강건무욕(剛健無欲)은 용계가 「대상의술」의 '건괘' 부분에서 천덕(天德)의 운행 원리로 강건함과 무욕을 제시한 내용과 일치한다. 혼돈(混沌)이란 선후내외를 나눌 수 없다는 의미이다. 제1규(第一竅)란 양지가 우리 몸의 구멍들 가령 안규(眼竅), 비규(鼻竅), 이규(耳竅) 등에서도 가장 중요하면서도 가장 먼저 열리는 규(竅)라는 의미로 사용하였고 영규(靈竅)라고도 한다.

양지가 건지(乾知)로서 성물(成物)한다는 논리는, 그대로 양지가 '조화의 정령'이라는 말이다.

> 양지는 조화의 정령이다. 우리는 마땅히 조화를 학문의 핵심으로 삼아야 한다. 조(造)는 무에서 유가 나타나고 화(化)는 유에서 무로 돌아간다. 조(造)하지 않으면 화(化)의 근원이 메말라지고, 화(化)하지 않으면 조(造)의 운행이 막힌다. 나의 정령(精靈)이 천지만물을 낳고 다시 천지만물이 무로 돌아간다. 이처럼 조화하지 않는 때가 없다. 한때라도 쉬는 때가 없어서 원회운세(元會運世)에서 식식(食息)의 때까지 아주 작은 순간이라도 그렇지 않은 적이 있다. 이를 알면 조화는 내 손 안에 있으니 치양지의 공부를 멈출 수 없다.[216]

양지가 조화의 정령이 되는 이유는 세상의 모든 존재들이 '하나의 기(氣)'로 이루어져 있기 때문이다.

---

216 『왕기집』 권4, 「東遊會語」: 良知是造化之精靈, 吾人當以造化爲學. 造者自無而顯於有, 化者自有而歸於無. 不造則化之源息, 不化則造之機滯. 吾之精靈, 生天生地生萬物, 而天地萬物, 復歸於無, 無時不造, 無時不化, 未嘗有一息之停, 自元會運世以至於食息, 微眇莫不皆然. 知此則造化在吾手, 而吾致知之功, 自不容已矣.

천지간에는 하나의 기(氣)만이 있을 뿐이다. 역(易)은 일월을 추상하고 음양 왕래를 총체적으로 표현하는데, 수시로 변역하는 그 안에 도리가 있다. 이 기(氣)의 신령한 능력이 양지로, 허명적조(虛明寂照)하고 전후 내외가 없고 혼연일체(渾然一體)이다.[217]

세상의 모든 존재는 기(氣)로 이루어져 있다. 역(易)은 해와 달의 운행을 통해 보이는 시간적 변화와 음양으로 순환하는 변화 전체를 총칭한다. 양지는 이 기(氣)의 신령함이다. 신령한 양지는 변역하는 기의 통일성이지만, 달리 말하면 양지가 기의 통일성을 주재한다고도 할 수 있다. 그리하여 양지는 도덕가치 판단능력일 뿐만 아니라, 우주가치 생성능력으로 우주가치의 생성조화를 주관하는 존재가 된다. 용계는 기(氣)와 역(易)을 통해 자신의 이 조화양지설을 전개하였다.

이제 양지는 유가의 '천인합일', '내외합일', '물아일체' 공부를 실천하는 원동력으로 그 위상을 확고히 한다. 이것이 명도(明道) 정호(鄭顥, 1032-1085)가 「식인편(識仁篇)」에서 말한 '인자혼연여물동체(仁者渾然與物同體)'요, 양명(陽明) 왕수인(王守仁, 1472-1528)이 「대학문(大學問)」에서 제시한 '대인자이천지만물위일체자야(大人者以天地萬物爲一體者也)'이다.

용계는 이렇게 말한다.

천지의 도는 인(仁)을 알면 된다. 인(仁)은 양지가 그침이 없는 모습을 말하며 인과 양지는 다르지 않다. 오그라든다면 불인(不仁)한 상태다. 신령

---

217 「왕기집」 권8, 「易與天地準一章大旨」: 天地間, 一氣而已. 易者, 日月之象, 陰陽往來之體, 隨時變易, 道存其中矣. 其氣之靈, 謂之良知, 虛明寂照, 無前後內外, 渾然一體者也.

한 기(양지)는 관통하지 않는 곳이 없기 때문이다. 불위(不違)하고 불과(不過)하고 불류(不流)하며, 하늘의 도를 즐거워하면서 근심하지 않고, 자리에 편안해하면서 사랑하는 마음은 천칙(天則)의 본연으로 양지대로 실천하는 데에서 말미암는다.[218]

양지는 거침없이 내달리는 인(仁)이다. 세상의 그 무엇과도 일체를 이루지 않음이 없으며, 세상의 그 무엇도 사랑하지 않음이 없다. 이것이 우리가 본래 부여받은 천성이요 양지이다.

2. 역과 허적양지

허적양지는 양지가 지시지비(知是知非)하고 지선지악(知善知惡)하지만 그 본체는 무시무비(無是無非)하고 무선무악(無善無惡)하다는 말이다. 이는 거울이 세상의 흑백연치(黑白姸媸)를 그대로 비추면서도 그 자체는 텅 비어 허적(虛寂)한 상태에 비유할 수 있는데, 바로 『주역』에서 제시하는 우주의 창조와 생성의 원리의 다름 아니다.

용계는 「대상의술(大象義述)」 '건괘(乾卦)' 조목에서 이렇게 말한다.

일찍이 천문을 살펴보니 하늘이 운행하는 데에는 도수(度數)가 있고 멈추는 법이 없다. 하늘은 정해진 형체[體質]가 있지 않고 별들이 모여서 형체[體質]를 이룬다. 하늘은 덮개[依蓋]처럼 되어서 남북극이 서로 관통

---

218 『왕기집』 권8, 「易與天地準一章大旨」: 天地之道, 知仁而已. 仁者, 知之不息, 非二也. 痿痺則爲不仁, 靈氣有所不貫也. 不違不過不流, 樂天而不憂, 安土而能愛, 莫非天則之自然, 良知之順應也.

하고 북쪽은 높고 남쪽은 낮다. 관(管)을 통해 살펴보면 극중(極中)의 한 별은 운행 중에도 착밀(着密)하여 관(管) 밖으로 벗어나지 않는데 이것이 뉴성(紐星)이고 천축(天軸)의 자리다. 천체가 움직이지 않는다는 말은 움직이지 않는다는 의미가 아니고 운행하면서 궤도를 벗어나지 않는다는 뜻이다. 마치 추(樞)를 열고 닫는 중에도 구(臼)를 벗어나 이탈한 적이 없는 이치와 같다. 따라서 "하늘의 명은 심원하면서도 그침이 없다."고 하였으니 하늘이 하늘 되는 이유가 여기에 있다. 무유(無有), 원근(遠近), 천심(深淺)을 불문하고 메아리처럼 바로 받아들이니 이것이 조화의 추뉴(樞紐)이고 뭇 성인들이 전수하는 비장(秘藏)이다.[219]

정해진 형체가 있지 않고 별들이 모여 있는 공간이 하늘이라는 말은, 도가 어떤 고정된 유형체가 아니라 변화 운행하는 그 전체가 도라는 의미다. 이는 「계사」에서 전요(典要)에 사로잡히지 말라고 한 말을 연상시킨다. 하늘의 뉴성(紐星)이 궤도를 따라 돌면서 다른 별들의 운행을 주관한다는 말은, 뉴성이 적연지체(寂然之體)이지만 그 안에 감동지기(感動之機)를 가지고 있다는 의미다.

이를 세상의 구체적인 원리로 환언하면 이렇다.

천하의 감(感)은 모두 적(寂)에서 생기고 그 응(應)은 모두 허(虛)에 근본을 둔다. 허로 적변(適變)하고 적으로 신감(神感)하는 법이다. 하사하

---

219 『왕기집』 부록1, 「大象義述(乾卦)」: 尙考天文, 天行有常道而無停機, 天非有體也, 因星之附麗以爲體. 天如依蓋, 南北二極相貫, 北高南下, 窺之以管, 極中一星旋轉尤密, 不出管中者, 曰紐星, 所舍, 天之樞也. 天體不動非不動也, 旋轉不離於垣, 有樞之開闔, 不離於臼, 未嘗有所動也. 故曰"維天之命, 於穆不已". 天之所以爲天也. 無有遠近深淺, 受命如響, 此造化之樞紐, 千聖相傳之秘藏也.

려(何思何慮)라는 말은 천하의 동(動)을 하나로 한 말이다. 요임금의 중(中), 순임금의 미(微), 문왕의 목(穆), 공자의 묵(默), 안연의 우(愚), 주돈이(周敦頤)의 정(靜)이 모두 이것을 말한다.[220]

감응은 허적에 근본을 둔다, 이것이 핵심이다. 요임금의 '윤집궐중(允執厥中)'의 중(中)으로부터 주돈이의 '주정(主靜)'의 정(靜)에 이르는 도학의 맥은 모두 허적에 근본을 둔 감응을 주장한다.

그러면 이 허적의 도리를 가장 잘 드러낸 괘가 무엇인가? 그것은 복괘(復卦)이다.

양효(陽爻)가 아래에 처음 위치하여 동(動)하지만 아직 발(發)하지 않은 상태가 복괘의 상(象)이다. 선왕(先王)이 복괘의 상(象)을 관찰하여 백성의 마음을 안정(安靜)시켜서 보양(保養)하는 도리로 삼았는데, 이는 천도에 순종한 다스림이다. 동정과 시종을 관통하여 한순간도 멈추지 않는 이 이치가 천지가 만물을 낳는 핵심[心]이다.[221]

허직(虛寂)이란 아무것도 없다는 말이 아니요, '잠동(潛動)하지만 아직 활성하지 않은 상태[動而未發]'라는 의미를, 복괘 해석을 통해 보여준다. 마치 그 자리를 벗어나지 않고 돌고 있는 북극성과 같다.

천지의 운행이 허적(虛寂)의 원리라면 세상 사람들이 당연히 알아야

---

220 『왕기집』부록1, 「大象義述(乾卦)」: 蓋天地之感, 皆生於寂, 而其應也, 皆本於虛. 虛以適變, 寂以神感. 何思何慮, 所以一天下之動, 堯之中, 舜之微, 文之穆, 孔子之默, 以至顏之愚, 周之靜, 皆是物也.

221 『왕기집』부록1, 「大象義述(復卦)」: 陽始於下, 動而未發, 復之象也. 先王觀復之象, 安靜以養之, 順天道也. 夫貫動靜, 徹終始, 無一息之或已者, 天地生物之心也.

할 터인데, 왜 허적의 원리를 깨닫지 못하는가?

세유(世儒)들은 전요(典要)와 사위(思爲)에 빠져서 허적(虛寂)의 체(體)를 알지 못하고, 이씨(二氏)의 학문은 윤물(倫物)의 감응을 저버리고 청허적멸(淸虛寂滅)에 빠져 있으니 어찌 천하의 유(有)를 세워서 천하의 일을 세울 수 있겠는가? 이것이 성학이 밝아지지 못하고 조화가 거의 끝날 지경에 이른 이유이다.[222]

세상의 유자들은 전요(典要)와 사위(思爲)에 빠져서 썩은 동아줄을 생명줄인 양 붙잡고 놓을 줄 모르고, 노불은 윤물감응(倫物感應)의 일상행도(日常行道)를 저버리고 청정자수(淸靜自守)하고자 해서, 이 두 편향으로 인하여 성학을 실현하지도 못하고 천지의 조화 또한 끝장날 지경에 이르렀다.

따라서 용계는 이 허적 원리를 실체화한 허적양지를 불러온다.

불학불려(不學不慮)한 양지는 적(寂)과 조(照), 함(含)과 허(虛)가 둘이 아니지만 섞이지도 않는다. 마치 빈 골짜기에 되돌아오는 메아리나 혹은 깨끗한 거울에 맺힌 물건의 형상과 같다. 큰 소리 혹은 작은 소리의 메아리가 있고 아름다운 물상 혹은 못생긴 물상이 맺히기는 하지만 골짜기나 거울은 적연하지 않은 적이 없었다.[223]

---

222 『왕기집』 부록1, 「大象義述(乾卦)」: 世儒泥於典要思爲, 故昧夫所謂虛寂之體. 二氏之學, 外倫物之感應, 溺於淸虛寂滅, 又其足以立天下之有, 而成天下之務? 此聖學所以不明, 而造化或幾於息矣.

223 『왕기집』 권11, 「答劉凝齋」: 良知不學不慮, 寂照含虛, 無二無雜. 與空谷之答響, 明鏡之鑒形. 響有高下, 形有妍媸, 而谷與鏡未嘗不寂然也.

비어 있지만 조그만 소리가 들려도 바로 메아리로 응답하고, 작은 물체만 스쳐도 곧장 물상을 투영하는 골짜기나 거울 등 세상의 물건들 안에 이 허적의 원리는 늘 작동하고 있다.

이 허적의 원리를 용계는 「대상의술(大象義述)」의 '함괘(咸卦)' 조목에서 전형화한다.

"산과 연못이 기운을 통한다."라는 말은 빈[虛] 산이 윤택한 연못을 만났기 때문이다. 오직 비어 있기[虛] 때문에 통할 수 있다. 따라서 '규어산천(竅於山川)'이라고 한다. 군자는 '산택통기(山澤通氣)'의 상을 살펴서 중심을 비우고[虛] 만물을 받아들인다. 비어 있음[虛]은 도의 근원이다. 눈은 비어 있기 때문에 천하의 색을 받아들일 수 있고, 귀는 비어 있기 때문에 천하의 소리를 받아들일 수 있고, 마음은 비어 있기 때문에 천하의 선을 받아들일 수 있다. ……마음에 전요(典要)를 가지고 있으면 마음이 막혀서 통변(通變)할 수 없다. 군자의 학문은 치허(致虛)함으로써 근본을 세운다.[224]

허적(虛寂)이 도의 근원이기 때문에 군자는 치허(致虛) 공부를 해야한다. 이것이 용계가 주장하는 '사무설(四無說)'의 본 취지이다. 마음이 비어야 세상의 선을 받아들일 수 있다. 물론 비어 있음은 아무것도 없다는 말이 아니라 『주역』에서 말하는 그대로다. 즉 변역(變易)하기 때문에 허(虛)일 수 있고, 불역(不易)하기 때문에 적(寂)할 수 있다.

---

224 『왕기집』 부록1, 「大象義述(咸卦)」: 山澤通氣, 以山之虛, 配以澤之潤, 惟虛故通, 實則不通矣, 故曰"竅於山川". 君子觀山川通氣之象, 虛其中以受入. 虛者道之原也, 目惟虛, 故受天下之色; 耳惟虛, 故能受天下之聲; 心惟虛, 故能受天下之善. ……心存典要, 則心窒而不能通變, 君子之學致虛所以立本也.

3. 역과 현성양지

현성양지는 양지가 본래 구족하면서도 현재에도 구족하다는 점을 밝힌다. 현재구족(現在具足)이라는 말은, 양명이 즐겨 사용한 심체(心體)가 살아서 활발발(活潑潑)하다는 그 의미이다. 이처럼 현성양지설은 양명이 밝힌 양지활발설에 일차적으로 근본을 두고 있지만, 이를 설명하는 과정에서 용계는 『주역』의 체용일원(體用一原)을 적극 활용한다.

용계는 허적양지와 현성양지의 일원성(一元性), 즉 양지의 체용일원의 근거로 「계사전(상)」에 나오는 다음 문장에 주목한다.

> 역(易)은 무사(無思)하고 무위(無爲)하다. 적연부동(寂然不動)하면서도 감응(感應)하여 천하의 일에 통한다.[225]

역이 무사(無思)하고 무위(無爲)하다는 말은 생각을 멈추거나 행동을 안 한다는 의미가 아니라 천도대로 자연순응(自然順應)하여 생각하고 행동하기 때문에, 마음은 적연(寂然)하면서도 자연적으로 감응(感應)한다는 뜻이다.

이 「계사전(상)」의 관점을 용계는 「동유회어(東遊會語)」에서 소상하게 밝힌다.

> 무사무위(無思無爲)라는 말은 생각하지도 행동하지도 않는다는 말이 아니라 생각하고, 주고받고, 운동하고, 말하고, 행동하는 일체를 거울이 사물을 비추듯이 하고 내가 의식적으로 마음을 두지 않는다는 뜻이다. 따

---

225 『周易』「繫辭傳(上)」9장 : 易, 無思無爲, 寂然不動, 感而遂通, 天下之故.

라서 종일토록 생각하지만 생각한 바가 없고, 종일토록 행동하지만 행한 바가 없다. 의도적으로 생각하거나 행동하지 않기 때문에 마음이 항상 적연(寂然)하고, 항상 적연하기 때문에 항상 감응(感應)한다. 동정의 구별도 없고 전후의 구별도 없이 항상 자연스럽다.[226]

역은 천도자연으로, 즉 천도의 자연스러운 운행이다. 역의 도리는 천도의 자연이요 인위의 사려와 행동이 개입되어서는 안 된다.

인위적인 사려와 행동이 개입되지 않는 천도의 자연은 적연부동(寂然不動)과 감이수통(感而遂通)이다. 용계는 이 적연과 감통의 관계를 양지의 체용(體用)으로 풀어간다.

적연부동(寂然不動)은 양지의 본체(本體)이고 감이수통(感而遂通)은 양지의 작용(作用)이다.[227]

다른 곳에서는 적연(寂然)을 허적(虛寂)으로, 감통(感通)을 명각(明覺)으로 바꾸어 말한다.

허적(虛寂)은 원래 양지의 본체(本體)이고 명각(明覺)은 양지의 작용(作用)이다.[228]

---

226 「왕기집」권4,「東遊會語」: 無思無爲是非不思不爲, 念慮酬酢, 變化云爲, 如鑑之照物, 我無容心焉. 是故終日思而未嘗有所思也, 終日爲而未嘗有所爲也. 無思無爲, 故其心常寂, 常寂故常感, 無動無靜, 無前無後, 而常自然.

227 「왕기집」권17,「太極亭記」: 寂然不動者, 良知之體; 感而遂通者, 良知之用.

228 「왕기집」권2,「滁陽會語」: 虛寂原是良知之體. 明覺原是良知之用.

적연(寂然)한 양지 본체가 곧바로 감통발용하면 현성양지이고, 허적(虛寂)한 양지 본체가 곧바로 명각작용하면 현성양지이다. 인간이 본래 가지고 있는 본래양지(本來良知)는 지금 여기 온전히 구족한 현성양지이다. 이를 이천(伊川) 정이(程頤, 1033-1107)의 「역전서(易傳序)」의 표현으로 하자면 '체용일원(體用一原), 현미무간(顯微無間)'이다.

용계는 이처럼 자신의 현성양지설을 체용일원을 통하여 정당화하는데, 현성양지설 비판의 선두에 섰던 섭표 또한 체용일원을 통하여 그 비판을 정당화한다.

섭표가 양지현성설을 반대하면서 용계에게 질문을 던진다.

"고요함[寂]에 나아가면[卽] 감응[感]이 있고[存], 감응[感]에 나아가면 [卽] 고요함[寂]이 운행[行]한다."는 말로 양지의 현성(見成)을 논한다면 그럴듯하지만 배우는 사람들을 위해서는 당연히 자세한 설명을 붙여야 합니다.[229]

섭표는 즉적즉감(卽寂卽感)을 주장하는 현성양지는 상근기의 사람들에게는 가능할지도 모르지만 중하근기의 일반인들은 현실적으로 불가능하다고 비판한다.

용계는 이에 대해 다음과 같이 응대한다.

"고요함[寂]에 나아가면[卽] 감응[感]이 있고[存], 감응[感]에 나아가면 [卽] 고요함[寂]이 운행[行]한다."는 말은 바로 본체에 합하는 공부입니

---

229 『왕기집』 권6, 「致知議辯」: 卽寂而感存焉, 卽感而寂行焉, 以此論見成, 似也. 若爲學者立法, 恐當更下一轉語.

다. 감응[感]하지 않을 때가 없으며 고요함[寂]으로 돌아가지 않을 때가 없습니다. 만약 이와 같은 주장을 현성이라고 하여, 공부를 논하지 않는다고 하면 장차 어떻게 공부해야 합니까?[230]

섭표는 선체후용(先體後用)에 기반을 두고, 먼저 적(寂)이 완전해야 감(感)이 된다는 선적후감(先寂後感)을 주장하면서 현성설을 비판한다. 반면에 용계는 즉체즉용(卽體卽用)에 기반을 두고, 적(寂)하면 바로 감(感)한다는 즉적즉감(卽寂卽感)을 주장하면서 현성설을 옹호한다. 섭표는 체(體)와 용(用)은 일원(一原)이기 때문에 체(體)가 바로 서야 용(用)이 바로 선다는 입장을 가지고 비판했고, 용계는 체(體)와 용(用)은 일원(一原)이기 때문에 체(體)가 있으면 바로 용(用)이 있다는 입장에서 반박했다. 섭표가 말한 체용은 근체지용(根體枝用)이며 원체위용(源體委用)인 선체후용(先體後用)의 체용일원(體用一原)이요, 용계가 말하는 체용은 경체명용(鏡體明用)이며 수체유용(水體流用)인 즉체즉용(卽體卽用)의 체용일원(體用一原)이다. 이처럼 동일한 체용일원이지만 상반된 이해가 가능하다는 사실에 주의해야 한다.[231]

---

230 『왕기집』권6, 「致知議辯」: 卽寂而感行焉, 卽感而寂存焉, 正是合本體之工夫, 無時不感, 無時不歸於寂也. 若以此爲見成而未及學問之功, 又將何如其爲用也?

231 섭표와 용계의 논변을 기록한 「치지의변」은 섭표가 선체후용에 입각하여 자신의 귀적설을 정당화하며, 이에 맞선 용계가 즉체즉용에 입각하여 자신의 현성설을 옹호하는 다양한 논의들이 등장한다. 자세한 내용은 2절에서 '귀적설과 현성양지'를 논한 부분을 참고하기 바란다.

제2절
도 · 불과 양지철학

1. 유 · 불 · 도 교판

삼교교판은 정통과 이단을 분별하는 데 그 목적이 있다. 유교의 입장에서 보자면 유교가 정통이고 불교와 도교는 이단이다. 그런데 용계는 노불을 제쳐놓고 다른 대상을 이단으로 지목한다.

이단(異端)이라는 말은 공자의 글에 보인다. 그러나 당시에는 불교가 아직 중국에 들어오지 않았고, 노자는 공자가 직접 찾아가 예를 묻고서 용과 같다는 감탄을 했던 인물이다. 장자는 노자를 으뜸으로 여기고 창광(猖狂)하기는 했지만 어찌 이단이라고 할 수 있겠는가. 우리 유가의 학문은 이단이 따로 있다. 불교는 만물의 이치를 버려두고 허적에만 마음을 쏟는 바람에 방탄(放誕)해졌다. 그러나 오늘날의 병통은 여기에 있지 않고 속학(俗學)에 있을 따름이다.[232]

---

[232] 『왕기집』 권1, 「三山麗澤錄」: 異端之說, 見於孔氏之書, 當時佛氏未入中國, 其於老氏

유학에서 통상적으로 말하는 이단을 들자면 맹자는 양주와 묵적을 이단으로 비판하였고, 정자와 주자는 불교와 도교를 이단으로 비판하였는데, 용계는 스승이 그랬듯이 속학(俗學)을 이단이라고 한다. 속학이란 성인지학을 학문의 목표로 삼지 않고 세속적 이익을 추구하는 학문이다.

그렇다면 용계가 유·불·도 삼교를 어떻게 평가하는지 알아보자.

삼교(三敎)의 설은 그 유래가 오래되었다. 노씨(老氏)는 허(虛)를 말하는데, 성인의 학문도 또한 허(虛)를 말한다. 불씨(佛氏)는 적(寂)을 말하는데, 성인의 학문도 적(寂)을 말한다. 무엇으로 이를 분별할 것인가? 세상의 유자들은 그 근본적인 차이를 제시하지 못하고 이씨(二氏)와 비슷하기만 하면 이단이네 하고 비판하는데, 이는 통론(通論)이 아니다.[233]

유가(儒家)에게 세 칸의 방이 있어, 좌측은 '적멸방'이요 우측은 '허무방'으로 모두 유가의 방이었다. 그런데 좌측 방은 불교에, 우측 방은 도교에 내어주고는 적멸과 허무를 말하면 불교네 도교네 하면서 이단이라고 비판하는데 이는 정통한 평가가 아니라고 한다.

그런데 이 병폐가 꽤 고질적이어서 호걸지사도 종종 이런 우를 범한다고 지적한다.

尙往問禮, 而有猶龍之嘆. 莊子宗老而任狂, 非可以異端名也. 吾儒之學, 自有異端. 至於佛氏之家, 遺棄物理, 究心虛寂, 始失於誕. 今日所病, 卻不在此, 惟在俗耳.

233 『왕기집』 권17, 「三敎堂記」: 三敎之說其來尙矣. 老氏曰虛, 聖人之學亦曰虛, 佛氏曰寂, 聖人之學亦曰寂, 孰從而辨之? 世之儒者不揣其本, 類以二氏爲異端, 亦未爲通論也.

간혹 호걸한 선비들이 잃어버렸다고 가만있지 않고 정학(正學)을 주장하며 노불[二氏] 배척을 자신의 소임으로 실천하지만, 근본을 탐구하여 정미(精微)한 지점을 파헤치지 못하고 단지 명의(名義)만을 앞세우고 기백(氣魄)으로 어찌 해보려고 해서 노불에게 도리어 공격만 당한다.[234]

세유만이 아니라 유학 부흥을 소임으로 삼은 호걸지사들도 정학이 무엇인지 제대로 알지 못하기 때문에 도리어 노불에게 비판의 빌미만 제공한다는 평가다.

그렇다면 이 '허무방'과 '적멸방'을 양측에 가진 유가의 본래 규모는 어떤지 살펴보자.

사람은 천지의 중(中)을 받아서 태어난다. 모두 성(性)이 있다. ……양지는 성(性)의 신령한 능력으로 천지만물을 일체로 삼고 삼교를 아우르는 중추이다. 전요(典要)를 주장하지도 않고 사위(思爲)에 빠져들지도 않는다. 허(虛)와 실(實)이 상생(相生)하면서 무(無)가 아니고, 적(寂)과 감(感)이 서로 승(乘)하면서 멸(滅)이 아니다.[235]

유가의 본래 규모는 바로 양지 안에 구비되어 있다. 무시무비하며 무선무악한 양지가 '허(虛)'하고 '적(寂)'한 허적양지이고, 지시지비하고 지선지악한 양지가 '실(實)'하고 '감(感)'하는 현성양지이다. 그리고 조

---

234 『왕기집』 권1, 「三山麗澤錄」: 間有豪傑之士, 不忍甘心於自失, 欲行主張正學, 以排斥二氏爲己任, 不能探本入微, 務於內修, 徒欲號召名義, 以氣魄勝之, 祇足以增二氏檢議耳.

235 『왕기집』 권17, 「三敎堂記」: 人受天地之中以生, 均有恒性. ……良知者性之靈, 以天地萬物一體, 範圍三敎之樞. 不狗典要不涉思爲, 虛實相生而非無也, 寂感相乘而非滅也.

화의 정령인 양지가 '천지만물을 일체로 삼는' 조화양지이다.

삼교를 아우르는 양지는 불교의 '적(寂)'과 도교의 '허(虛)'를 아우르면서 '감(感)'과 '실(實)'을 저버리지 않는 중도의 실학이다. 즉 허적양지와 현성양지는 삼교회통의 근거가 된다.

그렇다면 양지 중심의 삼교합일론은 도교의 '허(虛)', 불교의 '적(寂)'과 어떻게 다른지 살펴볼 필요가 있다. 「동유회어」에 이와 관련된 용계의 입장이 나온다.

> 선사(왕양명)께서 "노씨(老氏)가 허(虛)를 말했는데 성인이 어디 거기에 조그만 실(實)이라도 보태고, 불씨(佛氏)가 무(無)를 말했는데 성인이 어찌 조금의 유(有)라도 덧붙였겠느냐? 노씨는 양생(養生)에 착안해서 허(虛)를 말하고 불씨는 생사(生死)를 벗어나는 데 뜻을 두고 무(無)를 말했기 때문에, 그들은 본체에 의사(意思)를 가미하였다. 이는 허무의 본 면모가 아니다."라고 했다.[236]

선사의 말을 인용하여 용계는 노불의 허무는 진정한 허무가 아니라고 평가한다. 비록 노불이 허무를 말하지만, 그들은 양생과 생사 이탈의 일념을 극복하지 못하였다. 양명이 말했듯이 '자사자리(自私自利)'하기 때문에 노불은 진정한 허무 본체를 알지 못한다. 그렇다면 양생과 생사에 매인 자사자리한 마음을 초극하고 오직 천리에 순응할 때 진정한 허무 본체를 실천하게 될 것이다. 바로 양지대로 실천하는 치양지

---

236 「왕기집」 권4, 「東遊會語」: 先師有言, "老氏說到虛, 聖人豈能於虛上加得一毫實? 佛氏說到無, 聖人豈能於無上加得一毫有? 老氏從養生上來, 佛氏從出離生死上來, 卻在本體上加了些子意思, 便不是他虛無的本色."

공부 외에 다른 길이 없다.

용계가 속학을 이단이라 하고, 노불에서 주장한 허무(허적)의 종지를 양지학 내에서 받아들이고는 있지만, 유불도 삼교의 교판이라고 한다면 유교는 정통, 노불은 이단이라는 기본 구도는 바뀌지 않는다.

유교와 노불을 가르는 핵심은 '입세지학'과 '출세지학'의 구분이다. 이는 용계만이 아니라 유학자가 견지한 기본 입장이다. 유교의 입장에서 봤을 때, 노불이 진정한 허적을 구현할 수 없는 근본 이유는 '출세지학'이 갖고 있는 한계 때문이다. 허적을 추구하면서 실감을 배제하는 태도는 출세지학의 피할 수 없는 숙명으로, 이미 자사자리(自私自利)에 떨어졌기 때문에 진정한 허적이 아니다.

반면에 유가는 허실(虛實)이 상생(相生)하고 적감(寂感)이 상승(相乘)하면서 만물일체의 대인지학(大人之學)을 실천하는데, 이는 유가가 '입세지학'을 지향하기 때문이다. 용계의 "양지는 성(性)의 신령한 능력으로 천지만물을 일체로 삼고 삼교를 아우르는 중추이다."라는 말은 여기에 기반을 둔다.

2. 양생과 양덕

용계는 「동유회어」에서 양명의 말을 인용하여 도교의 핵심인 텅 빔[虛]은 그들이 양생(養生)에 애착하기 때문에 진정한 텅 빔[虛]을 실천하지 못한다고 비판한다. 그리하여 용계는 도교의 양생에 견주어 양덕(養德)을 주장한다.[237]

---

237 물론 용계를 포함하여 심학자들이 양생에 관심을 갖지 않았다는 말은 아니다. 도리어 양생학

용계는 「유도회기(留都會記)」에서 양생과 양덕을 다음과 같이 정리한다.

> 계신공구를 하면 신(神)이 안정되고, 신(神)이 안정되면 기(氣)와 정(精)이 안정된다. 비록 양덕(養德)이라고 하지만 양생(養生)이 그 안에 이미 있다.[238]

양생학의 기본 요소는 정(精)·기(氣)·신(神)이다. 내단학을 정초한 자양(紫陽) 장백단(張伯端, 983-1082)에 의하면, 내단 공부는 축기(築基)→연정화기(煉精化氣)→연기화신(煉氣化神)→연신환허(煉神還虛)의 순서로 진행되는데, 정(精)은 정기(精氣)이고 기(氣)는 혈기(血氣)이며 신(神)은 정신(精神)이라고 할 수 있다. 용계는 내단학의 용어를 활용하여 양생은 계신공구의 양덕을 통해 이루어진다고 밝힌다. 양덕이 근본이요 양생은 그 효과라는 입장이다.

용계는 주신(主神)과 주기(主氣)라는 용어를 사용하기도 한다.

> 유가의 치양지 공부는 신(神)을 위주로 하고, 양생가는 기(氣)를 위주로 한다. 계신공구는 신(神)을 보존하는 공부다. 신(神)이 안정되면 기(氣)는

에 관심이 높았다는 평가가 더 정확할지 모른다. 명대의 황제들이 도교의 양생술에 심취했다는 자료는 도처에서 발견되고, 양명학자들 중에서도 허약한 몸을 보호하기 위해 양생학을 공부한 예가 적지 않다. 양명, 육징, 용계 등이 건강상의 이유로 양생학을 공부했다고 밝히고 있다. 이와 같은 이유 외에 심학과 관련지어 양생학의 유행을 설명할 수도 있다. 즉 성학을 추구하는 과정에서 개인 주체의 육체적 수양 또한 동시에 중시하게 된다는 점이다. 심학에서 성인은 천성[性]을 추구하는 자가 아니고 본심[心]대로 실천하는 개인으로, 그 경지가 자신의 건강, 혈색, 호흡 등 육체적 상태를 통해 드러난다고 보았기 때문이다.

238 『왕기집』 권4, 「留都會記」: 戒愼恐懼則神住, 神住則氣住, 精住, 雖曰養德, 而養生亦在其中.

저절로 안정된다. 허(虛)에 돌아가는 것으로 무위공부(無爲工夫)다. 반면에 기(氣)를 위주로 하면 기(氣)가 움직이는 곳에서 이회(理會)하게 된다. 기(氣)가 결집되면 신(神)도 응집되어 신(神)과 기(氣)가 모두 양육되기는 하지만 이와 같은 공부는 유위공부(有爲工夫)를 벗어나지 못한다.[239]

용계는 주신(主神) 공부를 하면 주기(主氣) 공부는 저절로 된다고 강조한다. 반면에 주기(主氣) 공부는 양신(養神)의 효과가 없지는 않지만 무위공부(無爲工夫)에는 미치지 못하고 유위공부(有爲工夫)에 머물게 된다고 한다.

용계는 또 수성(修性)과 수명(修命)이라는 용어를 사용하기도 한다.

성인의 학문은 성(性)을 회복하는 데 있습니다. 사람은 천지의 중도를 받고 태어나서 만물의 이치를 갖추었습니다. 성(性)은 그 생리(生理)이고 명(命)은 성이 올라타고 있는 기틀입니다. 따라서 하늘이 명한 것을 성이라고 합니다. 이는 성명이 합일하는 근본 이유입니다. ……선사(양명)께서 "보지 못하고 듣지 못하는 대상을 삼가고 두려워한다면 정신[神]이 안정되고, 정신이 안정되면 혈기[氣]와 정기[精]도 안정된다. 선가에서 말하는 장생구시(長生久視)의 설이 모두 여기서 벗어나지 않는다."라고 했습니다.[240]

---

239 『왕기집』권1, 「三山麗澤錄」: 蓋吾儒致知, 以神爲主, 養生家以氣爲主. 戒愼恐懼是存神功夫, 神住則氣自住, 當下還虛, 便是無爲作用. 以氣爲主, 是從氣機動處理會, 氣結神凝, 神氣含育, 終是有作之法.

240 『왕기집』권14, 「壽鄒東廓翁七袠序」: 聖人之學復性而已矣. 人受天地之中以生, 而萬物備焉. 性其生理, 命其所秉機之機也, 故曰天命之謂性, 此內性命合一之原也. ……先師嘗曰, "戒謹不睹, 恐懼不問, 則神住, 神住則氣住, 精住, 而仙家長生久視之說, 不外於是."

성(性)은 생명을 주재하는 생명의 원리이고, 명(命)은 이 생명의 원리가 구체적으로 활동하는 몸이다. 생명 활동은 몸이 없어서도 안 되지만 근본은 생명 활동을 주재하는 성이다. 유가는 수성(修性) 공부가 근본이요, 수명(修命) 공부는 그다음이라고 본다.

용계는 양덕(養德)과 양생(養生), 수성(修性)과 수명(修命), 주신(主神)과 주기(主氣)의 공부를 말했는데, 이를 한마디로 말하면 무엇일까?

사람이 사람 될 수 있는 근거는 정신[神]과 기(氣)가 있기 때문입니다. 정신[神]은 기(氣)의 주재(主宰)가 되고 기(氣)는 신(神)의 유행(流行)으로 모두 한가지입니다. 신(神)이 성(性)이고 기(氣)는 명(命)입니다. 양지는 신(神)과 기(氣)의 오묘한 결합으로 성명(性命)의 영추(靈樞)가 됩니다. 치양지 하면 신기(神氣)가 교통하고 성명(性命)이 온전해집니다.[241]

양덕(養德)과 양생(養生), 수성(修性)과 수명(修命), 주신(主神)과 주기(主氣)를 아우르는 공부는 치양지 공부다. 왜냐하면 양지가 덕(德)과 생(生), 성(性)과 명(命), 신(神)과 기(氣)를 오묘하게 결합한 영추(靈樞)이기 때문이다.

한편 용계는 양덕(養德)과 양생(養生), 수성(修性)과 수명(修命), 주신(主神)과 주기(主氣)를 아우르는 치양지의 실천 공부론으로 호흡[息, 곧 一息之微[242]] 공부를 주장한다. 이는 용계가 선천지학의 구체 공부론으

---

241 『왕기집』 권17, 「同泰伯交說」: 夫人之所以爲人, 神與氣而已矣. 神爲氣之主宰, 氣爲神之流行, 一也. 神爲性, 氣爲命, 良知者, 神氣之奧, 性命之靈樞也. 良知致, 則神氣交而性命全, 其機不外乎一念之微.

242 『왕기집』 권14, 「壽商明洲七表序」: 二用無爻無位, 乘降於六虛之中, 神氣往來, 性命符合, 卽所謂火候也, 而其機存乎一息之微.

로 제기한 일념지미(一念之微)를 연상시킨다.

호흡 공부에 대한 용계의 입장은 「천주산방회어(天柱山房會語)」에 자세히 기록되어 있다.

사람이 숨을 쉬는 과정은 강유가 서로 갈마들고 건곤이 합벽(闔闢)하는 도리와 같다. 그대가 정좌를 하려면 조식(調息)에서 시작해야 한다. 조식은 수식(數息)과 다르다. 수식은 의식이 있지만 조식은 의식을 없앤다. 고요하게 쉬는 듯 안 쉬는 듯 숨이 들고 나갈 때 마음도 따라간다. 숨이 고르면 정신이 돌아오고, 정신이 돌아오면 숨이 절로 안정되어 마음과 숨이 서로 의지하게 된다. 수화(水火)가 서로 교감하는 과정을 숨이라고 하는데, 이 숨이 근본으로 돌아오면 도(道)로 나아가는 첫 관문을 들어선 셈이다.[243]

숨이 들고 나가는 모습은 음양이 순환하고 천지가 개벽하여 만물을 창조하는 과정과 유사하다. 조식으로 숨과 마음을 혼연일체로 다스리면 도에 들어가는 첫 관문을 넘어섰으니, 양신(養神)의 첫 단추를 꿰었다고 할 수 있다.

그리고 바로 이어서 조식 공부는 치양지 공부의 다름이 아니라고 밝힌다.

그러나 치양지 외에 다른 공부가 별도로 있지 않으니, 고요한 중에 이 양

---

243 『왕기집』 권5, 「天柱山房會語」: 人之有息, 剛柔相摩, 乾坤闔闢之象也. 子欲靜坐, 且從調息起手, 調息與數息不同, 數息有意, 調息無意, 綿綿密密, 若存若亡, 息之出入, 心亦隨之, 息調則神自返, 神返則息自定, 心息相依, 水火自交, 謂之息. 息歸根, 入道之初機也.

지[機竅]를 불러낸다면 숨이 근본으로 돌아와 도에 나아갈 수 있다. 이 양지[機竅]는 마음이나 신체 기관에 기탁하여 있지도 않지만 그렇다고 다른 데서 구할 수도 없다. 유념하면서도 집착하지 않다 보면 아! 하고 번뜩 깨달을 수 있다.[244]

양생과 관련된 치양지 공부는 일식지미(一息之微)에 기반을 둔 공부를 통해 이루어진다. 고요한 중에 양지를 불러내어 주재하도록 하는 공부는, 조식을 통하여 마음과 숨이 서로 의지하게 하는 공부와 다르지 않다.

용계는 양덕(養德)과 양생(養生), 수성(修性)과 수명(修命), 주신(主神)과 주기(主氣)를 아우르는 공부를 주장하지만 이미 앞에서 언급했듯이 양덕(養德), 수성(修性), 주신(主神)이 목적이고 양생(養生), 수명(修命), 주기(主氣)는 방편이자 효과라는 입장은 변함이 없다.

무릇 유자의 학문은 진성(盡性)을 종론으로 삼습니다. 성(性)은 원래 완벽[無漏]한 진체(眞體)이지만 형질(形質)이 있어야 존재할 수 있기 때문에 형질과 결합하여 몸을 이루게 되자 범심(凡心)이 올라타서 잘못[有漏]이 없을 수 없습니다. 따라서 수명(修命)의 공부를 통하여 마음을 가다듬고[練攝] 범심(凡心)을 제거하여 흠 없는[無漏] 진체(眞體)로 복귀해야 합니다. 이른바 가짜를 빌려서 진짜를 닦는다는 말로 수명(修命)은 복성(復性)하는 방편입니다.[245]

---

244 『왕기집』 권5, 「天柱山房會語」: 然非致知之外, 另有此一段功夫, 只於靜中指出機竅, 令可行持, 此機竅, 非臟腑身心見成所有之物, 亦非外此別有他求, 棲心無寄, 自然玄會, 恍惚之中, 可以默識.

245 『왕기집』 권14, 「壽史玉陽年兄七十序」: 夫儒者之學, 以盡性爲宗. 性者, 萬劫無漏之

수명(修命) 공부는 마음을 가다듬고 범심(凡心)을 제거하는 공부로 복성(復性)하는 방편 공부다. 따라서 이러한 목적을 방기하고 육신의 건강과 장수를 목표로 하는 양생가를 두고는 조금의 주저함도 없이 날선 비판을 날린다.

세상의 양생가는 이와는 다르니, 성(性)과 명(命)을 나누어 양단으로 삼고 안과 밖을 분리하여 별도의 대상으로 삼습니다. 그리하여 망상(罔象)과 환형(幻形)에 미혹되기도 하고 심지어는 썩어 문드러질 몸뚱이에만 온 정신을 팔기도 합니다. 이들은 성학도 제대로 모를 뿐만 아니라 노씨(老氏)의 종지도 놓친 자들입니다.[246]

이 글은 동곽(東廓) 추수익(鄒守益, 1491-1562)의 70수연을 기념하여 쓴 글로, 추수익이 건강하게 장수하는 비결이 양덕을 제대로 했기 때문이라고 하며 건강과 장수만을 추구하는 양생가들을 비판한다. 여기서도 양덕을 통해 양생을 이룬다는 용계의 양생관을 알 수 있다. 하여 용계는 양생학과 관련하여 이렇게 권면한다. "요임금, 순임금, 문왕, 공자로 이어지는 그 정신을 온 마음과 생각을 다해 계승하여 대장부가 이 세상에 태어난 사명을 저버리지 않기를 바랍니다. 선도(仙道)를 먼저 닦지 말고 인도(人道)를 먼저 닦아야 합니다. 인도를 닦은 후에 신

眞體. 祗緣形生以後, 假合爲身, 而凡心乘之, 未免有漏. 故假修命之術以練攝之, 使滌除凡心, 復還無漏之體, 所謂借假修眞. 修命, 正所以復性也.

246 『왕기집』 권14, 「壽鄒東廓翁七袠序」: 世之養生, 則異於是, 裂性命爲兩端, 分內外爲二物, 或迷於罔象, 或迷於幻形, 甚至顚溟濁亂, 軀殼渣滓之爲徇. 豈惟不知聖人之學, 所謂幷老氏之旨而失之者也.

선이 있는지 분별해도 늦지 않습니다."[247]

3. 이탈생사와 생사여일

용계는 「동유회어」에서 양명의 말을 인용하여 불교의 핵심인 비어 있음[無]은 그들이 생사에 애착하기 때문에 진정한 비어 있음[無]을 실천하지 못한다고 비판하다. 그리하여 용계는 불교의 이탈생사(離脫生死)에 견주어 생사여일(生死如一)을 주장한다.

본래 생사 문제는 특정 교파를 막론하고 교의의 핵심을 차지한다. 죽음은 인간에게는 피할 수 없는 실존의 벽이며, 이 벽에 대한 사색들이 체계화되어 철학이나 종교 등으로 발전했을 가능성이 다분하기 때문이다. 불교는 삼교 중에서도 생사윤회에 대한 논의가 더 많은 비중을 차지한다. 즉 무명(無明)과 인연(因緣)의 굴레를 벗어나지 못하고 육도(六道)를 윤회하는 중생들에게 불법을 깨우쳐 생사윤회에서 해탈하는 수행을 가르친다.

용계는 생사윤회에 대해 이러한 생각을 가졌다.

사람에게 생사윤회가 있는 이유는 의념[念]과 정식(情識, 識)을 숭상하기 때문이다. 의념은 이랬다저랬다 하고 이심(二心)에서 발용한다. 선으로 혹은 악으로 이랬다저랬다 들쑥날쑥한 의념이 윤회의 종자가 된다. 정식은 분별심이 있고 알음알이 의식이다. 생겨났다가 금세 사라지기를 끊임

---

247 『왕기집』권9, 「與潘笠江」: 望只專心定念, 承接堯舜姬孔一脈源流, 亦不枉却大丈夫出世一番. 未修仙道, 先修人道, 到此辨別神仙有無, 未爲晚也.

없이 반복하는 정식이 생사의 원인이 된다.[248]

여기서 의념[念]은 일념지미(一念之微)의 순수경험의식이 아니고 좋은 생각[好念頭]에서 사용한 일반경험의식이다. 이심(二心)은 하나인 본심(本心)이 아니고 두 마음인 습심(習心)이다. 정식[識]은 전식성지(轉識成知)에서 사용한 식(識)으로 양지[知]와 반대이다.

용계는 의념의 왕래와 정식의 기멸에 의해서 생사윤회가 발생한다고 설명한다. 이는 유식 계열의 '일체유심조(一切唯心造)'를 원용하여 설명하는 방식으로, 양명학파의 '심외무사(心外無事)'와 '심외무리(心外無理)'의 논리와도 맞닿아 있다.

그렇다면 생사윤회를 끊으려면 어떻게 해야 하는가? 당연히 양지심체가 주재하여 의념[念]과 정식[識]을 변환시켜야 한다.

> 의념[念]이 본심[心]에 근본을 두면 지인(至人)은 무심(無心)하여 의념이
> 멈추고 윤회가 없어진다. 정식[識]을 양지[知]로 전환하면 지인(至人)은
> 무지(無知)하여 정식이 텅 비어 생사가 없어진다.[249]

의념과 정식을 양지심체의 발용으로 전환하는 공부가, 양지대로 실천하는 치양지이며 선천정심지학이다. 용계는 치양지 공부를 통하여 생사윤회를 탈피하고자 하였다.

---

248 『왕기집』권7, 「新安斗山書院會語」: 人之有生死輪廻, 念與識爲之崇也. 念有往來, 念自二心之用, 或之善, 或之惡, 往來不常, 便是輪廻種子. 識有分別, 識自發智之神, 倏而起, 倏而滅, 起滅不停, 便是生死根因.

249 『왕기집』권7, 「新安斗山書院會語」: 夫念根於心, 至人無心則念息, 自無輪廻. 識變爲知, 至人無知則識空, 自無生死.

불교에서는 생사윤회에서 해탈하기 위해 '명심견성성불(明心見性成佛)'을 주장한다. 즉 무명의 때를 갈고닦아 본심을 밝히고, 불성을 깨달아 부처가 되는 길이다. 여기서 심(心)은 청정심(淸淨心)이요, 성(性)은 불성(佛性)이다. 청정심과 불성은 성불(成佛)하는 내재적 근거로서, 공무(空無)를 근본으로 한다. 만약 실체를 인정하면 이는 범아(梵我)를 인정하게 되어 불교의 근본 교리에서 위배된다.

용계가 보기에 불교의 이러한 방법은 속학(俗學)에 비하면 고명한 길이기는 하지만, 여전히 문제를 노정하고 있다고 본다.

> 불학은 공(空)을 숭상하여 인의(仁義)를 헛것이라 하고, 예악(禮樂)을 군더더기로 치부하고, 전장(典章)과 법도(法度)를 폐기하는 등 일체를 허무적멸하여 따질 수 없다고 한다. 이를 두고 무극(無極)이라고 한다면, 무극이면서 태극(太極)인 이치를 모르는 소치다.[250]

한유(漢儒)들이 인의(仁義), 도덕(道德), 예악(禮樂), 법도(法度), 전장(典章)을 전요(典要)로 삼고 초월의 내성학을 펼치지 못한 데에 비하면 고명한 길이기는 하지만, 도덕과 예악을 버린 점은 역시 불교가 출세의 교학임을 보여준다. 한유(漢儒)가 태극(太極)은 알았으되 무극(無極)을 모른 병폐가 있듯이, 불학은 무극은 알았으되 태극을 모르는 병폐가 있다고 본다.

불교가 생사의 굴레에서 벗어나려고 하면서 천리(天理)를 부정하고 공리(空理)에 의지하여 적멸(寂滅)로 돌아가려는 태도는, 출세간에 꽉

---

250 『왕기집』권17, 「太極亭記」: 佛氏之學, 以空爲宗, 仁義爲幻, 禮樂爲贅, 并其典章法度而棄之, 一切歸於寂滅, 無可致詰, 若以爲無極矣, 不知無極而太極.

사로잡혀 있기 때문이다. 그리하여 현실의 생사를 달관하지 못하고 억지로 생사에서 탈출하려고 한다. 즉 이탈생사의 입장으로 생사여일이 아니라는 평가다.

용계는 유가의 생사관을 이렇게 말한다. "내(용계) 나이가 이미 팔십입니다. 온갖 생각들은 이제 모두 없어져서 하루도 괜찮고 백 년도 괜찮습니다. 오직 맡길 뿐입니다. 공자가 '사는 것도 알지 못하는데 죽는 것을 어찌 알겠는가?'라고 한 말은 지극한 뜻을 담고 있습니다. 미진한 데가 한 군데도 없습니다. ……살다가 죽는 게 낮에 밤이 있는 것과 같습니다. 낮을 알면 밤도 알게 됩니다. 다른 것이 아닙니다. 여기서 깨달으면 진성(盡性)하고 입명(立命)하는 공부로 성인에 들어가는 혈맥 길입니다."[251]

---

251 『왕기집』 권11, 「答李漸庵(第2書)」: 不肖年已八十, 百念盡灰, 一日亦可, 百年亦可, 任之而已. 孔氏云 "未知生, 焉知死?" 此是究竟語, 非有所未盡也. ……生之有死, 如晝之有夜, 知晝則知夜, 非有二也. 於此參得透, 方爲盡性, 方爲立命, 方是入聖血脈路.

제3절
—
삼교합일과 양지철학

1. 유무지경

양명 만년 교법을 집약한 사구교를 두고 서산(緒山) 전덕홍(錢德洪, 1496-1574)은 이른바 사유설로, 용계는 사무설로 각자의 이해를 제시하는데, 이후 사구교 논쟁은 명대 학술계의 뜨거운 감자로 부상한다. 바로 이 유(有)와 무(無)를 사용하여 자설(自說)을 설명하는 방식은 용계학의 특징을 이룬다. 그렇지만 이미 살펴보았듯이 용계가 유와 무의 의미를 중의적으로 사용하여, 각별한 주의를 요한다.[252]

예를 들어 '무중생유(無中生有)'는 무에서 유가 생긴다는 의미로, 무가 본체요 유가 작용이다. 이 논리는 텅 빈 거울에 만상이 맺히는 원리를 반영한다. 텅 빈 거울은 본체인 무이고, 맺힌 만상은 작용인 유이다. 양지론에 적용하면 허적양지는 무시무비로 텅 빈 거울과 같은데,

---

[252] 전덕홍과 용계의 논변은 천천문답과 엄탄문답이 대표적이다. 특히 엄탄문답에는 유심과 무심이 중의적으로 사용되고 있어서 유무에 대한 정확한 이해를 요한다.

현성양지는 만상을 비추는 거울처럼 지시지비하다. 역철학에 적용하면 천축을 벗어나지 않는 북극이 있어서 천문(天文)이 제자리를 잡듯이, 무(無)를 근저로 천지조화가 일어난다. 여기서 중심은 무(無)이다.

한편 '유무지간(有無之間), 불가치힐(不可致詰)'은 주돈이의 『통서』에 나오는 '성(誠)·신(神)·기(幾)'를 설명하는 과정에서 용계가 사용한 표현으로, 성도[誠]인 실체(實體)가 신묘[神]하게 발용(發用)하는 이 과정은 기미(幾微)하다는 의미이다. 여기서는 유가 실체요 무가 작용이다. 양지에 적용하면 양지 실체가 성(誠)이고, 양지 작용이 신(神)이며, 이 전체 과정은 기미(幾微)하다. 역철학에 적용하면 복괘(復卦)가 동이미발(動而未發)하여 적연부동(寂然不動)하지만 만상삼연(萬象森然)한 본체를 갖추고 있다. 여기서 중심은 유(有)이다.

용계는 다시 이 유무를 가지고, 유에 편중된 한대 유학과 무에 편중된 불교를 논한다. 그리고 이를 통하여 유무를 아우르는 삼교회통의 양지철학을 구축하고자 했다. 이하에서는 「태극정기(太極亭記)」의 내용을 따라가면서 살펴보겠다.

용계는 성학(聖學)이 실전(失傳)하면서 나타난 병폐를 두 가지로 든다. 첫째는 유학 내에서 나타난다.

한유(漢儒)의 학문은 유(有)를 종지로 삼았다. 인의(仁義), 도덕(道德), 예악(禮樂), 법도(法度), 전장(典章) 등을 전요(典要)로 꽉 붙들고 묵수하면서 태극(太極)이라고 여겼다. 그러나 한유는 태극이 본래 무극(無極)임을 알지 못하였으니, 어찌 유(有)로 말할 수 있겠는가?[253]

---

253 『왕기집』 권17, 「太極亭記」: 漢儒之學, 以有爲宗, 仁義道德禮樂法度典章, 一切執爲
典要, 有可循守, 若以爲太極矣, 不知太極本無極.

전요(典要)는 『주역』 「계사전」에서 "상하가 무상하고 강유가 서로 바뀌어서 전요(典要)를 삼을 수 없으니 오직 변화에 알맞게 할 뿐이다."[254]의 전요로서 변동불거(變動不居)의 반대말이다. 용계는 전요를 강도 높게 비판하는데, 이는 전요하면 유집유체(有執有滯)할 수밖에 없기 때문이다.

전요(典要)는 인의(仁義), 도덕(道德), 예악(禮樂), 법도(法度), 전장(典章)처럼 현행하는 가치 규범들이다. 용계가 이를 문제 삼는 이유는 사람들이 전요를 양지의 소리로 오인하거나, 전요로 양지를 대체하려 해서이다. 따라서 주자학과 마찬가지로 한학(漢學)을 비판하면서도, 그 비판의 입론을 장구지학(章句之學)에 대한 의리지학(義理之學)을 내세우지 않고 한대 유자들이 태극(太極)이 본래 무극(無極)임을 알지 못한다고 말한다.

둘째는 한유(漢儒)를 비판하면서 등장한 무(無)의 편향이다. 이는 유학 밖에서 나타난다.

불학은 공(空)을 숭상하여 인의(仁義)를 헛것이라 하고, 예악(禮樂)을 군더더기로 치부하고, 전장(典章)과 법도(法度)를 폐기하는 등 일체를 허무적멸하여 따질 수 없다고 한다. 이를 두고 무극(無極)이라고 한다면, 무극이면서 태극(太極)인 이치를 모르는 소치다.[255]

불교는 한유(漢儒)의 집착에 반대하고 무집착을 주장하면서 결국에

---

254 『周易』「繫辭傳(下)」: 上下无常, 剛柔相易, 不可爲典要, 唯變所適.

255 『왕기집』 권17, 「太極亭記」: 佛氏之學, 以空爲宗, 仁義爲幻, 禮樂爲贅, 并其典章法度而棄之, 一切歸於寂滅, 無可致詰. 若以爲無極矣, 不知無極而太極.

는 일체를 적멸(寂滅)로 환원시킨다. 불교의 적멸은 한유의 전요를 시정하는 공이 있기는 하지만, 결국은 일체를 적멸로 환원하고 윤물감응(倫物感應)을 저버리는 출세의 학문이다. 그리하여 용계는 불교를 무(無)로 규정하고, 무극(無極)이 태극(太極)임을 모른다고 비판한다.

결국 "한유(漢儒)는 적(迹)에 사로잡혀서 순(順)만을 알고 역(逆)을 모르며, 불교는 공(空)에 빠져서 역(逆)만을 알고 순(順)을 알지 못한다."[256]라고 평가한다. 즉 한유는 무극→태극→음양→만유로 생성되는 순리(順理)만을 알고 그 반대는 모르며, 불교는 만유→음양→태극→무극으로 복귀하는 역리(逆理)만을 알고 그 반대는 몰랐다고 평가한다.

그리고 이 양극단은 염계(濂溪) 주돈이(周敦頤, 1017-1073)에 와서야 비로소 시정된다.

> 염계(濂溪, 곧 주돈이) 선생이 천 년 후에 태어나서 도의 근원을 깨닫고 한유(漢儒)와 불교(佛敎)의 폐단을 통찰하고서는 태극도를 만들고 태극도설을 붙여서 무극태극(無極太極)의 종지로 이를 시정하였다. ……그 "중정인의(中正仁義)로 정(定)하면서 정(靜)을 주(主)로 한다."는 말은 공부하는 요령을 잘 보여주었다. 중정인의(中正仁義)로 정(定)한다는 말은 태극(太極)이고, 주정(主靜)은 무극(無極)이다. 따라서 인극(人極)이 섰다고 한다.[257]

주돈이는 '무극이면서 태극이다[無極而太極]'라는 설을 선포하여, 한

---

256 『왕기집』권17, 「太極亭記」: 一則泥於迹, 知順而不知逆; 一則淪於空, 知逆而不知順.
257 『왕기집』권17, 「太極亭記」: 濂溪生於千載之後, 默契道原, 洞見二者之弊. 建圖立說, 揭無極太極之旨以救之. ……其曰"定之以中正仁義而主靜", 尤示人以用功之要. 夫定之以中正仁義, 所謂太極, 而主靜, 卽所謂無極也. 故曰"人極立焉"矣.

유의 유(有)의 편향과 불교의 무(無)의 편향을 시정했다. 그 이후 후학(주자)에 의해 다시 성학이 어두워지자, 양명이 양지를 가지고 다시 성학을 밝힌다.

> 양명 선사가 양지교(良知教)를 제창하여 천하를 각성시키면서 심극(心極)의 의미가 다시 세상에 밝아졌다. 적연부동은 양지의 본체이고 감이수통은 양지의 작용이다. 항상 적(寂)하고 감(感)하면서도 적(寂)과 감(感)을 잊는 그것이 양지의 지극한 법칙이다. 양지는 지시지비하면서도 실제는 무시무비한데, 무(無) 중에 유(有)하고 유(有) 중에 무(無)한 원리가 『역』의 종지이다.[258]

양지는 유의 편향(漢儒)과 무의 편향(老佛)을 모두 시정할 수 있는 공부론임이 분명하다. 또한 양지는 역도(易道)의 천지조화 원리인 유무호생(有無互生)을 체현한다. 그리하여 용계는 허적양지의 무(無)와 현성양지의 유(有)가 천지를 창조하는 원리이자, 무에 편향된 이씨(二氏)의 학과 유에 편향된 한유(漢儒)의 학을 교정할 수 있다는 점에서 삼교합일의 근거임을 선언한다. 즉 양지를 중심으로 한 삼교합일이 가능하다는 입장이다.

---

258 『왕기집』 권17, 「太極亭記」: 陽明先師倡明良知之教, 以覺天下, 而心極之義復大明於世. 寂然不動者, 良知之體. 感而遂通者, 良知之用. 常寂常感, 忘寂忘感, 良知之極則也. 夫良知知是知非, 而實無是無非. 無中之有, 有中之無, 大『易』之旨也.

2. 새로운 도통론

이학(理學)의 특징 중 하나가 도통론(道統論)이다. 이학이 도학을 표방하면서 등장한 이상, 그 도통을 밝히는 도통론은 필연적이다. 도통론은 도학이 지향하는 정신을 드러낸다. 그렇다면 주자학을 비판한 양명학이 주자학과 차별화된 도통을 밝히려는 노력을 하지 않을 수 없을 것이다. 특히 양명학 선양을 필생의 사명으로 삼은 용계는 도통에 대한 견해를 여러 글에서 피력하고 있다.

용계가 도통만을 전문적으로 논한 글은 문집에 보이지 않지만, 「간지정일지지(艮止精一之旨)」에서 용계가 생각하는 도통 인물의 대강을 살필 수 있다.

공자가 "내가 아는 것이 있다고 생각하느냐? 나는 무지하다."라고 했는데 무지(無知)하다는 말은 공공(空空)이라는 의미로 성인과 범인이 다르지 않다. 공자의 공공은 비부(鄙夫)의 공공과 같다. ……공자가 안회를 칭찬하여 "안회는 거의 도에 가까운데, 누공(屢空)하기 때문이다."라고 했다. ……염계(주돈이)의 '주정무욕(主靜無欲)'의 설은 무극(無極)으로 돌아가는 공부요, 명도(정호)의 '정성무사(定性無事)'의 설은 동정을 모두 잊는 공부에 근본을 두고 있다. ……천백 년 후에 양명 선사가 세상을 깨우치고자 양지설을 제창하여, 주렴계와 정명도를 거슬러 올라가 맹자와 공자로 이어지는 뭇 성현들이 전수한 성학을 계승하였다.[259]

---

259 『왕기집』 권8, 「艮止精一之旨」: 孔子曰, "吾有知乎哉? 無知也." 無知也者, 空空也. 無聖無凡, 孔子之空空, 與鄙夫之空空一也. ……孔子稱顔子曰, "回也, 庶乎! 屢空." ……濂溪主靜無欲, 歸於無極. 道定性無事, 本乎兩忘. ……陽明先師, 生千百年之後, 首倡良知之說, 以覺天下, 上溯濂洛, 以達於鄒魯千聖之絶學也.

용계 도통론은 공자→안연→(맹자)→주렴계→정명도→왕양명으로 도통 인물을 설정하고 있는데, 이는 그의 문집 내에서 전형화된 계보이다. 이 계보는 몇 가지 특징을 보여준다.

첫째는 선진유학에서 공자→증자→자사→맹자의 구도를 대신하여 공자→안연→맹자를 제시한 점이다. 안자(안연)를 공자의 적전으로 내세우는 방식은 심학 계열의 특징이자 용계학의 중요한 특성이다. 또한 주자학이나 양명학에서 맹자가 공자 사상을 계승 발전시켰다는 평가는 차이가 없지만, 양명학은 심학의 원류로서 맹자의 의의를 높이 평가한다.

둘째는 북송오자(北宋五子) 중에서 주돈이→정호로 계보를 만든 점이다. 같은 심학 계열인 육구연이 주자와의 무극태극 논쟁 중에 주돈이의 태극도(설), 특히 무극을 순수한 유가 사유로 취급하지 않았는데, 용계는 자설을 설명하는 중요한 근거로 무극을 사용하였고 도학 계보의 중심에 두었다. 또한 정호와 정이 형제의 학설을 엄격하게 구분하여 정호만을 도학의 계보로 설정하고 있다. 이는 당시 심학 계열의 일반적인 인식이다.

1) 공자 : 공자를 도통의 기점으로 삼는 방식은 송명이학(宋明理學)의 기본이다. 공자 이전의 도통을 따지자면 용계는 「태극정기(太極亭記)」에서 복희(伏羲)→문왕(文王)→주공(周公)→공자(孔子)로 이어지는 도통을 제시하였다. 이는 송대 주자학의 도통관과 다르지 않다.

2) 안연 : 안연을 공자의 적통으로 삼는 도통론은 양명학의 특징 중 하나다. 안연이 공자의 수제자라는 사실은 주자학자들도 수긍하지만, 그가 젊어서 세상을 떠나 유작을 남기지 못했기 때문에 공자(『논어』)→증자(『대학』)→자사(『중용』)→맹자(『맹자』)의 도통 안에 넣지 않았다. 그러나 양명학파는 안연이 적전이라고 한다. 왜냐하면 안연이 직접 글로

도를 전하지는 않았지만, 경전에 나오는 안연의 학문은 양명학 정신을
잘 설명하고 있기 때문이다.

양명은 안연이 죽은 후에 성학이 단절되었다고 본다.

"안자가 죽은 후에 성학이 망했다는 말은 의심이 듭니다."라고 질문하
자, 선생(양명)이 "성인의 도를 온전히 본 사람은 오직 안자 한 사람이다.
……안자가 죽고서 성학의 정맥(正脈)은 마침내 전해지지 못했다."라고
대답했다.[260]

안연이 죽은 후에 성학의 정맥이 단절되었다면, 이는 주자학에서 내
세운 공자→증자로 이어지는 도맥은 정통 도맥이 아니라는 비판을 우
회적으로 하고 있는 셈이다.

그렇다면 공자가 안연에게 전수한 그 본연의 학문은 무엇인가?

자공(子貢)은 많이 배워서 지식을 넓히고자 하여 견문에서 공부를 했지
만, 안자는 마음에서 공부하였다.……[261]

자공은 견문지지(見聞之知)를 넓히는 공부에 치중했지만, 안연은 덕
성지지(德性之知)를 함양하는 공부를 했다. 바로 덕성지지를 함양하는
공부가 공자가 안연에게 전한 본연의 학문이다.

그리고 덕성지지를 함양하는 공부가 치양지 공부다.

---

260 『전습록』상권, 77조목 : 問, "顏子沒而聖學亡, 此語不能無疑." 先生曰, "見聖道之全者
惟顏子. ……顏子沒, 而聖學之正脈, 遂不盡傳矣."

261 『전습록』상권, 113조목 : 子貢多學而識, 在聞見上用力; 顏子在心地上用功.

선생(양명)이, "공자는 모르고 하는 일이 없고, 안자는 불선한 마음이 들면 바로 이를 자각하지 않은 적이 없었다. 이것이 성학의 진정한 혈맥이다."라고 했다.[262]

공자가 모르고 하는 일이 없다는 말이나, 안연이 불선한 마음을 바로 자각했다는 말은 모두 양지가 마음을 주재하여 양지대로 실천한다는 의미다.

용계는 이상에서 드러난 스승의 관점을 기본으로 하면서 선천정심 지학을 가지고 안연의 위상을 확립한다.

안자는 불선한 생각이 있으면 모른 적이 없었고, 알면 잘못을 되풀이하지 않았다. 이것이 선천이간(先天易簡)의 학문이다. 원헌(原憲, 곧 子思)은 극벌원욕(克伐怨慾)을 행하지 않는다고 했는데, 이는 후천번난(後天繁難)한 학문이다.[263]

안연은 선천이간(先天易簡)의 학문을 하고 원헌은 후천번난(後天繁難)의 공부를 했다고 하여, 선천정심 공부론의 표본으로 안자를 들고 있다.

그렇다면 안연의 선천이간한 학문은 구체적으로 무엇인가?

무릇 뜻[志]에는 두 가지가 있고, 지(知)에도 두 가지가 있다. 덕성(德性)

---

262 『전습록』 하권, 259조목 : 先生曰, 孔子無不知而作, 顔子有不善未嘗不知. 此是聖學眞血脈路.
263 『왕기집』 권1, 「三山麗澤錄」 : 顔子有不善, 未嘗不知. 知之, 未嘗復行, 便是先天易簡之學. 原憲克伐怨慾不行, 便是後天繁難之學, 不可不辨也.

의 지(知)가 있고 견문(見聞)의 지(知)가 있다. 덕성의 지는 자기 내면에서 강구하며 이른바 양지이고, 견문의 지는 외부 대상에서 강구하는 이른바 지식이다. ……공자 문하에 이미 이 두 가지 구분이 있었다.

공자가 "모르고서 하는 일이 있는가? 나는 없노라."라고 한 말은 양지가 모르는 바가 없음을 말한다. 만약 많이 듣고 보고서 선택한다면 이는 견문의 지로, 본래 갖고 태어난 지가 아니고 차등의 지이다. 많이 듣고 보고서 안 지식을 차등의 지라고 한다면 지 중에 으뜸은 양지가 아니고 무엇이겠는가?

공자가 안연을 칭찬하여 "불선한 마음이 있으면 모른 적이 없고, 알면 잘못을 되풀이하지 않았다."라고 하고서 "거의 가깝다."라고 했는데 이 말은 도에 거의 가깝다는 의미이다. ……자공(子貢)과 자장(子張) 등도 비록 성인에게 배웠지만 그 마음을 믿지 못하고 많이 배우고 묻는 공부를 하였다. 자공과 자장이 화식(貨殖)과 간록(干祿)을 논한 대목을 보면, 이들이 이익을 탐하는 생각이 은연중에 피어오르고 있었으니 이른바 차등의 지이다.

안자가 죽자 성학이 끊어져버렸고, 자공과 자장의 학문은 계속하여 전승되어 골수에 사무친 지가 천백여 년이나 된다.[264]

안연의 학문은 마음에 근본을 둔, 즉 양지에 근거한 덕성지지의 학

---

264 『왕기집』권2, 「水西同志會語」: 夫志有二, 知亦有二 : 有德性之知, 有聞見之知. 德性之知, 求諸己, 所謂良知也. 聞見之知, 緣於外, 所謂知識也. ……孔門固已有二者之辨矣. 孔子曰, "蓋有不知而作之者, 我無是也." 言良知無所不知也. 若多聞多見上擇識, 未免從聞見而入, 非其本來之知, 知之次也. 以多聞多見爲知之次, 知之上者, 非良知而何? 其稱顏子, 曰, "有不善, 未嘗不知, 知之未嘗復行, 以爲庶幾." 夫庶幾者, 幾於道也.……子貢, 子張之徒, 雖同學於聖人, 然不能自信其心, 未免從多聞多學而入. 觀其貨殖干祿, 已不免於功利之萌, 所謂知之次也. 顏子沒, 而聖學亡. 子貢, 子張之學, 沿相習, 淪浹於人之心髓, 亦千百年於玆矣.

문이다. 반면 자공과 자장은 양지본심을 믿지 못하고 견문지식의 도움을 받아 성학으로 들어가려는 견문지지의 학문이다. 따라서 자공과 자장의 공부는 일반경험의식에 기반을 둔 후천성의 공부이기 때문에 세정기욕의 맹아가 도사리고 있으며 번난한 공부다. 반면에 안연의 공부는 순수경험의식에 기반을 둔 선천정심 공부이기 때문에 이른바 '재동즉각(纔動則覺), 재각즉화(纔覺則化)'하는 간이한 공부다.

그렇다면 용계가 증자(曾子)와 맹자(孟子)에 대해서는 어떤 평가를 내리고 있을까?

> 선생(용계)이 "스승(양명)의 '안자가 죽자 성학이 끊어졌다'는 말은 그럴 만한 이유가 있다. 대체 증자와 맹자는 무슨 학문을 전수했는가? 이를 반드시 마음으로 깨달아야지 말로 설명할 수 있는 성질이 아니다. 증자와 맹자는 들어갈 문이 있고 따를 길이 있고 준수할 법규가 있다고 한다면, 안자는 열지 않은 문을 통과하고 흔적 없는 자취를 따라가고 꿰매지 않고 튼튼히 봉함한 격이다."라고 했다.[265]

용계가 성선설을 설파한 맹자나 격물치지를 확립한 증자보다 안연을 한 등급 위로 평가하는 태도가 엿보인다. 이는 용계가 선천정심지학을 기준으로 평가를 내린 결과다.

3) 주돈이 : 주돈이를 북송오자(北宋五子)로 추앙하면서도 편정(偏

---

265 『왕기집』권1, 「撫州擬峴臺會語」: 師云, "顔子沒而聖人之學亡." 此是險語. 畢竟曾子, 孟子所傳是何學? 此須心悟, 非言詮所能究也. 略擧其似, 曾子, 孟子尙有門可入, 有途可循, 有繩約可守. 顔子則是由乎不啓之局, 達乎無轍之境, 固乎無縢之緘.

靜)의 경향, 도교와의 관계 등을 문제 삼으면서 일양일억(一揚一抑)의
입장을 취했던 송유(宋儒)와는 달리, 용계는 주돈이가 공문(孔門)의 종
지를 온전히 계승했다고 한다.

> 염계(濂溪, 주돈이) 선생이 천 년 후에 태어나서 도의 근원을 깨닫고 한유
> (漢儒)와 불교(佛敎)의 폐단을 통찰하고서는 태극도를 만들고 태극도설
> 을 붙여서 무극태극(無極太極)의 종지로 이를 시정하였다. ……그 "중정
> 인의(中正仁義)로 정(定)하면서 정(靜)을 주(主)로 한다."는 말은 공부하
> 는 요령을 잘 보여주었다. 중정인의(中正仁義)로 정(定)한다는 말은 태극
> (太極)이고, 주정(主靜)은 무극(無極)이다. 따라서 인극(人極)이 섰다고
> 한다.[266]

용계는 유무상생(有無相生)하고 동정상승(動靜相乘)한 성학(聖學)이
한유(漢儒)의 '유(有)'에 편향된 공부와 불교의 '무(無)'에 편향된 공부를
거쳐, 주돈이에 와서 비로소 성학의 동정합일(動靜合一), 유무상생(有
無相生)의 철학이 회복되었다고 강조한다.

4) 정호 : 정호 스스로는 자신이 주돈이의 학문을 계승했다고 하지
않지만, 용계는 정호가 주돈이를 계승했다고 본다.

> 명도(明道, 정호)가 전한 학문은 염계(濂溪, 주돈이)의 주정(主靜)의 학에
> 근본을 둔다. 이는 무욕(無欲)하기 때문에 정(靜)하다는 의미로, 한결같

---

266 『왕기집』권17,「太極亭記」: 濂溪生於千載之後, 默契道原, 洞見二者之弊. 建圖立說,
揭無極太極之旨以救之. ……其曰"定之以中正仁義而主靜", 尤示人以用功之要. 夫
定之以中正仁義, 所謂太極. 而主靜, 卽所謂無極也. 故曰"人極立焉"矣.

음이 바로 무욕(無欲)의 공부다. 무욕하면 정시(靜時)에는 허(虛)하고 동시(動時)에는 직(直)한다. 이것이 공문(孔門)의 극기지경(克己持敬)의 공부다.[267]

용계는 정호가 주돈이의 주정의 학을 계승하였다고 평가하는데, 구체적인 내용을 아래와 같이 설명한다.

고요함[靜]은 마음의 본체이며, 염계 주돈이가 주장한 주정(主靜)은 무욕(無欲)을 요령으로 삼고, 한결같음이 무욕(無欲)이다. 무욕하면 정시(靜時)에는 허(虛)하고 동시(動時)에는 직(直)한다. 주정(主靜)의 정(靜)은 사실 동정(動靜)을 겸한다. 동정은 때를 나타낸다. ……염계(주돈이)가 명도(정호)에게 전해준 학문은 정성설(定性說)이다. 성(性)은 안과 밖, 보내고 맞이하는 바가 없어서 "동시(動時)에도 정(定)하고 정시(靜時)에도 정(定)한다."는 말이 이를 두고 한 말이다. 이것이 뭇 성현이 전수한 학맥이다.[268]

용계는 주돈이의 '무욕고정(無欲故靜)'의 주정설(主靜說)과 정호의 '동역정정역정(動亦定靜亦定)'의 정성설(定性說)이 의리적 계승 관계를 형성한다고 본다. 주돈이가 말한 주정(主靜)은 허적심체(虛寂心體)에 근본을 두어야 한다는 말인데, 이 공부는 정시(靜時)나 동시(動時)를 막론

---

267 『왕기집』 권5, 「竹堂會語」: 明道所傳, 本於濂溪主靜之學, 無欲故靜, 一者無欲也. 無欲則靜虛動直, 此卽孔門克己持敬之功.

268 『왕기집』 권3, 「答中淮吳子問」: 靜者, 心之本體, 濂溪主靜, 以無欲爲要, 一者無欲也, 無欲則靜虛動直. 主靜之靜, 實兼動靜之義, 動靜所遇之時也. ……濂溪傳諸明道, 則爲定性, 性無內外, 無將迎, 所謂動亦定, 靜亦定, 此千聖學脈也.

하고 이루어진다. 따라서 이천(정이) 등이 주정(主靜)은 편정(偏靜)의 혐의가 있다 하여 주경(主敬)을 내놓고, 무욕(無欲) 대신에 과욕(寡欲)을 제기한 방식은 이른바 '교왕지과(矯枉之過)'를 면하지 못한다는 입장이다. 반면에 정호의 정성설(定性說)은 '동역정정역정(動亦定靜亦定)'하는 공부로, 동시(動時)나 정시(靜時)를 막론하고 심체를 정(定)한 상태로 유지하는 공부다. 따라서 주돈이의 주정설(主靜說)은 정호의 정성설(定性說)로 계승되었다고 평가한다.

용계가 이정 형제를 평가하는 방식은 주자와 사뭇 다르다. 주자는 정이를 전면 추숭하면서 정호를 두고는 일양일억(一揚一抑)하는 태도를 취하는데, 용계는 정호를 전면 추숭하지만 정이에 대해서는 부정적 평가가 대부분이다. 용계는 정이가 도통의 입장에서 주돈이를 계승하지 못했다고 평가한다. 즉 정이가 개인적인 기상 면에서도 그렇고 공부론에서도 도통에서 벗어난다고 보았다.

용계는 정이의 개인적 기상을 다음과 같이 평가한다.

(육구연이) "이정(二程)이 무숙(茂叔, 주돈이)을 만난 후에 음풍농월하면서 돌아간 일은 '내가 증점(曾點)을 허여(許與)한다'는 그 뜻과 같은데, 후에 명도(정호)는 이 뜻을 간직했지만 이천(정이)은 잃어버렸다."라고 했는데, (용계가 이 말을 두고) "학자는 반드시 공자가 증점을 허여한 뜻을 알아야 한다. 이것이 공문의 학맥이요, 여기에 깨달음이 있다. 그렇지 않다면 썩은 널빤지를 붙잡고 있는 꼴밖에 안 된다. 이천은 평생토록 비장하게 세교(世敎)를 일으켜 세우기 위해 사도(師道)를 자임했다. 이를 두고 명도가 자신은 동생만 못하다고 했는데, 본의는 그가 동생을 우회적으로 가르치려고 한 말이다. 아쉽게도 이천은 그 본의를 깨닫지 못했다. 학문하면서 아집에 사로잡혀 자신은 결코 틀리지 않았다는 오만함을 친형도 어

찌하지 못했는데 하물며 친구들이 어찌할 수 있으랴?"라고 했다.[269]

정이가 세교를 일으키려 하고 사도를 자임한 그 노력은 가상하지만, 아집에 사로잡혀 자신만이 올바르다는 그 오만함이 꽉 누르고 있기 때문에 도를 제대로 보지 못했다는 평가다. 도를 제대로 보지도 못했는데 어찌 도를 전할 수 있겠는가?

또한 정이의 공부론을 두고는 이렇게 비판한다.

어떤 학생이 "이천(정이)의 '내면을 존양(存養)하여 외면에서 감응(感應)하고 외면에서 절제(節制)하여 내면을 존양(存養)하는 학문'은 내외를 모두 기르는 공부인데, 어떻게 보는지 궁금합니다."라고 물었다.

선생(용계)이 "……회암(주자)이 존덕성을 존심(存心)으로, 도문학을 치지(致知)로 해석하면서 정이의 '함양(涵養)할 적에는 경(敬)을 하고 진학(進學)할 때에는 치지(致知)를 한다는 설'로 근거를 삼고, 이것으로 내외를 함께 기른다고 하였다. 그러나 지(知)는 마음의 허령함인데, 주재의 측면에서 말하면 심(心)이라 할 수 있고, 허령한 지각의 측면에서 말하면 지(知)이다. 원래 심(心)과 지(知)는 두 물건이 아닌데, 심을 빼고 지(知)가 따로 있다고 하고 존심(存心) 공부를 빼고 별도의 치지(致知) 공부를 주장하는 입장은 이천의 설이 야기한 잘못이다."라고 했다.[270]

---

269 『왕기집』 권1, 「撫州擬峴臺會語」 : (象山曰), "二程見周茂叔後, 吟風弄月而歸, 有吾與點也之意. 後來明道此意卻存, 伊川已失了." (先生曰), "學者須識得與點之意, 方是孔門學脈, 方爲有悟. 不然只成擔死版. 伊川平生剛毅, 力扶世教, 以師道爲己任. 明道自以爲有所不及, 不知明道乃是巽言以教之, 惜乎伊川未之悟也. 學問到執己自是處, 雖以明道爲兄, 亦如之何? 況朋友乎!"

270 『왕기집』 권4, 「留都會紀」 : 一友問, "伊川存中應外, 制外養中之學, 以爲內外交養, 何如?" 先生曰, "……晦菴以尊德性爲存心, 以道問學爲致, 取證於涵養須用敬, 進學

주자가 주장하는 '존심치지(存心致知)'의 공부론은 정이의 '함양용경(涵養用敬), 진학치지(進學致知)'를 답습한 것인데 이는 내외(內外)와 심지(心知)를 둘로 나눈 지리(支離)한 공부라는 비판이다.

5) 왕양명 : 용계는 양명을 공자→안연→(맹자)→주돈이→정호로 이어지는 도통의 최후 계승자로 평가한다.

양명 선사가 오랑캐 땅에 귀양한 3년 동안 온갖 고난의 연단을 이겨내면서 구사일생으로 양지의 핵심을 완전히 깨달았다. 이를 통하여 주자(周子, 주돈이)가 전한 무욕(無欲)의 도통(道統)을 이어받아 공문(孔門)의 학맥을 계승하였다.[271]

양명은 귀양 적거 때의 깨달음을 통하여 공문의 학맥을 계승하였다. 그 학맥은 주돈이가 전한 무욕(無欲)의 도통이고, 또한 정호가 전한 정성설(定性說)의 도통이다.
그렇다면 양명이 전한 도통은 무엇인가?

양명 선사가 양지교(良知敎)를 제창하여 천하를 각성시키면서 심극(心極)의 의미가 다시 세상에 밝아졌다. 적연부동한 것은 양지의 본체이고 감이수통한 것은 양지의 발용이다. 항상 적(寂)하고 감(感)하면서도 적(寂)과 감(感)을 잊는 그것이 양지의 극칙(極則)이다. 양지는 지시지비하

在致知之說, 以此爲內外交養, 知是心之虛靈, 以主宰謂之心, 以虛靈謂之知, 原非二物, 舍心更有知, 舍存心更有致知之功, 皆伊川之說, 有以誤之也.

271 『왕기집』권5, 「蓬萊會籍申約」: 陽明先師, 居夷三載, 歷試多艱, 出萬死於一生, 動忍益增, 透悟良知指訣, 得於周子無欲之傳, 上承孔門學脈.

면서도 실제는 무시무비하고, 무(無) 중의 유(有)이며 유(有) 중의 무(無)로 위대한 『역』의 종지이다.[272]

주돈이의 '무욕고정(無欲故靜)'의 주정설(主靜說)은 즉적즉감(卽寂卽感)의 체용일원에 근거하고, 정호의 '동역정정역정(動亦定靜亦定)'의 정성설(定性說)도 즉동즉적(卽動卽寂)의 체용일원에 근거하고, 양명의 무시무비하며 지시지비한 양지심체(良知心體)도 이른바 허적양지와 현성양지의 체용일원에 근거한다. 용계는 양명 선사의 도통은 '유(有)'와 '무(無)'를 관통한 양지에 있다고 한다.

양명이 도통을 계승한다고 한다면, 양명 심학의 원류로 평가받는 상산(象山) 육구연(陸九淵, 1139-1193)과 백사(白沙) 진헌장(陳獻章, 1428-1500)에 대한 평가는 어떤지 궁금하다.[273]

먼저 용계는 진헌장의 학문을 이렇게 평가한다.

어떤 이가 "백사(진헌장)의 '정(靜)한 가운데서 단예(端倪)를 양출(養出)하라'고 한 가르침은 무엇입니까?"라고 물었다.

선생(용계)이 "단(端)이라는 말은 선(善)의 단서(端緖)이고, 예(倪)라는 말은 천예(天倪)의 예(倪)이다. 사람이 본래부터 가지고 있었는데 정양(靜養)하지 않는다면 볼 수가 없다. ……이 단예(端倪)는 이른바 파병(杷柄)으

---

272 『왕기집』 권17, 「太極亭記」: 陽明先師倡明良知之敎, 以覺天下, 而心極之義復大明於世. 寂然不動者, 良知之體; 感而遂通者, 良知之用. 常寂常感, 忘寂忘感, 良知之極則也. 夫良知知是知非, 而實無是無非. 無中之有, 有中之無, 大『易』之旨也.

273 양명은 상산학을 추숭하면서도 그 공부론에 대해 거칠다는 평가를 내린 적이 있다. 또한 명대 심학의 개창자로 평가받는 진헌장이고, 그의 고족이 담약수이기 때문에 양명이 백사학을 모르지는 않았을 터인데도 정작 현존하는 기록에서 양명이 백사학을 직접적으로 평가한 내용은 찾기 어렵다.

로 이것이 있어야 비로소 순수(循守)할 수가 있다. 그렇지 않으면 망탕해서 귀착할 바가 없다. 그러나 그와 같은 공부는 양지의 진면목을 바로 가르쳐서 핵심을 이해하도록 하는 공부에는 미치지 못한다. 동정(動靜)을 막론하고 늘 양지를 존양해서 허명(靈明)한 양지가 상하를 두루 관통하면 광경(光景)이나 혹은 의상(意象)을 활계(活計)로 오인하는 병폐가 없다."라고 말했다.[274]

진헌장의 '정중양출단예(靜中養出端倪)' 공부는 편정(偏靜)의 혐의가 있다. 즉 동시(動時)와 정시(靜時)를 관통하는 치양지 공부만큼 정확하지도 않고, 잘못하면 침공(沈空)하여 광경(光景)이나 의상(意象) 등을 진상(眞相)으로 오인하는 병폐가 있을 수 있다.

다른 곳에서도 이와 비슷한 평가를 내린다.

"요부(堯夫, 소옹)의 학문은 공문(孔門)의 학문과 비슷한데, 명도(정호)가 수긍하지 않은 이유가 무엇입니까?" 하고 물었다.

선생(용계)이 "요부(堯夫)도 공문의 별파이기는 하다. ……사람이 정(靜) 중에 무언가를 깨닫는 내용은 정(靜) 중에 어떤 광경(光景)을 본 정도이다. 이는 이른바 '긍긍업업(兢兢業業)'하며 '학불염(學不厭)하고 교불권(敎不倦)'하는 공부와는 차이가 있다. 백사(白沙, 진헌장)가 주장한 '정(靜)한 가운데서 단예(端倪)를 양출(養出)하라'는 공부론이 대체로 소옹

---

274 『왕기집』 권7, 「南遊會紀」: 或問, "白沙敎人, 靜中養出端倪, 何如?" 先生曰, "端卽善端之端, 倪卽天倪之倪, 人人所自有, 然非靜養, ……此端倪, 卽所謂杷柄, 方可循守, 不然未免茫蕩無歸, 不如直指良知眞頭面而尤見端的, 無動無靜, 無時不得其養, 一點靈明, 照徹上下, 不至使人認光景意象作活計也."

(邵雍)과 비슷하다."라고 했다.[275]

백사학은 정(靜)에 치우칠 혐의가 있는 공부다. 소옹이 공문의 별파이듯이 백사학이 공문의 학문임은 틀림없지만, 성학의 동정일원(動靜一原)하고 적감일원(寂感一原)한 본래 면목과는 차이가 있다.

둘째, 용계는 상산학을 두고 이렇게 평가한다.

(용계가 말하길) 상산(육구연)은 본심(本心)을 종신토록 자신(自信)하였다. '그 큰 것을 먼저 세워라'는 공안(公案)은 비록 말을 통해서 깨달은 것이지만 자득한 바가 많다. 그러나 그가 격물(格物)을 논하면서 지(知)를 먼저 하고 행(行)을 나중에 한다는 말은, 여전히 구견(舊見)을 벗어나지 못했다.[276]

육구연이 본심을 자신하고 심학을 고취한 점은 높이 평가받아야 하지만 구체적인 공부론을 말하면서는 주자가 제시한 '선지후행(先知後行)'의 구태를 벗어나지 못했다고 평가한다. 이는 양명이 공부가 오래되면 상산학의 '조략(粗略)한 면[粗處]'을 보게 된다는 의미와 연결된다.[277] 다시 말하면 상산학이 학문의 목표는 정확하지만 학문 방법은

---

275 『왕기집』 권8, 「天根月窟說」 : 問曰, "堯夫之學, 似卽孔門之學, 而明道不以爲然者, 何也?" 先生曰, "堯夫亦是孔門別派, ……人蓋從靜中得來, 亦只受用得靜中些子光景, 與兢兢業業, 學不厭, 敎不倦之旨異矣. 白沙所謂, 靜中養出端倪, 亦此意也."

276 『왕기집』 권1, 「撫州擬峴臺會語」 : (先生曰), "象山自信本心, 終身受用, 在先立乎其大者一句公案, 雖因言而入, 所自得者多矣. 其論格物, 知在先行在後, 未離舊見."

277 『전습록』 하권, 205조목 : 又問, "陸子之學何如?" 先生曰, "濂溪, 明道之後, 還是象山, 只是粗些." 九川曰, "看他論學, 篇篇說出骨髓, 句句似鍼膏肓, 却不見他粗." 先生曰, "然, 他心上用過功夫, 與揣摹依倣, 求之文義, 自不同, 但細看有粗處. 用功久當見之."

조략한 점이 있다고 지적한다.

　이상으로 '공자→안연→(맹자)→주돈이→정호→왕양명'으로 이어지는 도통의 계보에 대해서 살펴보았다. 이를 통하여 용계는 유에 편향된 유학의 병폐와 무에 편향된 노불의 병폐를 극복하고 유무상즉상생(有無相卽相生)하는 동정일관(動靜一貫)의 삼교회통의 양지학을 성학의 적통이자 도통으로 제시하였다.

慧能 "求法偈"与王畿"天泉问答"的对比研究[1]

1. 绪论

一般认为，禅宗是中国化佛教的精华。全当世界，佛教流派中人们最耳熟之佛教算是禅宗。而且佛教历史上，中国人著作里，慧能语录汇集本是似唯一推崇为经的权威。禅宗史上，六祖慧能是禅宗之真正开山祖，而他的精神在于《坛经》。慧能本人来说，也是传奇的人物，即他是不认字的佛教大师。无论他认识字或不认识字，不认识字的慧能大师这种说法，意味着他本人奠定的禅宗之精神。就是从依经典之教法转为靠佛性之禅法，是以不重于读经之认识字，而侧重于明心见性之不认识字。慧能的诸弟子继承先师的精神，而终于打开了禅之黄金时代。

---

[1] 본 논문은 원래 2009년도에 중국사회과학원에서 개최한 학술대회에서 발표했던 글로, 후에 국내 학술지에 발표했었다. 학술지 게재 논문을 수정하여 부록으로 싣는다.

宋明时代的儒学一般称为宋明理学。宋代理学之集成者是朱子，而明代理学之代表者是王阳明。两者思想有同有异。朱子思想概括为"性即理"，而王阳明思想概括为"心即理"，两者都重视理，这即是相同点，而朱子的"性"和王阳明的"心"，这是相异点。简单说，朱子以性稳固了普遍道德的可能性，而阳明以良知确立了道德主体的能动性。朱子以无操作、无计度的理赋予为天命之性，性是超出经验世界的干扰，而成为一个永远不变的普遍道德原理。到了明代，阳明对那普遍规范已变为典要形式的性，再以出入无时、怵戚恻隐、心体活泼之良知，奠定了百切不屈，独往独来的道德主体。

当初，五祖弘忍说，有智慧者自取本性般若之智，各作一偈呈吾，吾看你们偈，若悟大意者，付你衣法，禀为六代。之后，奉命而呈偈者是两个人，即一位是神秀，一位是慧能。神秀是有知有位之教授师，而慧能是无知无位之獦獠。结果呢，神秀是只到门前，尚未得入，以是未得衣法，而慧能是入堂听说，一闻便悟，以是受衣乃法，禀为六祖。禅宗史上，慧能之禅法公认为正统。

明代儒学之代表者是王阳明。他的心学形成明代儒学的特色。阳明哲学的成立过程，基于阳明本人的《大学》解释。朱子以"即物穷理"为中心成立《大学》观，而阳明以"诚意"为中心成立《大学》观，后来五十岁前后，再以"致良知"为中心成立《大学》观，而完成自己的哲学系统。一五二七年九月，阳明没前一年，阳明征思、田，将命行，他的晚年两个教授师钱德洪与王畿来访，在天泉桥，阐明四句教的宗旨，这就是天泉问答，学术上一名叫"天泉证道"。阳明居越时期，力说四句教："无善无恶是心之体，有善有恶是意之动，知善知恶是良知，为善为恶是格物。"
两者理解不同于四句教，发生争论，故来访阳明，欲听他的判
定。钱德洪所解释的四句教叫为"四有论"，而王畿所解释的四句
教叫为"四无论"[2]。钱德洪接近于渐教，而王畿接近于顿教。阳
明判定说，二君之见正好相资为用，不可各执一遍，王畿须用
钱德洪之功夫，而钱德洪须透王畿本体。然后再说，王畿只好
默默自修，不可执以接人。[3]阳明学史上，王畿之功夫论未得正
统。

论者在本文章里，着眼是比较浅显。慧能之禅法与王畿之功
夫论接近，就是所谓顿教(顿法)，而禅宗内，慧能之禅法为正
统[4]；儒学内，王畿之功夫论不为正统[5]。两教之价值观虽有不

---

2 《王畿集》卷一，《天泉证道记》。

3 《王阳明全集》卷三十五，《年谱（三）》。

4 慧能的顿教获得正统地位的过程，是在高令印的《中国禅学通史》里，根据历史实
况，简而要地描写的，而且在方克立的《中国佛教哲学要义（下）》里，按照思想
辩论，就顿渐悟修而具体分析如下。一，神秀一系：重渐修渐悟。二，慧能和神
会：主顿悟渐修。三，洪州，石头二宗和五家：唱无修顿悟。

5 研究明代思想时必需参考的《明儒学案》之著编者黄宗羲以来，包括容肇祖的《明
代思想史》等，对于现成良知论，特别是王龙溪的良知与致良知论之评价，在冈田
武彦的《王阳明与明末儒学》里典型地描写着："现成派的主张是把阳明所说的良
知看作现成良知。他们强调当下现成，视工夫为本体之障碍而加以抛弃，并直接把
吾心的自然流行当作本体与性命。……所以，他们轻视工夫，动辄随任纯朴的自然
性情，或者随任知解情识，从而陷入任情悬空之蔽，以至于产生蔑视人伦道德和世
之纲纪的风潮。明末社会的道义颓废，在相当程度上应该归咎于现成派末流。在
明末，现成思想不仅流行于儒学，而且流行于禅学，两者合而为一而走向猖狂一
路。"（冈田武彦著，吴光，钱明，屠承先译：《王阳明与明末儒学》（上海：上
海古籍出版社，2000年，第104页。）这种评价算是在学术界一般认同的，而耳熟
的观点。当然当代新儒家的代表牟宗三对于王龙溪的评价极高，他说："王龙溪之
颖悟并非无本，他大体是守着阳明底规范而发挥，他可以说是阳明底嫡系；只要去
其荡越与不谛处，他所说的大体皆是阳明所本有了；他比当时其他王门任何人较能
精熟于阳明之思路，凡阳明所说的主张他皆遵守而不渝，而亦不另立新说，他专主
于阳明而不搀杂以其他（此其他可只限于宋儒说）；他只在四无上把境界推至其究

同，而在成佛与为圣之功夫来说，具体修行过程，该体验类似的阶段。若这个主张成立，则可能立一个假设：慧能之禅法为正统，则王畿之功夫论不必为非正统；王畿之功夫论不为正统，则慧能之禅法也不必为唯一的正统。这种假设能供新的视角于我们，助于脱离接踵而去的固态依然。本文章是试论而不是深论，故不得不简单介绍而已。

2。慧能的"求法偈"[6]

禅宗从初祖达摩到五祖弘忍，算是发芽期，而到慧能始开花了。慧能弘扬禅法的端绪，可以看到在当初奉弘忍之命而呈的求法偈中。便于叙述，先引其全文，后附吾按语。

五祖忽於一日唤门人尽来。门人集已，五祖曰："吾向汝说：世人

竟处，表现了他的颖悟，同时亦表现了他的疏阔，然若去其不谛与疏忽，这亦是良知教底调适而上遂，并非是错。"（牟宗三，《从陆象山到刘蕺山》，上海：上海古籍出版社，2001年，第200页。）论者认为，嵇文甫在《左派王学》里对龙溪学肯定地评价以后，唯牟宗三是为龙溪学功劳最高的人。他恢复龙溪之阳明底嫡系地位，而正当地评价龙溪建的良知教底调适而上遂之学，并由于他的名望而压制盲守传统评论的固态依然，他之功于龙溪绝不孙于执。但是他的表扬之内犹保留了一个问题，便是他所谓'四无论上其不谛与疏忽'之处。若依论者在此的理解，则牟宗三否定了四无论之以工夫论的实践意义。他以"化境"与"圆顿"解定龙溪之四无论的宗旨，这个化境与圆顿，仍然是工夫成熟后到的境界，而不是工夫之实际方便。故龙溪学虽是上遂，然而不足下学。按这种推论，龙溪学的意义没有实在性，这便是因阳明学的关键是提供为圣之工夫论，不是玄论本体。论者认为，龙溪之工夫论无论如何，或荡越，或不谛与疏忽，我们承认龙溪之工夫论的实践力量，而后能知道龙溪学的本来面目。

6 经文以周绍良编著，《敦煌本〈坛经〉原本》为底本。

生死事大。汝等门人终日供养，祇求福田，不求出离生死苦海。汝等自性迷，福门何可求，汝等总且归房自看，有智慧者自取本性般若之智，各作一偈呈吾，吾看你们偈，若悟大意者，付你衣法，禀为六代，火急作！"……神秀思惟："诸人不呈偈，缘我为教授师。若不呈偈，五祖如何得见我心中见解深浅？吾将心偈上五祖，呈意即善，求法觅祖不善，却同凡心夺其圣位。若不呈偈，终不得法。"秀上座三更於南廊下壁上秉烛题作偈，人尽不知。偈曰："身是菩提树，心如明镜台；时时勤拂拭，勿使惹尘埃。"……大师逐唤门尽来，焚香偈前，众人见已，皆生敬心。"汝等尽诵此偈者方得见性。依此修行，即不堕落。"门人尽诵，皆生敬心，唤言"善哉"。……五祖曰："汝作此偈，见解只到门前，尚未得入。凡依此偈修行，即不堕落。作此见解，若觅无上菩提，了不可得。要入得门，见自本性。汝且去，一两日思惟，更作一偈來呈吾。若入得门，见自本性，当付汝衣法。"秀上座去数日，作偈不得。……慧能亦作一偈，又请得一解书人，於西间壁上题著："呈自本心。不识本心，学法无益；识心见性，即吾大意。"慧能偈曰："菩提本无树，明镜亦无台；佛性常清净，何处有尘埃？"又偈曰："心是菩提本无树，身是明镜台；明镜本清净，何处染尘埃？"……五祖至三更，唤慧能堂内说《金刚经》。慧能一闻，言下便悟。其夜受法，人尽不知，便传顿教及衣，以为六代祖。将衣为信，禀为六代，代相传法，以心传心，当令自悟。[7]

按：这个故事是，在禅宗史上，最著名的故事中一个，而明

7　周绍良编著，《敦煌写本〈壇經〉原本》，第112−118页。

显突出慧能禅法之精神。当初，五祖弘忍说：你门终日供养，只求福田，不求出离生死苦海。你们自性迷，福门何可求，有智慧者自取本性般若之智，各作一偈呈吾，吾看你们偈，若悟大意者，付你衣法，禀为六代。他想传衣法于悟大意者。于是，神秀作偈曰："身是菩提树，心如明镜台；时时勤拂拭，勿使惹尘埃。"弘忍谓，神秀之偈是只到门前，尚未得入。更作一偈來呈，而神秀不成。之后，慧能看神秀偈，而作偈曰："菩提本无树，明镜亦无台；佛性常清净，何处惹尘埃？"五祖唤慧能堂内说《金刚经》。慧能一闻，言下便悟。便传顿教及衣，以为六代祖。弘忍在两个求法偈中选了慧能之偈而传衣法。

论者对此两个方面来进行解释：第一是弘忍之评论；第二是慧能之禅法。这助于理解本故事的意义。第一，弘忍在两个偈中选了慧能之偈而传衣法，以为六代祖。是故一般认为弘忍扬慧能而抑神秀。这种通见能不能成立？五祖虽说，"你作此偈，见解只到门前，尚未得入"，而接着说，"依此修行，即不堕落。"而且初看神秀之偈而后，唤门人都来说，"你们尽诵此偈者方得见性。依此修行，即不堕落。"就这样，五祖认可神秀修行论之教法上的意义。若承认这种解释，则弘忍扬慧能而抑神秀之通说，就教法上而言，有商讨之余地。神秀之修行论是，虽尚未入室，而已到门前，与门外流浪不同，这不可否定的真实。

第二，慧能为弘忍所认可而受衣法，即神秀见解只到门前尚未得入，而慧能见解已乘堂入室。弘忍如何知道他已到乘堂入室之境？这不是容易能答的问提。我们仅将偈来找端绪而已。

论者为谈，先引另的文字来开始。慧能的首弟子中有叫志诚者，他本来从神秀所来而探慧能的人，可是他听慧能所说法而回心，后来成为首弟子。当初，两者初面谈话中，有比较神秀和慧能禅法之文字，助于理解慧能偈之意义：

大师(慧能)言：“汝师(神秀)戒、定、慧劝小根智人，吾戒、定、慧劝上智人，得吾自性，亦不立戒、定、慧。”志诚言：“请大师说不立如何？”大师言：“自性无非，无乱，无痴，念念般若观照。常离法相，有何可立？自性顿修，立有渐次，所以不立。”[8]

在这段文字里，慧能所说“常离法相，有何可立”，就是表明神秀是立相而他自己不立相。本来，神秀偈曰：“身是菩提树，心如明镜台；时时勤拂拭，莫使有尘埃。”而惠能偈曰：“菩提本无树，明镜亦无台；佛性常清净，何处有尘埃？”按两偈颂，从惠能而言，神秀之树和台是法相，故他所说“有何可立”，便是无树和无台。因此神秀在门前，而慧能入室内。神秀是未达到得鱼忘筌之境，而慧能已达到得意忘言之境，终于神秀未得法统，而慧能获得衣法以为六祖。

可是慧能所说，“你师戒、定、慧勤小根智人，吾戒、定、慧勤上智人。”这样，惠能自己判定，他所说之教法适于上智人，而神修所说之教法适于中下智人。然则却发生一个问题：实际现实中，上智人应少，乃至很罕。若承认这点，则慧能之教法适于少数，或者限于罕数，是以他的教法不能成为实际功夫论。当然这种推论并非慧能所想的，那么如何解决这种困难？他在别的地方，这样解释：

---

8 周紹良编著，《敦煌写本〈壇經〉原本》，第151－152页。

善知识，法无顿渐，人有利钝。迷即渐劝，悟人顿修。自识本心，
是见本性。悟即元无差别，不悟即長劫轮回。善知识！我自法门，
从上以来，顿渐皆立。[9]

慧能说"法无顿渐，人有利钝，…… 顿渐皆立"，解释他的顿教
不是反对渐教。如果他不反对渐教，为何反对神秀的渐教，而
建顿教，尚需要说明的地方。这个问题，在结论中，略谈一下。

3。王畿的"天泉问答"

学术界认同，王阳明之宗说是"良知"本体论和"致良知"功夫
论。而且就致良知而言，它本身有二重结构，良知自然流行的
致良知，就是保任良知，同时廓清为物欲所蒙蔽的心体的致良
知，就是恢复心体。前者强调良知的自发性和能动性；后者重
于依良知而恢复本心的本然状态。后来，对于阳明弟子们的致
良知分说，黄宗羲在《明儒学案》里批评：由于阳明晚年提出的致
良知论没充分地讨论，弟子们见智见仁地解释而几同射覆地纷
说致良知，毁损了阳明致良知说的本旨[10]。

致良知功夫论的二重结构问题，在四句教的解释上引起了争
论，而最早出现是，嘉靖六年(一五二七)九月，即阳明没前一

---

9 周绍良编著，《敦煌写本〈壇經〉原本》，第121页。

10 《明儒学案》卷十，《姚江学案》按语。

年，他的晚年两位教授师钱德洪与王畿之间的争论。四句教是："无善无恶是心之体，有善有恶是意之动，知善知恶是良知，为善为恶是格物。"四句教引起争论是，两个方面：第一，"無善無惡是心之體"的解释，就是心体论争；第二，以四无说为代表的本体功夫论，和以四有说为代表的功夫本体论的区别，就是功夫论争。先看全文，而后附吾按语[11]。

丁亥年九月，先生起復征思田，将命行时，德洪与汝中論学。汝中举先生教言，"无善无恶是心之体，有善有恶是意之动，知善知恶是良知，为善去恶是格物。"德洪曰："此意何如？"汝中曰："此恐未是究竟话头：若说心体是无善、无恶，意亦是无善、无恶的意，知亦是无善、无恶的知，物亦是无善、无恶的物矣。若说意有善、恶，毕竟心体还有善、恶在。"德洪曰："心体是'天命之性'，原是无善、无恶的。但人有习心，意念上见有善恶在，格、致、诚、正、修，此正是復那性体功夫，若原无善恶，功夫亦不消说矣。"是夕侍坐天泉桥，各举请正。先生曰："我今将行行，正要你们來讲破此意。二君之见，正好相资为用，不可各执一边。我这里接人，原有此二种。利根之人，直从本原上悟入，人心本体原是明莹无滞的，原是箇未发之中。利根之人一悟本体卽是功夫，人己内外一齐俱透了。其次不免有习心在，本体受蔽，故且教意念上实落为善、去恶，功夫

11 记载本故事的本子以三种为代表：《传习录》本、《年谱》本、《王畿集》的《天泉证道记》本。每本文字，有所增损，而记事概同。但从义理方面讲，各本有不同点，《天泉证道记》偏于王畿，《年谱》倾于钱德洪，《传习录》大体上近于实际面貌。故本文以《传习录》为底本。具体考证，请看拙著《王龙溪哲学研究》，成均馆大学博士论文，2007。

熟后，渣滓去得尽时，本体亦明尽了。汝中之见，是我这里接利根人的。德洪之见，是我这里为其次立法的。二君相取为用，则中人上下皆可引入于道。若各执一边，眼前便有失人，便于道体各有未尽。"既而曰，"已后与朋友讲学，切不可失了我的宗旨。无善，无恶是心之体，有善，有恶是意之动，知善、知恶是良知，为善、去恶是格物。只依我这话头随人指点，自没病痛，此原是彻上彻下功夫。利根之人，世亦难遇。本体功夫一悟尽透，此颜子、明道所不敢承当，岂可轻易望人。人有习心，不教他在良知上实用为善去恶功夫，只去悬空想箇本体，一切事为俱不着实，不过养成一箇虚寂。此箇病痛不是小小。不可不早说破。"是日德洪、汝中俱有省。[12]

按：为讨论，先介绍围绕四句教展开的论证之迹，然后要谈本论。第一，本体论争："無善無惡是心之體"是不是受禅佛教的影响？朱熹尝藉"作用是性"，判定为佛教的性论，而这成为批评佛教的规矩，故四句教之第一句引起与佛教性论不异之嫌疑。第二，功夫论争：王畿以为，良知本体具有自发性和能动性，发挥即体即用的良知就是功夫。钱德洪认为，良知是至善，但意念阶段，容易私欲所掩蔽，须为善去恶，恢复良知的功夫。钱德洪怕王畿的功夫论以意念误为本体，甚至追求妙悟本体，而放弃礼教。

关于他们之间的争论，阳明如何判定说呢？阳明承认两者之功夫论，而说二君之见，正好相资为用，不可执一边之嘱："汝

---

12 陈荣捷，《传习录详注集评》，第315条。

中(王畿)之见，是我这里接利根人的。德洪(钱德洪)之见，是我这里为其次立法的。二君相取为用，则中人上下皆可引入于道。若各执一边，眼前便有失人，便于道体各有未尽。"可是阳明接着说：

> 利根之人，世亦难遇。本体功夫一悟尽透，此颜子、明道所不敢乘当，岂可轻易望人。人有习心，不教他在良知上实用为善去恶功夫，只去悬空想箇本体，一切事为俱不着实，不过养成一箇虚寂。此箇病痛不是小小。不可不早说破。

按这段文字，我们终于知道，阳明否定龙溪功夫论之实际力量。阳明在前，他虽说根据学生的根器有两种教法，可是利根之人，却世亦难遇的话，接利根人的王畿之功夫论，实际上没用了。当然这种推论并非王畿所服的，那么王畿如何解决这种困难？王畿在《天泉证道记》里，直接辩护他所主张功夫论有效：

> 上根之人，悟得无善无恶，心体便从无处立根基，……易简直截，更无剩欠，顿悟之学也。中根以下之人，未尝悟得本体，未免在有善有恶上立根基，……使之渐渐入悟，从有以归於无，复还本体，及其成功一也。[13]

看文字，王畿区别上根之人顿悟，而中根以下之人渐悟之异。其实，两种根器有顿渐之异，却都需要悟的功夫，而且中

---

13 《王畿集》卷一，《天泉证道记》。

根以下之人该从有以归於无，复还本体，然则从无处立根基的上根人之功夫，成为求圣之学的关键性功夫。王畿在别的地方，这样补充说明：

> 良知在人本无污坏，虽昏蔽之极，苟能一念之反，即得本心。……此原是人人见在具足不犯做手本领工夫，人之可以为尧舜，小人之可以为君子，舍此更无从入之路，可变之几，固非以为妙悟而妄意自信，亦未尝谓非中人以下所能及也。[14]

王畿表明，他所主张的功夫固非以为妙悟而妄意自信，而且未尝谓非中人以下所能及，就是说他的顿教不仅是利根人所能及，而且中人以下所能及，又辩护他的功夫论不是妙悟而妄意自信。暂且无论他的这个辨明有效与否，王畿到底为何建顿教的理由，尚要说明的。这个问题，在结论中，略谈一下。

4。结论

看上文的讨论，我们可以同意，慧能的禅法是顿教，王畿的教法亦是顿教。若这种评价成立的话，不管他们所讲顿教的具体的含义如何[15]，他们的教法都面对不重视功夫，甚至放弃功夫

---

14 《王畿集》卷六，《致知议辩》。

15 当然，论者需要说清楚他们所讲顿教的具体的含义如何？我认为，他们的顿教有异有同。他们所讲的顿教都依于心，而两个心的价值取向有异：自性清净心和是非之心，就是出世之心和入世之心，这是不同点。可是他们所求的境界都超于物质世界：

的诘难：本然之身心所谓菩提树和明镜台是本善本光，可是现实人们不免有习心之在，而本体蒙蔽，故意念上着实为善去恶的拂拭功夫熟后，渣滓去得尽，本体才明亮了。所以仅主张体悟本体，体证佛性，而放弃功夫的顿教，很容易流到猖狂放恣，任情从欲的病。而且上根之人或高明的人士，虽即悟本体卽是功夫，可是那种的人，世界上确实难遇，所以顿教还是没效。这种批评是很有理而有效的，

那么，慧能和王畿，肯冒这种的批评，到底为何建立顿教？论者简谈这点而总结这篇文章。先谈慧能。佛教史上，慧能的禅宗，影响了贵族佛教转为平民佛教的变化。本来，无位无知的慧能得衣法，而禀为六祖，意味着以前有位有识的佛教宗派，即三论宗、唯识宗、天台宗，包括神秀等，为慧能的禅宗所代替的象征。若这个假设成立，则辩护慧能的顿教，提供一个端绪：慧能之顿教仅适于上根之人的说法，非符合无位无知的慧能的教法，却对应有位有识的其他教法。那么，后来慧能的顿教，却为何被称适于上根之人的评价呢？这就是慧能取消外在的任何依靠，强调反观内省，明心见性的缘故。他所主张放弃依外入内的功夫，引茫无头绪之惑，所以得到凡众不能下手而找门，就上根之人能下手而找门的评。可是他所说，"口念不行，如幻如化"、"若口空说，不修此行，非我弟子"[16]等的话，多是振作佛弟子的勇猛精进。这颇表示慧能所讲的顿教本意所在何处。

成佛和成圣，这是共同点。虽两者之价值观有不同，而在成佛与为圣之功夫来说，具体修行过程，该体验类似的阶段。

16 周紹良编著，《敦煌写本〈壇經〉原本》，第131–132页。

我们掌握这点以后，才可以理解慧能所谓"即烦恼是菩提"[17]的本意，所以若没有真成佛之念愿，没有真修行而口诤，他的"烦恼是菩提"是猖狂放恣，任情从欲之藉而已。

次谈王畿。阳明心学主张他们的功夫论是很易简，比朱子的功夫论，更易能、易从。可是后来王畿的顿教，却被称适于高明的人士，这归根到底如何原因呢？这也是王畿取消外在的任何依靠，强调顺从良知而尽心知性的缘故，他主张纯依良知本体，而强调先天正心之学，导鱼目混珠之惑，同理，获高明之士自娱可也，而非中人一下所能之评。可是看他谓，"只是咽喉下不肯著此一刀，舍不得性命，所以牵引文义，容他出路。若当下舍得，不为姑容，便是入微功夫"[18]等的话，多是振奋发愤忘食之志。这突出王畿精神所向之处，我们理解这点以后，才可以掌握王畿所谓的"一念自反，即得本心"[19]的本意，因此，若没有真求圣之志，"一念自反，即得本心"还是猖狂放恣，玩弄光景之藉而已。

总之，虽然两者的价值趋向有异，而成佛求圣的真志有同，所以他们为了发挥他们的精神，肯冒放弃功夫的批评，选了顿教的功夫论，这是他们建顿教的内因。那么，我们可以说，慧能之顿教为正统，则王畿之顿教不必为非正统；王畿之顿教不为正统，则慧能之顿教也不必为唯一的正统。所以，我们可以反省和再论对佛学界慧能功夫论之肯定，儒学界对王畿功夫论

---

17 周紹良編著，《敦煌写本〈壇經〉原本》，第132页。

18 《王畿集》卷一，《抚州拟岘台会语》。

19 《王畿集》卷八，《孟子告子之学》。

的否定。

那么，为何慧能之顿法在佛教内尊崇为正统，而王畿之顿教在儒学内非尊崇为正统？论者认为，由于两派的入世和经世的宗旨不同，以致这种结果。佛教是所谓'寒梅传香村农家'的宗派，离开人世，而熏陶人间，所以撤掉外靠，全入内心的顿教，便于修身。可是，儒家是所谓'莲花破拆香千里'的宗派，着跟人世，而熏陶人间，所以撤掉外靠，全入内心的顿教，会流于治国之障。

欧阳德良知本体论和致良知工夫论研究[20]

1。绪言

欧阳德(1496-1554)字崇一，号南野，江西泰和人。正德十一年
(1516)，中乡举，之赣州，师从王阳明，不赴春试两次。阳明称他
小秀才，器重莫甚。嘉靖二年(1523)举进士，授知六安州，迁刑部
员外郎。嘉靖六年(1527)，诏简选有学行者为翰林，改翰林院编
修。嘉靖十一年(1532)，迁南京国子司业，继迁太仆少卿、南京鸿
胪卿。嘉靖十八年(1539)，丁父忧，服阕留养老母，乃与邹东廓、
聂双江、罗念庵等从事讲学，相与求未发之真知。嘉靖二十五年
(1546)，以荐起复。嘉靖二十六年(1547)，晋南太常卿，寻召入掌
国子祭酒，遂擢礼部左侍郎。嘉靖二十八年(1549)，改吏部，兼
翰学，掌詹事府，复命教庶吉士于翰林。嘉靖二十九年(1550)，

---

20 본 논문은 원래 2009년도에 항주에서 열린 양명학 국제학술대회에서 발표했던 글로, 후에
국내 학술지에 한국어로 번역하여 발표했었다. 중국어 논문을 수정하여 부록으로 싣는다.

主会试，黜浮崇雅，最号得人。是夏，母卒庐墓，服未阕，拜为礼部尚书，毕丧就职，命直无逸殿，当是时，南野与徐少湖，聂双江，程松溪并以宿学都显位，集四方之士于灵济宫，论良知之学，赴者五千人。嘉靖三十三年(1554)，卒于官，享年59岁。赠太子少保，谥文庄。享南野门人半天下之誉。[21]

就宦途之显、教学之功而言，他无愧于王阳明的首弟子之称，而且迄今研究阳明学者几乎把他推崇为阳明嫡统的地位，也理所当然。如牟宗三把他作为江右的嫡传，冈田武彦也评为阳明学的正统。那么，研究阳明学的最有权威，影响力最大的《明儒学案》的编著者黄宗羲的评价如何？我读的印象是黄宗羲给欧阳德的评价不低而却不是全面地肯定他的学术。[22] 若我的理解准确的话，我们绕不过去一个问题。在政治事功上，教学事业上，赫赫显出的欧阳德，为何在黄宗羲得不到全面肯定的评价？这个问题是本论文着重探讨的问题之一，而循着本论文的展开可以猜测到其中一些理由。尤其是这个问题可以帮助寻找欧阳德思想的线索。

记述欧阳德思想中难免的问题是如何掌握他思想的独特性，即欧阳德与阳明的别异处，欧阳德与其他阳明门人之间的特殊处。这是研究欧阳德者该打破的最大难关。故为了打破这个难关，在本文里，进行欧阳德与阳明，欧阳德与同门之间的区别的研究，这是必不可少的工作。

为此，本文采取如下的途径：若大端整理阳明学的基本的框

---

21 此简历抄录于聂双江《欧阳公墓志铭》；《明史》，《欧阳德传》；吴震《阳明后学研究》（上海：上海人民出版社，2003年）第六章，《欧阳南野论》。

22 如此情况可适于钱绪山。现在研究者几乎把钱绪山推崇为嫡传的位置，而黄宗羲《明儒学案》里的评价确是不高。

架，可能就是"心即理"、"知行合一"、"良知"、"致良知"、"四句教"(包括"四有论"、"四无论")等等。其中，运用良知本体论和致良知工夫论的模式是掌握阳明学最有效果的方法。本来，本体和工夫的问题大致笼罩阳明学的关键性问题，而且研究阳明后学时，良知本体和致良知工夫的分析，可以突出阳明后学个人的思想特征，帮助评定阳明后学个人在阳明学之内的位置。这个途径算是一般性模式。

欧阳德的良知和致良知论很像王龙溪的良知和致良知论，他基本上尊重佩服王龙溪讲学的真诚。可是后来欧阳德被推崇为正统，而王龙溪得不到很高的评价。对此问题必须讲清楚而后，才会接近于欧阳德思想的本来面貌。这个途径算是特殊性模式。就特殊性模式而言，我采取"庄敬本体"和"悦乐本体"的图式来分析两者之间的不同点。并且在结语里，简单整理了"庄敬本体"和"悦乐本体"图式的含义。

2。良知本体论

论欧阳德良知论者几乎都论及与罗钦顺的论学书。我也沿着这个途径，先讨论与罗钦顺的论学书而后考察与聂双江的论学书。两者均是与欧阳德观点不同，以致反复辩论。由此会猜测到两者论调的相似点，可罗钦顺站于尊崇朱子学的立场，以反对欧阳德的良知本体论，而聂双江站于推崇阳明学的立场，以提倡虚寂良知论和归寂致良知工夫论，却引起同门之间的争论。故欧阳德如何对应一位尊崇朱子学者的良知辩难，如何对应一位推崇阳明学者的良知辩论，由此会寻找到欧阳德良知本体论的特征。

先谈与罗钦顺的论学书。在通行本《欧阳德集》[23]卷一，《答罗整庵先生寄〈困知记〉》里，有三篇的书信，第一、二篇涉及阳明学的一些基本问题，第三篇不谈论学。第一通书信是欧阳德读《困知记》后，反驳罗钦顺对于阳明学的批评。他说：

> 窃观《记》中反复用于心性之辩，谓："佛氏有见于心，无见于性，故以知觉为性。"又举《传习录》中云："吾心之良知，即所谓天理也。"谓此言亦以知觉为性者。某尝闻知觉与良知，名同而实异。凡知视、知听、知言、知动，皆知觉也，而未必其皆善。良知者，知恻隐、知羞恶、知恭敬、知是非，所谓本然之善也。本然之善，以知为体，不能离知而别有体。盖天性之真，明觉自然，随感而通，自有条理者也。是以谓之良知，亦谓之天理。天理者，良知之条理，良知者天理之灵明。知觉不足以言之也。[24]

欧阳德认为，罗钦顺批判阳明学所讲"良知是天理"是等于佛教的"知觉是性"，这缘于心和性的差异。朱子学说"性即理"，而阳明学说"心即理"。就朱子学而言，心是气之精爽，而以思虑云为为主的知觉，不等于天理。故以知觉的良知为天理的阳明学无异于佛教的"作用为性"，即以知觉为性。

对此，欧阳德采取两种途径，第一，发明阳明提倡"心即理"的本意所在，这是一种价值论的辩护，即阳明要除去"源远末离，枝

---

23 本论文以《欧阳德集》（南京：凤凰出版社，2007年）为底本。

24 《欧阳德集》卷一，《答罗整庵先生寄〈困知记〉》（第一书）。

盛本披"之弊端，如"汩于论说，荡其知识，依拟形似，矜持功能"之态，故主张"使之无为其所不为，无欲其所不欲，各循其本心而已"[25]的真切笃实之工夫。第二，良知和知觉之别，这是一种理论性的辩护，即视听言动是知觉而未必皆善，而良知是知恻隐、羞恶、恭敬、是非的本然之善。一个是未必皆善的知觉，一个是本然之善的良知，两者不能混为一谈。

那么，本然之善(按，性)和良知(按，明觉)如何关系呢？欧阳德说"本然之善，以知为体，不能离知而别有体。"就是说，本然之善的性通过良知发动，显为本来体段，故没有良知没法寻找本体。这是阳明尝说的"性无不善，知无不良"的意思。

下面看罗钦顺的回应。现行本《困知记》[26]里论学书信中有《答欧阳少司成崇一》两通。看附记，一通是甲午秋(嘉靖十三年，1534)，一通是乙未春(嘉靖十四年，1535)。在甲午秋的书信，罗钦顺如此回应：

"天性之真，明觉自然，随感而通，自有条理，是以谓之良知，亦谓之天理。"仆虽耄，固知贤契所得，在此数语，然其误处亦在此数语。此正是讲学切要处，不得无言。……盖天性之真乃其本体，明觉自然乃其妙用。明觉发于既生之后。有体必有用，而用不可以为体也。[27]

在此，罗钦顺明确地反对欧阳德所谓"本然之善，以知为体，不

---

25 《欧阳德集》卷一，《答罗整庵先生寄〈困知记〉》(第一书)。

26 《困知记》，中华书局，2013年。

27 《困知记》，《答欧阳少司成崇一》(甲午秋)。

能离知而别有体"的观点，他提出所谓"天性之真乃其本体，明觉自然乃其妙用。明觉发于既生之后。有体必有用，而用不可以为体"的立场。就是说，欧阳德是根据"由用见体"、"即体即用"的体用论，故主张离开良知，没有别的本体，相反，罗钦顺是根据"立体生用"、"由体达用"的体用论，故提倡明觉(按，良知)发用不能当作本体。

"体用论"是宋明儒者最爱用的一种梳理范畴的思维工具，而且它本身是范畴形式而不是内容，故若谈体用论，必须就具体概念内容而具体分析，而后谈体用达到圆境。大端说，罗钦顺担忧光讲良知本心说，则或流落于情识安排自恣，放弃着实工夫之病，[28]而欧阳德却认为发明良知本心说，才能救荡其知识，依拟形似，非真切笃实工夫之弊。[29]就这样，两者具体论难如枘凿不入，而为学宗旨不谋而同，无怪两者均属于宋明理学者。当然，罗钦顺是固守朱子学，以致反复辩难。[30]那么。阳明后学内另一位重镇聂双江的争论是如何？

次谈与聂双江的论学书。在《欧阳德集》卷五，《答聂双江》里，有二篇的书信，就是在《聂豹集》[31]卷八，《欧阳南野太史三首》的第二、第三通的回信。看附记，本书信是在嘉靖三十年(1551)到嘉靖三十三年(1553)之间写的。聂双江在第二书信里这样说：

---

28 《困知记》，《答欧阳少司成崇一》(甲午秋)。

29 《欧阳德集》卷一，《答罗整庵先生寄〈困知记〉》(第一书)。

30 《困知记》，《答欧阳少司成崇一》(乙未春)：仆之所守不过先儒(按，朱子)成说，其不合也固宜。

31 《聂豹集》(南京：凤凰出版社，2007年)。

夫以知觉为良知，是以已发为未发，以推行为致知，是以助长为养苗。王霸、集袭之分，舍此无复有毫厘之辩也。夫动，已发者也，发斯妄矣。[32]

他把知觉和良知的关系连接到已发和未发的关系。依他的见解，知是知非的良知是已发的知觉，而且已发之际难免有不善的动，就是"发斯妄"的混杂。故以推行已发之知觉为致良知，则不得不流于如宋人的助长，扶西边而东边倒的枝叶末端的工夫，这是"今不致感应变化所从出之知，而即感应变化之知而致之，是求日月于容光必照之处，而遗其悬象著明之大也。"[33]对此，欧阳德的辩论是这样：

知觉固是发，然非别有未发，固未必皆良，然良知亦不外于知觉。知觉之无欲者，良知也。未发之中也。……犹聪明者视听之未发，而非视听有未发之时。[34]

欧阳德回答聂双江的提问是如此：知觉是未发还是已发？已发！已发有没有不善的混杂？有！故知觉未必皆良。但是，良知是不外于知觉的，如聪明者视听之未发，而非离视听而存在。尤其是良知是所谓"动而后有不善，而本体之知未尝不知"[35]的存在。粗略说，聂双江的思维构造是"先体后用"，"先静后动"，"先

---

32 《聂豹集》卷八，《欧阳南野太史三首》（第二书）。

33 《聂豹集》卷八，《欧阳南野太史三首》（第三书）。

34 《欧阳德集》卷五，《答聂双江》（第一书）。

35 欧阳德集》卷五，《答聂双江》（第一书）。

未发后已发", "先内后外", 而欧阳德的思维构造是"即体即用", "动静合一", "未发已发合一", "无分内外"。[36]

其实, 欧阳德和聂双江关于良知和知觉的辩论, 在聂双江和王龙溪之间的辩论中更鲜明地突出。聂双江以为所谓"见在良知(即是现成良知)"是"以知觉为良知"的, 他自然地对王龙溪的见在良知说采取严厉反对的态度, 甚至提倡归寂说纠正见在良知说的弊端。[37] 他寄给王龙溪的书信里这样说:

> 若以其见在者言之, 则气拘物蔽之后, 吾非故吾也。譬之昏蚀之镜, 虚明之体未尝不在, 然磨荡之功未加, 而遽以昏蚀之照为精明之体之所发, 世固有认贼为子者, 此类是也。[38]

此书信帮助上面援用与欧阳德的书信里聂双江说的"以知觉为良知, 是以已发为未发"的理解, 即见在就是已发, 已发则气拘物蔽之后, 故不是本然的虚寂良知之本体。若仅依良知之非本体而致良知, 这是推行而不是真致良知, 难免认贼为子之病。从此又确认聂双江的立场是"立体生用", "由体达用"的体用一源论。

聂双江还在别处说: "今讲良知之学者, 其说有二。一曰良知

36 当然, 这种概括是一种方便说法。故以仅用这种图式来, 谁赢谁输的判断不免武断之嫌, 而且对理解他们思想的本来面目没有理想的作用。因此, 为了这个问题, 需再进一步探讨他们宗旨后面潜在的根本的动因。具体而讲, 宋明儒者的共同目标是达到圣人之境, 因此设定一个问题: 为自己, 如何达到圣人之境; 为他人, 如何引导圣人之学。后来这种工夫的精华结晶为各自的宗旨。故需探讨形成宗旨的根本动因, 才会理解他们思想的本来面目。

37 林月惠谈聂双江归寂说的缘起, 提示四种原因。其中一个是反对龙溪见在良知说, 值得一览。见林月惠, 《良知学的转折》(台北: 台湾大学出版社, 2005), 页175-203。

38 《聂豹集》卷8, 《寄王龙溪》(第二书)。

者，知觉而已，除却知觉，别无良知。学者因其知之所及而致之，则知致矣。是谓无寂感、无内外、无先后而浑然一体者也。一曰良知者，虚灵之寂体，感于物而后有知，知其发也。致知者，惟归寂以感通，执体以应用。"[39]后者是聂双江所主张的归寂说，前者很肯能指王龙溪的见在良知。

那么，欧阳德呢？我认为欧阳德也属于后者之列。就良知的活泼性而言，欧阳德和王龙溪共有一个立场，于是就见在良知而言，欧阳德和王龙溪亦均有共同的立场。如果这样的话，马上提出一个疑问，就良知本体论而言，两者的不同点在何？后来两者的评价不同原因在何？这是了解欧阳德良知论的时候，必须穿进的关门。今要谈这个问题。

王龙溪的良知论以两个方面来构成：无是无非、无善无恶的虚寂良知本体，及知是知非、知善知恶的良知明觉作用，而且本体和作用的关系是"即体即用"的体用一源论。[40]所以动静、寂感、内外、先后等采取混融合一的立场，喜论其统体。尤其是他特地强调"信良知"的工夫。只有依这种先行理解，才能圆满地理解王龙溪所主张的"先天正心之学"和"后天诚意之学"的本意所在，在此不赘述。[41]

大段说，欧阳德的良知本体论与王龙溪的本体论一般。[42]可是

---

39 《聂豹集》卷四，《赠王学正之宿迁序》。

40 在这种记述很肯能有两个问题：第一，与聂双江的虚寂良知之别。我认为聂双江主张归寂说是针对王龙溪的见在良知论，同样，王龙溪的虚寂良知是针对聂双江的虚寂良知。第二，王龙溪所常说的"有无"之解。有人以工夫之"有"和境界之"无"来解释"有无"，可我认为，本体有"有无"，工夫也有"有无"，境界也有"有无"。

41 参看彭国翔所写的有关章节。见彭国翔，《良知学的展开》（北京：三联书店，2005），笔者也谈过这个问题。见《王龙溪哲学研究》（韩国：成均馆大学博士论文，2007）。

42 欧阳德赞成王龙溪讲学的态度，见《欧阳德集》中的书信里，不一而足。欧阳德所以

欧阳德的良知论还有一些特征。

> 人心本自宽裕温柔，本自发强刚毅，斋庄中正，文理密察，而后为
> 得心的本体。然非底理洞彻，而徒以意见附会，则或失于矜持，或
> 流于缓弛，归失其本体而已矣。[43]
>
> 知之本体，本自文理密察，本自斋庄中正，本自发强刚毅。警醒戒
> 惧者，密察庄毅之本心也。[44]

人心(良知)本有两面。一个是本自宽裕温柔的层面。[45]一个是本
自斋庄中正的层面。前者是悦乐心体(良知)，后者是庄敬心体(良
知)。悦乐状态是《论语》所谓"风咏舞雩"的和悦快乐的心态，庄敬
状态是《诗经》所谓"昭事上帝"的庄敬严肃的心态。本来，就工夫完
成者而言，两者是统一不分的，可是就工夫过程者而言，过于重
视其中任何一面颇有所谓过或不及的片面性。就是从强调悦乐本
体的人而看，庄敬本体会有把变动不居的本体当成典要，固执形
式而不灵活，从而有成为伪道德君子等的嫌疑。相反，从强调庄
敬本体的人而看，悦乐本体会有把告子的"生之谓性"乃禅家的"作
用之性"当成本体，放弃工夫而躐等，猖狂放恣而无纪律，从而又
成为无忌惮的小人等的嫌疑。这就是欧阳德所谓"失于矜持"和"流

赞成王龙溪讲学，因为他对良知本体的理解，略与王龙溪一致，算是最根本的原因。
而且欧阳德佩服王龙溪良知学透澈、勇猛、直下承当的精神。见《欧阳德集》卷二，
《答张卿理》；《寄何善山、黄洛村》；卷三，《答横溪第》；卷五，《寄王龙溪》等。

43 《欧阳德集》卷四，《答沈思畏》(第一书)。

44 《欧阳德集》卷三，《答郭平川》。

45 "宽裕温柔"可以解释为"乐"，所谓"虽思虑不作，闲静虚融，俗语谓之自在，则亦乐
之发也"。见《欧阳德集》卷五，《答聂双江》(第二书)。

于缓弛"的评价。

当然，欧阳德未尝批评龙溪的讲学"流于缓弛"而王龙溪也未尝批评欧阳德的讲学"失于矜持"。在欧阳德而言，他肯定良知本体自然流行的悦乐性，同时觉察良知本体本身具有的庄敬性。可是具体而谈，他还是主要讲庄敬本体自然流行的集义之乐[46]。故他几乎未谈所谓"心体之乐"、"满街圣人"而多讲"真心"、"真诚恻怛"、"敬"等。

总之，欧阳德主张循从良知活泼，这肯定见在良知。同时，他重视良知的庄敬性，强调真诚良知。我认为，黄宗羲委婉地不把欧阳德放在第一线的理由，及后来研究者不犹豫地把欧阳德放在正统派的位置的原因，都在此。

3。致良知工夫论

嘉靖十四年(1535)到十六年(1537)之间的书信里有一封《答陈明水》的书信。在此，欧阳德谈致良知工夫论的问题。他说(为叙述之方便，分两段录出)：

读我兄与绪山别纸，谓"今时学者往往言良知本体流行，无所用力，遂至有认气习为本性者"。诚然诚然。我兄谓须有以救之，不若说致

---

46 在此"集义之乐"是笔者爲了説明歐陽德的良知特征，在《孟子》里，采用"其为气（按，浩然之气）也，配义与道。无是，馁也。是集义所生者，非义袭而取之也。"（公孙丑章句上）、"反身而诚，乐莫大焉。"（尽心章句上）和"义理之悦我心"（告子章句上）的造语。见《欧阳德集》卷四，《答王塈斋》；《欧阳德集》卷四，《答陸主政子翼》。

知功夫不生弊端。

鄙意则谓，今之认气习为本性者，正由不知良知之本体。不知良知之本体，则致知之功未有靠实可据者。故欲救其弊，须是直指良知本体自然流行，而无所用力者。使人知所以循之，然后为能实用其力，实致其知。不然，恐却其以良知为所至之域，以致知为所入之途，未免歧而二之，不得入门内也。[47]

当时提倡良知学者中往往有主张良知本体是自然流行的，无所用工夫，从而流于认气习为本性者，为此，陈明水要提倡致良知功夫纠正这种流弊。这个方案看起来很合理没有问题。可是，若仔细琢摸，马上出现一个问题，即如何进行致知工夫？就欧阳德而言，不知良知之本体，则致知之功未有"靠实可据者"。因此，解决的方案还是在于良知。必须直指良知本体自然流行，而无所用力者。使人知所以循之，然后为能实用其力，实致其良知。这是欧阳德所谓"近日朋侪中无不知致良知之学，然须识取良知着落，则致知功夫始更精切。不然，未免掺和兼搭，只到门外，不到门内也。"[48]的意思。这种致良知工夫论可谓"循从良知而致之"的"依良知"论。[49]也可以说"慎独"论。[50]

如果我们同意把欧阳德的致良知工夫论看作是"依良知"，可以

---

47 《欧阳德集》卷二，《答陈明水》。

48 《欧阳德集》卷二，《答友人》。

49 有些地方欧阳德更分明地说明良知本体透彻的重要性，所谓"向时以为功夫未熟所致，自今观之，根种不真，纵粪多为勤，终为莨秕，直须洗骨涤髓，庶复天元一气耳。"见《欧阳德集》卷二，《寄刘晴川》。

50 依欧阳德而言，独（知）是良知，而慎独（知）是致良知。故"依良知"论可以说"慎独"论。见《欧阳德集》卷五，《答聂双江》（第二书）。

按这种顺序而探讨欧阳德致良知工夫论：首先探讨当时对"依良知"工夫论的批评，然后与王龙溪的"依良知"工夫论区别开，以说明欧阳德"依良知"工夫论的本意。最后谈欧阳德工夫论的具体大纲。

首先谈反对"依良知"者的论辩。为此提出两个人，一位是非阳明学者，一位是阳明学者，前者是湛甘泉，后者是罗念庵。

> 今游先生(按，王阳明)门者，乃云"只依良知，无非至道"。而致知之功，全不言及。至有纵情恣肆，尚自信为良知者。立教本旨，果如是乎？[51]
>
> 今却尽以知觉发用处为良知，至又易"致"字为"依"字。则是只有发用，无生聚矣。[52]

前段是湛甘泉的话，后段是罗念庵的话。两者的学术宗旨不同，可是对"依良知"的反对却不谋而同。两者均提示"依良知"会出现"纵情恣肆"、"只有发用，无生聚矣"的弊病。湛甘泉的具体想法仅从这段的内容没法确定，可按他的整个思想，可能会这样理解：天理不仅在于本心，且在于事物，尤其是本心未免习气之杂，故只依良知而不下致知之功，有纵情恣肆之病。罗念庵的具体想法是与聂双江的观点一致。知觉发用的良知不是良知本体，故仅"依良知"而进行致良知工夫，则没有收敛凝聚，只是猖狂发散。

---

51 引自《明儒学案》卷十一，《绪山会语》。

52 《罗洪先集》卷七，《与尹道舆》(南京：凤凰出版社，2007年)。

欧阳德也对他们所担心的病状具有共识。

承谕，本性自然，合下便是，不容人力，直指真际。启我多矣。故
人所以兢兢业业，终日对越在天，文理密察，丝毫不肯放过，正是
此体。[53]

欧阳德首先肯定"本性自然，合下便是，不容人力"，然后再说明
本性自然就是"兢兢业业，终日对越在天，文理密察，丝毫不肯放
过。"不然，总是虚见虚谈，无益于学，"未免认贼作子，渐流入于
纵恣怠缓去。"[54]依欧阳德的观点，良知就是戒慎恐惧、临深履薄、
小心翼翼的本体，以是本性自然也当然戒慎恐惧、临深履薄、小心
翼翼，这是顺理成章的。故纵情恣肆的弊端不是只"依良知"的后
果，而是不真"依良知"的结果。

次谈与王龙溪"依良知"的区别。众所周知，王龙溪是"依良知"的
典型。那么，欧阳德"依良知"的特征是何者？他与王龙溪"依良知"
工夫论有没有不同点？这是了解欧阳德致良知论的时候，必须越
过的墙壁。

王龙溪工夫论中现在研究者着重讨论"先天正心之学"和"后天诚
意之学"。王龙溪的这种工夫论引起后来研究者注意的原因是比较
容易知道。[55]阳明学内所谓"诚意是《大学》之要"的诚意是师门之定

---

53 《欧阳德集》卷二，《寄林子仁》。

54 《欧阳德集》卷二，《答王士官》（第二书）。

55 其实，看《王畿集》（南京：凤凰出版社，2007年）王龙溪的工夫论中"先天正心之
学"不是关键的工夫论。就王龙溪工夫论而言，"先天正心之学"是一种纲领的标语，
实际的工夫是根据"一念之微"而进行"一念入微"的工夫，就是他常说的"几"上用功，

本，可王龙溪却不满诚意工夫之后天习心之杂，而主张先天正心之学。这是第一个问题。而且就先天正心而言，王阳明当年分明地说：正心不能下工夫，诚意是工夫之下手处。若正心下工夫，已是诚意上的已发工夫，尤其是仅寻求正心恐流落于正心之蔽，所谓理障之病。这是第二个问题。

那么，王龙溪真的不知这个问题？当然知道，但是他肯冒这种危险而主张"先天正心之学"的本意是他推崇良知学的时候，发现当时说良知者往往有说是听从本心良知的命令，而其实有习心私欲的粉饰，若用欧阳德的话，就是"世情上调停无病痛，世调上补凑无缺漏"[56]的势态。故王龙溪使他们自己再反思其所想的，其所说的，其所做的是不是真的听从本心良知的命令，催促恢复本然的良知学。这是王龙溪爱说"悬崖撒手"，"直下承当"的本意，而且是欧阳德佩服的王龙溪的勇猛精神。就这样王龙溪主要强调"信良知"、"全体放下""顿悟"等，"依良知"的工夫的绝对性。他爱讲所谓"一念自反，即得本心"的一了百了的简易工夫，原因也在此。

在这个方面来说，欧阳德的致良知工夫论与王龙溪的工夫论略一致。可是欧阳德的致良知论还有一些特征。首先要说的是欧阳德的工夫论，根据王龙溪所讲的"依良知"工夫的绝对性，而补充王龙溪讲学的不足点。故欧阳德多讲"依良知"工夫的积累性而少讲简易性。再加上，王龙溪的个人风格具有狂者之貌，而欧阳德是很有和气的人。最后再提一个关键处，就是欧阳德良知本体的

以贯通动静、寂感之功。参看彭国翔所写的有关章节。见彭国翔，《良知学的展开》（北京：三联书店，2005），笔者也谈过这个问题。见《王龙溪哲学研究》（韩国：成均馆大学博士论文，2007）。

56 《欧阳德集》卷三，《答曾双溪》。

特征。他主要讲庄敬本体自然流行的集义之乐。他重视良知的庄敬性，强调真诚良知。故欧阳德"依良知"的严密性，与王龙溪"依良知"的自在性形成鲜明的对比。下面要引用一个段落，供本论之证。

> 曾点之狂，盖其心无私利累，不为利害、毁誉所局，不为信、果、适、莫所系，庶乎得其本心矣。然无圣人战兢惕厉之功，故未免少失之肆，所谓罔念作狂。[57]

阳明师徒们极高评论曾点是孔门弟子中狂者精神的代表。王龙溪每次大大夸奖他的气象，可欧阳德采取夸奖而却又勉励的态度。从此大概可知欧阳德精神之趋向。

终论欧阳德工夫论的具体大纲。欧阳德"依良知"的致良知工夫论的具体内容，一言而蔽之，即"毋自欺求自慊"的工夫论。这么简单的公案的确贯穿他整个讲学生涯而标识他的学术宗旨。他说：

> 《大学》、《中庸》必以慎其独知为言，盖必毋自欺求自慊，然后为能极至。此外，则无以见其所谓德性者，而无所施其学问之功矣。[58]
> 致知之学，本自简易明切，但吾党未能毋自欺，未能恒自慊耳。事事慊于知之谓格，是谓知本。念念不欺其知之谓诚，即是无念。人

---

57 《欧阳德集》卷二，《答确斋兄轼》。

58 《欧阳德集》卷一，《答徐少湖》（第一书）。

己、本末、主宰流行，本非二事。[59]

欧阳德的致良知工夫论是"依良知"，"依良知"的工夫论就是慎独工夫，而慎独工夫就是必毋自欺求自慊的工夫。此外，没有德性之学所施之地。再说，致良知工夫本来是听从吾人本心良知的简易明切的工夫，就是毋自欺求自慊的工夫。这个工夫贯通人己、本末、主宰流行的工夫。而且"毋自欺求自慊"的工夫是根据吾人先天道德情感而进行的工夫，欧阳德说："好善恶恶亦是彻上彻下言。循其本体之谓善，背其本体之谓恶。故好善恶恶亦只是本体工夫，本体流行亦只好善恶恶耳。"[60]

那么，到这个地步，再遇到一个问题。虽然有人肯定良知活泼，可是他很可能对"依良知"工夫还有疑问："良知是知是知非而未尝不知，如镜子有时或尘埃遮盖而未尝不明照。可是具体而讲，事情不是如此。我们平时生活当中，有时良知发现这种行为不对，可是还是做这种不对的行为。尤其是这种情况现实当中往往出现。那么，只讲良知明觉未尝不照明，在实际的道德行为当中有何作用呢？"[61]当然，这个疑问涉及"知行合一"的问题，又提出良知活泼的诠释问题，可是这个方面暂置不谈，聊以此谈欧阳德工夫论的一个重要因素，即"志"的工夫。依欧阳德的观点，这

---

59 《欧阳德集》卷三，《寄贡玄略》。

60 《欧阳德集》卷二，《答陈明水》。

61 我认为，刘宗周的"主意说"也跟这个问题有关系。他的"主意说"的意思是"心本体的意志主宰说"。刘宗周以为良知是优于道德判断，而逊于道德意志。再加上，王龙溪的良知论给良知涂抹了"情识"和"玄妙"之病，故刘宗周代替良知，再提倡"主意说"。

个问题源于志之不切。他说：

> 近与友朋讲习，始觉吾侪大患在未有真志。独知耿耿，诚不可欺，
> 然志不立，则亦因鲁莽，言行背驰也，亦势所必至者。[62]

欧阳德认为，独知耿耿，而诚不可欺，可是现实当中，不免鲁
莽，言行背驰的原因是志不立。那么，有志为何能免鲁莽，言行
背驰等私欲之杂呢？

> 苟有朝闻道夕死可矣之志，则所欲有甚于生，所恶有甚于死者。死
> 生大矣。欲恶不存而况毁誉、荣辱、得丧、祸福之小者。[63]

向道之志士超越生死之念，故克服毁誉、荣辱、得丧、祸福等世情
之私欲，是顺理成章的。而且这种志是"明明德于天下"之志。他
说："吾党为学，须要明明德于天下之志真切笃实，而日就身心应
感处，物物格致，惩忿窒欲，改过迁善，以不欺其自知之明，而
求至于至善。"[64]在另外处，欧阳德说"立诚论"[65]而补充说明"立志
论"。

结果，欧阳德所强调"志"是提示道德意志之良知。本来，上面
的问题意思缘于肯定道德判断之良知，而怀疑道德意志之良知。

---

62 《欧阳德集》卷三，《答友人》。

63 《欧阳德集》卷三，《答曾思极》（第一书）。

64 《欧阳德集》卷四，《答周以介》。

65 《欧阳德集》卷二，《答方三河》（第三书）；《欧阳德集》卷三，《答陈履贤》。

欧阳德说：“立志之说，虽浅近语，却是吾人札(按，或扎)定脚跟实着。志即良知精明坚确之体，立志即致知精明坚确之功。”[66] 故欧阳德强调的“志”、“真志”、“诚”，算是上面怀疑的回答。

总之，欧阳德主张循从良知活泼而进行工夫，而发扬光大“依良知”的工夫论。他的“依良知”工夫论是根据好善好恶的道德情感而进行的，即毋自欺而求自慊的工夫论，同时他强调真志，真诚的工夫，故欧阳德的工夫论有简易明切而精密平实的特色。这是与王龙溪“依良知”工夫论，同而有异的地方。

4。结语

宋明理学成立在于“人皆可以为尧舜”，即“我们工夫是为圣之学”的宣布。这是宋明理学的关键处。可是具体教法上却有异，这就是“性即理”和“心即理”的教法。朱子的“性即理”侧重于普遍道德的建立，而王阳明的“心即理”侧重于道德主体的建立。现在研究宋明理学者几乎基于这个图式，而根据自己的理解，发挥自己的独见。这是目前为止最一般的研究途径。笔者也赞成这个图式具有普遍性和稳定性，可是，笔者研究阳明后学的时候，遇到一个困境，即阳明学派之内，有一些人不反对“心即理”的宗旨而倾向于朱子学，对此如何处理的问题。在这种情况，仅靠“性即理”和“心即理”的图式，没有理想的作用。故笔者“庄敬本体”和“悦乐本体”的

---

66 《欧阳德集》卷三，《答曾思极》（第二书）。

图式来补充"性即理"和"心即理"的图式，⁶⁷ 打破这个难关。

我认为，心体(性体)体现的境界保有两种侧面，即庄敬状态和悦乐状态。这两种特性并不是两码事，但仍有不同。心体(性体)体现的庄敬状态和悦乐状态，如同人们有内向的性格和外向的性格，以此可能说明他们之间的行动差异。庄敬状态是《诗经》所谓"昭事上帝"的庄敬严肃的心态，这种心态很像宗教性的敬虔，便引起人的敬畏心而有崇高美。悦乐状态是《论语》所谓"风咏舞雩"的和悦快乐的心态，这种心态很像宗教性的自在，便引起人的潇洒心而有洒脱美。其实，心体由两种侧面而发现，两个侧面虽在分析上分得开，而就体现心体者来说，则是统一无分的状态，如孔子的"从心所欲不逾矩"是"从心所欲"的自在性和"不逾矩"的敬虔性心态的统一。再进一步说，从强调悦乐本体的人而看，庄敬本体会有把变动不居的本体当成典要，固执形式而不灵活，从而有成为伪道德君子等的嫌疑。相反，从强调庄敬本体的人而看，悦乐本体会有把告子的"生之谓性"乃禅家的"作用之性"当成本体，放弃工夫而躐等，猖狂放恣而无纪律，从有成为无忌惮的小人等的嫌疑。本来，就工夫完成者而言，两者是统一不分的，可是就工夫过程者而言，过于重视一面颇有上面所说的所谓过合不及的片面性。

先从王阳明工夫论"诚意到(致)良知"变迁说谈起。现在阳明研究者几乎肯定王阳明"致良知代替诚意"的观点。当然，这个"代替"不

---

67 要简单说明这用语的来源而帮助理解。"本体"的意思会分成两个，即体用之体和本来体段之体。在此的本体是体用之体。体用论是虚假概念，在此的具体内容便是太极、理、性、心，特别是性、心之体。"庄敬"是朱子所谓"庄敬严肃"的造语，"悦乐"是阳明所谓"乐是心之本体"的造语。

是放弃诚意工夫的意思，自不待言。 不管这个框架如何符合阳明工夫论，这个模式的优点是这样：若谈宋儒的特征，就想起严肃性。 就是庄敬状态，那么，反对朱子学的王阳明呢？就这样找出活泼性，就是悦乐状态，是顺理成章的。因此阳明晚年提倡(致)良知是化境的悦乐状态，与宋儒的严肃主义天渊之别，而已经超过猖狂放恣之弊。不管如何，我认为，宋儒也有庄敬状态和悦乐状态，而阳明也有庄敬状态和悦乐状态。当然，对比的话，宋儒的严肃性很浓而明儒的活泼性很强，符合实际。

转过来，若我们承认阳明有庄敬状态和悦乐状态，则会提供理解欧阳德的一个线索。就是欧阳德和王龙溪两者均体贴良知活泼，可就欧阳德而言，认同良知学的悦乐状态而侧重于庄敬状态，相反，就王龙溪而言，认同良知的庄敬状态而侧重悦乐状态。在此，提示一段，供所论之证：

> 夫良知至虚至灵，是是非非本无方体，本自洒然者也。……物莫能夺，故是是非非圆神不滞，无往而不洒然者，精一之极也。故曰斋戒以神明其德，戒惧慎独之外，别无巧法矣。然非真有志于大人之学，欲明明德于天下者，不足以语此，故莫先于辨志。志精斯精，志一斯一。夫用志精一，而气习意见消融不尽，力不逮志者有矣，未有志不精一，而能精义入神者也。[68]

欧阳德不失阳明的真情恳切的任世精神，而立论则是平实而精密。就他的良知论而言，肯定良知本体自然流行的悦乐性，而觉

---

68 《欧阳德集》卷四，《答王墈斋》(第一书)。

察良知本体本身具有的庄敬性，主要讲庄敬本体自然流行的集义之乐。就他的致良知论而言，循其良知活泼而进行工夫，而发扬光大"依良知"的工夫论。"依良知"工夫是根据好善好恶的道德情感而进行的，即毋自欺而求自慊的工夫论，同时他强调真志、真诚的工夫。

  본 저술의 제목을 '양명학의 새로운 발견: 왕용계 철학 연구'라고 명명한 데에는 나름의 이유가 있다. 왕양명 학술의 종지는 양명이 50세 전후로 발표한 치양지(致良知) 세 글자에 있다. 이는 양명학에 대해 한 번이라도 들어본 이라면 전혀 새로울 것이 없는 당연한 말이다. 그런데 치양지를 어떻게 이해할 것인가? 하고 물으면 곧 의견이 분분해진다. 이 문제는 정통한 양명학 이해를 위해서 중요할 뿐만 아니라 양명학 정신을 실천하는 데에도 결정적이라는 점에서 진정 문제적이다. 이 문제의 중요성을 재인식하고 그 의미를 탐색한다는 점에서 '새로운 발견'이라는 제목을 붙였다.

  새로운 발견으로 나아가는 길 안내자는 왕용계다. 양명 후학 내에서 용계의 위치는 높고 크면서도 논쟁적이다. 용계는 양명 만년의 수제자로 당시 양명학단에서 막강한 영향력을 행사했다. 특히 86세의 생을 사는 동안 1세대 제자들이 죽은 후에도 열정적으로 강학활동을 했기 때문에 그의 위상은 생존에 매우 높았다. 그러나 사후 그에 대한 평가는 『명유학안』에 적힌 것처럼 긍정보다는 부정되는 측면이 강했다.

  근대에 들어 대가들의 손길을 거치면서 용계학은 상당 부분 복권이 이뤄졌다. 다만 그들의 붓끝을 통해 그 핵심이 밝혀지기는 했지만 아쉽게도 용계학 전반을 다루고 있지는 않다. 오늘날 국내외 연구자의 용계학 관련 논문(석·박사논문) 및 저작은 양과 질 면에서 상당하다. 이 중에는 참신한 문제의식을 가지고 용계 사상을 조망한 글들이 적지 않다. 그러나 용계 사상 전체를 하나의 수미일관된 체계로 설명한 글은 보이지 않는다.

어떻게 하면 용계 사상의 핵심을 분명하게 밝히면서도, 수미일관된 체계로 용계학의 본래면목을 보여줄 수 있을 것인가 하는 문제가 본 저작의 출발점이었다. 본 저작은 본인의 박사논문(『왕용계 철학 연구』, 성균관대학교, 2007년)에 기초하고 있다. 저서 형태로 출판하기 위해 박사논문을 뒤적거리다보니, 문장을 만들고 내용을 전달하는 과정에서 모호하거나 적절하지 않은 부분들이 자꾸 눈에 들어왔다. 그러나 문제의식과 내용은 여전히 유효하다는 점에서 위안이 되었다.

용계 사상의 핵심과 체계를 분명하게 서술하기 위해 박사논문의 30%에 상당하는 분량을 덜어내고 표현을 다듬었다. 또한 본인의 북경대학교 박사논문(『구양덕 철학 연구』, 북경대학교, 2011년)을 참조하여 내용을 더욱 명료하게 했다. 덜어내기 위해서는 많은 단념이 필요했지만 결과적으로 글이 분명해지고 의미가 정확해졌다는 자평을 해본다. 본인의 박사논문이 원석이라면 본 저서는 조각품이라고 할 수 있겠다. 물론 완벽한 예술품은 아니지만 말이다.

책 한 권이 나오는 데에는 많은 손길이 필요하다. 이 책이 세상에 나와 독자를 만날 수 있도록 많은 도움을 준 성대출판부에 감사를 드린다. 아울러 오늘도 학문의 길을 설렘과 기대를 가지고 나아갈 수 있도록 힘이 되어주는 아내와 어린 세 자녀에게도 감사의 마음을 전하고 싶다.

2017년 1월 23일
호랑이가 많이 나왔다는 의정부 범골 천진재에서

양명학의 새로운 발견

초판 1쇄 인쇄 2017년 2월 23일
초판 1판 발행 2017년 2월 28일

지은이 | 선병삼
펴낸이 | 정규상
펴낸곳 | 성균관대학교 출판부
출판부장 | 오종우
편 집 | 신철호 현상철 구남희
마케팅 | 박정수 김지현
관 리 | 황용근 박인봉

등 록 | 1975년 5월 21일 제1975-9호
주 소 | 03063 서울특별시 종로구 성균관로 25-2
전 화 | 760-1252~4
팩 스 | 762-7452
홈페이지 | press.skku.edu

ⓒ 2017, 선병삼

ISBN 979-11-5550-217-4 94150